U0112560

海外中国研究丛书

——

到中国之外发现中国

Prasenjit Duara

［美］杜赞奇 著　王福明 译

文化、权力与国家

1900—1942年的华北农村

Culture, Power, and the State

Rural North China, 1900–1942

江苏人民出版社

图书在版编目(CIP)数据

文化、权力与国家:1900—1942 年的华北农村/
(美) 杜赞奇著;王福明译. --南京:江苏人民出版社,
2024. 5

(海外中国研究丛书 / 刘东主编)

书名原文:Culture, Power, and the State:Rural
North China, 1900 - 1942

ISBN 978 - 7 - 214 - 29083 - 0

Ⅰ. ①文… Ⅱ. ①杜… ②王… Ⅲ. ①农村-政权-
研究-华北地区- 1900 - 1942 Ⅳ. ①D693. 62

中国版本图书馆 CIP 数据核字(2024) 第 081000 号

Culture, Power, and the State:Rural North China, 1900 - 1942 by Prasenjit Duara,
published in English by Stanford University Press.
Copyright © 1988 by the Board of Trustees of the Leland Stanford Jr. University.
This translation is published by arrangement with Stanford University Press, www.
sup. org.
Simplified Chinese edition copyright © 2024 by Jiangsu People's Publishing House.
All rights reserved.
江苏省版权局著作权合同登记号:图字 10 - 2006 - 172 号

书 名	文化、权力与国家:1900—1942 年的华北农村	
著 者	[美]杜赞奇	
译 者	王福明	
责 任 编 辑	李 旭	
装 帧 设 计	周伟伟	
责 任 监 制	王 娟	
出 版 发 行	江苏人民出版社	
地 址	南京市湖南路 1 号 A 楼,邮编:210009	
照 排	江苏凤凰制版有限公司	
印 刷	苏州市越洋印刷有限公司	
开 本	652 毫米×960 毫米 1/16	
印 张	19. 25 插页 4	
字 数	217 千字	
版 次	2024 年 5 月第 1 版	
印 次	2024 年 5 月第 1 次印刷	
标 准 书 号	ISBN 978 - 7 - 214 - 29083 - 0	
定 价	78. 00 元	

(江苏人民出版社图书凡印装错误可向承印厂调换)

序"海外中国研究丛书"

中国曾经遗忘过世界,但世界却并未因此而遗忘中国。令人嗟讶的是,20世纪60年代以后,就在中国越来越闭锁的同时,世界各国的中国研究却得到了越来越富于成果的发展。而到了中国门户重开的今天,这种发展就把国内学界逼到了如此的窘境:我们不仅必须放眼海外去认识世界,还必须放眼海外来重新认识中国;不仅必须向国内读者迻译海外的西学,还必须向他们系统地介绍海外的中学。

这个系列不可避免地会加深我们150年以来一直怀有的危机感和失落感,因为单是它的学术水准也足以提醒我们,中国文明在现时代所面对的绝不再是某个粗蛮不文的、很快就将被自己同化的、马背上的战胜者,而是一个高度发展了的、必将对自己的根本价值取向大大触动的文明。可正因为这样,借别人的眼光去获得自知之明,又正是摆在我们面前的紧迫历史使命,因为只要不跳出自家的文化圈子去透过强烈的反差反观自身,中华文明就找不到进入其现代形态的入口。

当然,既是本着这样的目的,我们就不能只从各家学说中筛选那些我们可以或者乐于接受的东西,否则我们的"筛子"本身就可能使读者失去选择、挑剔和批判的广阔天地。我们的译介毕竟还只是初步的尝试,而我们所努力去做的,毕竟也只是和读者一起去反复思索这些奉献给大家的东西。

刘　东

中文版序

　　《文化、权力与国家》一书译为中文出版，我甚感荣幸。此书英文版出版以来，已近 5 年。其间通过公开的商讨和私下的谈论，我获益匪浅。在此，我想进一步阐释书中的一些概念和名词。自然，这里的阐释也反映出我现在的思路和看法。不过我确信，这些思路和看法在本书中已有所流露，而反思则有助于更好地阐释它们。

　　"国家政权建设"和"权力的文化网络"是贯穿全书的两个中心概念，两者均超越了美国历史学和社会科学研究的思维框架——现代化理论。尽管"国家政权建设"这一概念有时与现代化进程相连，但它同时强调的是伴随现代政体而来的压制、僵化和破坏性的一面。"国家政权建设"是一种全球性现象，作为一个概念，它同更为古老的"资本主义"等概念一样，具有深远的分析性含义，但我们对此研究甚少。我试图以发展中国家，如过去的中华民国为例，通过分析"国家政权内卷化"，来进一步探讨"国家政权建设"这一概念，这在第三章有详细论述。

在英文版前言中，我将"国家政权建设"与"民族形成"做了比较，用以说明19世纪末以前完成"建设"任务的近代国家与20世纪初的国家经历了极不相同的发展道路。在我目前的研究工作中——它可以被称为对民族主义和民族国家的后现代解释，我将进一步探讨二者之间的关系。例如，我们必须花更多的精力来研究近代中国国家政权建设的意识形态基础，很显然，这一基础与民族主义紧密交织在一起。本书对意识形态问题只简单提及，但这并不否认意识形态问题的重要性，它不仅是理解中国及东亚政权作用，而且是理解近代中国市民社会软弱的关键。

对比之下，书中的另一重要概念——"权力的文化网络"，则更为接近后现代化思想。通过这一概念，我力图吸收西方学术界有关文化研究的思想结晶。受解构分析和后现代主义的影响，文化研究开始探讨文化与权力之间的关系。他们认为，象征符号、思想意识和价值观念本质上都是政治性的，从这个意义上来说，它们或者是统治机器的组成部分，或者是反叛者们的工具，或者二者兼具。作为一种趋势，当代文化研究也反对用封闭的、一成不变的观点看问题。"权力的文化网络"赞同以上论点，它反对一些现代化论者用单一社会体系或一套所谓的"中国价值观"去理解中国的观点。同时，它也反对那些认为价值观点交互感应的功能主义论者的学说。我认为，象征符号之所以具有权威性，正是由于人们为控制这些象征和符号而不断地互相争斗。也许，第五章中关于关帝的讨论能更好地说明"权力的文化网络"这一概念。

　　为了方便中国读者阅读，在此，我简略地说明一下书中几个名词的含义，这些词对中国读者来说可能比较陌生。在第二章，我讨论了乡村统治中的"经纪模型"。在英语中，"经纪"是指在交易中起不可或缺作用的中介人，其本身既无褒义，也无贬义。我将官府借以统治乡村社会的"经纪人"（或称"中介人"）分为两类，一类为"保护型经纪"，他代表社区的利益，并保护自己的社区免遭国家政权的侵犯。该经纪同社区的关系比较密切，社区有点类似于"乡村共同体"，所以，中国读者对此一类型的经纪可能易于理解。另一类型的经纪视乡民为榨取利润的对象，我将其称为"营利型经纪"。但"营利型"（本意为"企业性"）一词又有积极的和合理性的含义，因此又无法准确地表达这类经纪对待乡民的贪婪性，甚至掠夺性。正因为如此，我有时也称他们为"掠夺型经纪"。

　　另一组名词，如"象征增添""象征盗用"或"霸权意识"等（见第二章），其英文含义同中文含义一样，比较模糊，因为它们是指抽象的观念而不是描述客观的事物。简单地说，我用"增添"或"盗用"来形容一个群体——不论是国家还是农民——在达成共识的基础上接受某一偶像或符号，但赋予该偶像或符号以新的含义。至于其他群体是否接受，或在多大程度上接受这一新的含义或解释，则依不同环境而定。最后，我想说明的是，我是从人类学意义上使用"地界性"（territoriality）一词的，它是指一个群体的活动范围，这一范围不是由该群体的功能需要——如市场活动——所界定，而是由一个早已存在的区域界线——如一座庙宇的"神力圈"，而圈外文人可能并不信奉该庙中的神灵——所界定。在第七章，我从这个意义上进一步探讨了"村界"问题。

　　由于语言文化上的差异，译文不可能百分之百的准确无误，我很感谢译者不辞艰辛地翻译此书，并衷心希望以上简单的阐释和说明有助于理解全书，且未妨碍译者的遣词用句。

杜赞奇

目　录

图表目录

前　言

在 20 世纪上半叶的中国乡村,有两个巨大的历史进程值得
注意,它们使此一时期的中国有别于前一时代:第一,由于受西
方入侵的影响,经济方面发生了一系列的变化;第二,国家竭尽
全力,企图加深并加强对乡村社会的控制。本书将研究第二个
变化,即国家政权的扩张对华北乡村社会权力结构的影响。

中国内陆经济的发展是 20 世纪之后的事情,随着大规模的铁
路修筑,各区之间经济交流加强,促进了经济发展。对二三十年代
华北平原,特别是对那些历史上种植经济作物以及新近引入经济
作物的区域的研究也证明了这一点。[1] 但是,世界资本主义的入
侵对华北经济变化的影响是有限的。马若孟(Ramon Myers)和
黄宗智对华北农家经济的研究均说明,这种入侵并未改变这一

---

[1] 参见吉田浤一:《20 世纪中国植棉区农民阶层的分化》;顾琳:《革命中的乡村社
会,高阳县,1910—1947》。

地区小农经济的本质。①

不过，自 20 世纪初就开始的国家权力的扩张，到 40 年代时却使华北乡村社会改观不小——事实上，它改变了乡村社会中的政治、文化及社会联系。国家权力企图进一步深入乡村社会的努力始于清末新政。这一不可逆转的进程与近代早期的欧洲相似，查尔斯·蒂利（Charles Tilly）和其他学者称这一过程为"国家政权建设"（state-making）。② 其相似之处包括：政权的官僚化（bureaucratization）与合理化（rationalization），为军事和民政而扩大财源，乡村社会为反抗政权侵入和财政榨取而不断斗争，以及国家为巩固其权力与新的"精英"结为联盟。

蒂利和他的同事们严格地区分了"国家政权建设"与"民族形成"（nation building）的不同。18 世纪欧洲的"政权建设"主要表现为政权的官僚化、渗透性、分化以及对下层控制的巩固；"民族形成"则主要体现在公民对民族国家（nation-state）的认可、参与、承担义务及忠诚。蒂利等认为欧洲各国的这两个过程并不同步，强大的民族国家的出现往往先于民族的形成。③

20 世纪时中国"国家政权建设"与先前欧洲的情况不同。在中国，这一过程是在民族主义（nationalism）以及"现代化"的招牌下进行的。芮玛丽（Mary Wright）第一个发现 20 世纪初膨胀的反帝民族情绪是如何促使清政权为挽救民族灭亡而走上强化

---

① 参见马若孟：《中国农民经济：河北和山东的农民发展，1890—1949》，第 207—214 页；黄宗智：《华北的小农经济与社会变迁》，第 121—122 页。

② 蒂利：《西欧民族国家之形成》，前言。

③ 蒂利：《西欧民族国家之形成》，第 70—80 页。

国家权力并使政权现代化道路的。① 具有讽刺意味的是,这种要求"现代化"的压力亦来自帝国主义方面。清末新政包括:建立新式学校、实行财政革新、创建警察和新军、划分行政区域以及建立各级"自治"组织。促使改革的动力有多方面,其一是义和团运动以后,帝国主义列强期望中国有一个强有力的国家政权;其二是列强向财政崩溃的清政府勒索巨额赔款,这使清政府不得不加强权力以向全国榨取钱财。② 所有这些因素都汇合起来,要求建立一个"现代化"的国家政权。

与现代化和民族形成交织在一起的中国模式的国家权力的扩展,预示着 20 世纪新兴的发展中国家的成长道路与 18 世纪的欧洲不同。在欧洲,财富的增加和现代化不仅是民族形成的动力,而且是国家塑造的动力。对 1870—1970 年国家宪法的研究表明,国家权力对社会和经济生活各个方面的控制渐渐加强;同时,在现代化的民族国家内,公民的权利和义务也在扩大。③ 而且,在发展中国家,尽管政权更替频繁,但国家权力持续扩张(从国家财政收入占国民生产总产值的比例增长可以看出)。④

在 20 世纪前期的中国政治舞台上,不论是在中央还是在地方,政权都在急剧地更替。但在华北,国家政权扩张的一个重要方面——深入基层和吸收下层的财源——在这整个时期基本上没有

① 参见芮玛丽编:《中国革命的第一阶段》,序言。对不同地区和历史时期的政治改革家的活动(即我所称的"现代化工程")的研究,特别是关于 20 世纪最初 10 年之事,参阅汤若杰的论文《希望与现实》。
② 参见麦金农:《中华帝国晚期的权力与政治》,第 4 页。
③ 参见迈耶:《世界政治与民族国家的主权》,伯格森编:《现代世界体系研究》,第 121 页。
④ 参见托马斯和迈耶:《政权更替与国家权力》,伯格森编:《现代世界体系研究》。顺便提一下,这正是沃勒斯坦所提出的在后殖民地时代的边缘地区弱小国家难以生存的原因之一。

中断。所有的中央和地区政权,都企图将国家权力伸入社会基层,不论其目的如何,它们都相信这些新延伸的政权机构是控制乡村社会的最有效的手段。

这些新行政机构对乡村的领导构成和村财政产生了极深的影响。清末新政要求村庄建立一套财政制度以资助兴办新学堂、新的行政组织和自卫组织。而且,国家开始不断地向农村摊款,先是用以支付巨额赔偿,后用来支持无休无止的混战。所有这些摊款很快便超出田赋的数倍。摊款从根本上不同于田赋和过去的其他捐税,它不是按丁口或私人财产分配的,而是以村庄为单位分摊的。由村庄制定自己的摊款方式,从而使村庄具有征款权力进而发展起了村庄预算。随着新式学校的建立、公共事业的扩大,为监督这些新事物并分派、征收摊款,新型的村庄领导组织亦得到加强。本书从历史和社会学角度将对20世纪上半叶村庄领导层地位的变化进行深入分析。

这一时期地方领导层的重要作用是显而易见的。经济的现代化、民族的统一和国家政权建设是摆在新政权面前的重要问题。① 而且,这些要求并不像欧洲那样来源于自身内部的发展,而是来自外界的强求。所有这些因素都要求政府培养一批地方领导来实现国家的目的。为了避免社会和法统危机,这一地方领导层的重建必然先于近代政权对传统权威的破坏。

本书旨在探讨中国国家政权与乡村社会之间的互动关系,比如,旧的封建帝国的权力和法令是如何行之于乡村的,它们与地方组织和领袖是怎样的关系,国家权力的扩张是如何改造乡

---

① 我所说的"现代化"或"近代化",是指近代国家形成,是作为客体,而不是分析的工具。

村旧有领导机构以建立新型领导层并推行新的政策的。由以上问题不难看出，要弄清国家权力扩张给乡村社会带来的变革过程，我们首先得分析国家原有的权力组织与结构。

这里所用的"权力"（power）一词是一中性概念[①]，它是指个人、群体和组织通过各种手段以获取他人服从的能力，这些手段包括暴力、强制、说服以及继承原有的权威和法统。这一定义似乎过于笼统，但事实上权力是各种无形的社会关系的合成，难以明确分割。权力的各种因素（亦可称为关系）存在于宗教、政治、经济、宗族甚至亲朋等社会生活的各个领域、关系之中。

人们往往重视被他们直观地认为是社会生活重要方面（如财产关系或政治活动）的研究，与此不同，为避免"先入为主"，我将先考察乡村社会生活中权力关系的各个方面。我将揭示这些权力关系，如宗教或庇护（patronage）是如何影响乡村公共权力

5

[①] 影响本研究至深的"权力"概念源自米歇尔·福柯（《规训与惩罚》;《性史》，特别是第93—96页）。从福柯的观点中我意识到，权力关系并不源自某一特别的因素，而是来自多元;它并不是脱离经济、性别等因素的独立作用，而是与它们密不可分的。更为重要的观点是，某一时期的体制（特别是制度化的知识）有着自己独特的体现权力的方式，这一观点也适用于历史文化。此外，我还发觉在福柯看来，权力并不经常或者必须是压迫性的，它还具有创造性和启发性。

当然，我们不能回避福柯的激进批评观点，他认为权力中包含着权术和利益。权力不仅是一种内在的或固有的现象，而且，它与历史进程中的"利益"集团交织在一起，对此，我们不应视而不见。皮埃尔·布尔迪厄的研究揭示了权力与其他行为之间的关系，他的著作也影响了本研究。

最后要说明的是，我的"权力"概念也受到克利福德·格尔茨、斯坦利·谭拜尔和维克多·特纳等政治人类学家的影响。例如，我将特纳的"领域"和"舞台"的思想引入自己的术语之中。特纳在《戏剧、场景及隐喻》一书中写道:"概括政治'领域'特征时，阶级、类别、同样作用和结构地位等类同关系相当重要。"他概述"舞台"时说:"社会关系中的体系之间相互依赖，从人口到居住分布、宗教关系、宗族和阶级结构等都极为重要。"（第139—140页）当我在研究宗教、宗族、保护体系以及其中的权力关系时，我注意考察政治舞台上各种力量及个人如何从习惯法、象征及物质因素中吸取政治资本。

的施展的。这一公共权力包括规定村民的权利和义务、决定乡村公共资源的分配和利用。概括地说,我将通过考察小到一家一户,大到数个村庄之间的组织与联系,来分析乡村权力关系。对这种权力关系,我统称为"权力的文化网络"(culture nexus of power)。这一文化网络包括不断相互交错影响作用的等级组织(hierarchical organization)和非正式相互关联网(networks of informal relations)。诸如市场、宗族、宗教和水利控制的等级组织以及诸如庇护人与被庇护者、亲戚朋友间的相互关联,构成了施展权力和权威的基础。"文化网络"中的"文化"一词是指扎根于这些组织中、为组织成员所认同的象征(symbols)和规范(norms)。这些规范包括宗教信仰、内心爱憎、亲亲仇仇等,它们由文化网络中的制度与网结交织维系在一起。这些组织攀缘依附于各种象征价值(symbolic values),从而赋予文化网络以一定的权威,使它能够成为地方社会中领导权具有合法性的表现场所。换句话说,是出于提高社会地位、威望、荣耀并向大众负责的考虑,而不是为了追求物质利益,这是文化网络中人们出任乡村领袖的主要动机。

在第一章,我将详细阐述"文化网络"这一概念。在该章以及后面的"经纪"制、宗族、宗教和庇护等各章节内容中,我将证明直至19世纪末,不仅地方政权,而且中央政府都严重依赖文化网络,从而在华北乡村中建立自己的权威。20世纪国家政权抛开甚至毁坏文化网络以深入乡村社会的企图注定是要失败的。

资料来源

我研究村级结构的资料主要来自"南满"铁道株式会社调查部

(简称"满铁")根据 1940—1942 年调查编成的 6 卷本《中国惯行调查报告》(下文简称《惯调》)。尽管这些调查覆盖了河北和山东的不少县,但资料的主要部分是关于 2 省 6 县 6 个村庄的情况。马若孟的《中国农民经济:河北和山东的农民发展,1890—1949》和黄宗智的《华北的小农经济与社会变迁》是反映华北农家经济的两部主要著作,其主要资料也来自"满铁"调查。特别是黄宗智的书,用了相当篇幅来论述如何利用这批资料并弥补其不足,我建议有兴趣的读者可看看黄宗智之书的第二章。

《惯调》的大部分材料是采访农民的记录,有些农民所提供的材料自相矛盾、并不可靠。"满铁"调查员旗田巍和小沼正告诉我(1981—1982 年东京访问),这一方面是因为人们对作为侵略者代表的调查员怀有疑惧,另一方面是因为一些被访问的农民性情古怪。小沼和旗田都告诉我,利用这批访问资料的最好办法是泛读和精读结合,而不要零摘碎取。

在阅读这 6 卷本资料时,我找出一种验证这些材料是否准确的方法。在不少场合下,日本调查员对一批人进行采访,向许多人提出同一个问题,所以,通过广泛阅读这些回答,我可以用其他人提供的回答来验证某一材料。反过来,通过精读某一农民提供的材料,熟悉该人,亦可以判断其材料的真伪。而且,在《惯调》的某些卷中,1/3 的资料是原始记录,如碑刻、契约和村庄向县衙的禀状,用这些中文材料既可以再现历史事件原貌,又可以检验访问材料的真伪。如此便可以去伪存真,以了解乡村社会的实况。

除了《惯调》材料,我还利用了"满铁"的其他调查资料,并参考了日本学者的已有研究成果,以及当时的社会学家西德尼·甘博(Sidney Gamble)和杨懋春对华北乡村社会的有关描述。

对国家权力的研究,我主要依据的是中文材料,包括政府报告、法令汇编、地方志书以及当时学者的研究成果(主要是财政方面)。其中最有价值的是南开大学经济研究所在20世纪二三十年代所做的调查。在方显廷的指导下,该研究所培养出了像冯华德、李陵那样的杰出学者,他们对华北乡村做了扎实的研究。我发现他们对河北县级及下层财政的研究很有参考价值。根据1986年我对南开大学访问时与该所农业经济学家谈话的印象,我觉得南开至今在农业经济研究方面仍处于领先地位。

华北平原的村庄

华北平原的村庄历史可追溯到14世纪末元明交替时期。明太祖(1368—1398年在位)结束了长期的战乱和残杀,不少村庄是在这一时期建立的。推翻元朝之后,明太祖大力鼓励垦荒并向华北移民。[1] 从庙碑、石刻、家谱等资料可以看出,永乐时期(1403—1424)又是一个移民高潮。部分村庄起源于燕王夺取政权之后的永乐时期。靖难之役以后,倍受元军蹂躏的华北平原人口更为稀少,永乐帝迁都北京的同时,大量移民以实畿辅。[2] 山县干树通过对冀、鲁2省31县及14个村庄的调查,发现大部分村庄始建于明洪武和永乐时期。[3]《惯调》的材料亦证明了这

8

---

① 参见何炳棣:《中国人口研究》,第136页。
② 山本斌:《中国民间传说》,第26—27页;范德:《明初政府》,第59—101、114—116页。
③ 此地区90%以上的村庄源于这一时期(山县干树:《村落起源》,第1—2页)。石田浩将山县的资料集于一表之中(石田浩:《解放前华北乡村社会之特征》,见《关西大学经济论集》第32卷第2—3期,第106页)。

一点。①

19 世纪末明恩溥(Arthur Smith)写道:"据传说政府从山西省洪洞县召集了大批贫民,移居到因战争而荒芜的田野。事实上,华北平原不少居民只知其祖先来自山西洪洞,其他皆已遗忘。"②担任过"满铁"调查员的山本斌,曾于 20 世纪 30 年代独自对华北平原进行过人种起源学研究,他也发现遍布河北全省的不少村庄的村民自称其祖先为山西洪洞移民。怀着好奇和怀疑的心情,山本斌调查了一批村庄的起源。调查结果使他相信,那些移民传说并非毫无根据。在洪洞县有关记载中,他找到了地方官员根据永乐皇帝的谕令,动员了不少当地居民去开垦华北平原的历史材料。后来的研究进一步表明,这一时期的移民事实上主要来自晋南的泽州和潞安二府。③

清初是又一个移民时期,但是其规模远不如明初。④ 根据山县干树的研究,明末清初新建村庄虽不太多,但此时是村社组合的一个重要时期,他认为华北平原的多姓村庄主要出现于这一时期。⑤ 总之,这两个移民时期代表着施坚雅(G. William Skinner)所称的以北京为中心的华北经济区(macroregion)的两个发展周期的起点。其后,经济更为发展而且变得复杂多样、互相补充,接着是人口的增长,最后又因饥荒、瘟疫、入侵、叛乱而造成衰落及人口锐减,如此构成周期的 3 个阶段。正如施坚雅指出

① 参见山本斌:《中国民间传说》,第 27 页;石田浩:《解放前华北乡村社会之特征》,见《关西大学经济论集》第 32 卷第 2—3 期,第 106 页。
② 明恩溥:《中国乡村生活》,第 7 页。
③ 参见山县干树:《村落起源》,第 28—29 页;何炳棣:《中国人口研究》,第 136 页;山本斌:《中国民间传说》,第 22—35 页。
④ 参见山本斌:《中国民间传说》,第 26—27、30 页;石田浩:《解放前华北社会之特征》,见《关西大学经济论集》第 32 卷第 2—3 期,第 106 页。
⑤ 参见山县干树:《村落起源》,第 26 页。

的那样,华北经济区的兴衰与王朝的兴衰是相互吻合的。这不仅是因为王朝政府对畿辅地区影响重大,而且因为"华北和西北两区更易受异族的入侵,……争取皇位的战争对此地区造成的破坏比其他地区更为严重"。①

以上简单的历史回顾可以使我们看到华北平原人口的增减与皇朝的命运紧密相连。以此为线索来探讨华北村落的历史一定很有意思,但是本书无力顾及这一题目。我们将目光重新凝聚到清末这一时期,来看看国家政权是如何深入并干预村庄生活的。

本书所研究的《惯调》中的 6 个村庄以及其他村镇均位于华北平原的冀—鲁西北地区。这里的农作习惯和组织设置反映了这一地区的经济地理特征。华北平原土壤由河淤地和风移黄土组成,降雨量极少(年 533 毫米),5、6 月经常干旱。夏季炎热,有时高达 38 摄氏度;冬季严寒多风,气温经常在零下十七八摄氏度。②

由于严寒和干旱,此地几乎没有冬季作物。到 20 世纪初,山东南部有冬小麦种植,但在河北,仍然是一年一熟或两年三熟制耕作。春季主要种植的是高粱,次之为糜谷。棉花种植较为广泛,尤冀中、冀南种植较多。在夏季,多种植玉米、高粱、糜谷、大豆、甘薯和花生。③

据估计,在 20 世纪 30 年代,华北平原平均每家耕地为 27 亩,而冀、鲁、豫三省每农户平均耕地为 22 亩。④ 马若孟和黄宗

---

① 施坚雅主编:《中华帝国晚期的城市》,第 283—284 页。
② 参见葛德石:《中国的地理基础》,第 167—169 页。
③ 葛德石:《中国的地理基础》,第 170 页。
④ 葛德石:《中国的地理基础》,第 171 页。

智均认为佃户所耕土地仅占全村土地的 15%。[1] 不过,在冀、鲁两省,地主与佃农并不构成乡村中的主要社会关系。我并不是要否认农村中分化的存在,而是要提醒读者,华北平原乡村中的权力关系不同于华南和华中地区,或者说,不同于租佃关系占主要地位的其他乡村社会。

我所引用的材料因主题需要而作了适当调整,因而《惯调》中关于 6 个重要村庄的材料不可能集中在一处。为了方便读者阅读,我先将这 6 个村庄简单地作一介绍。1986 年夏天,我有幸访问了其中的两个村庄:沙井和冷水沟。沙井属于顺义县,距北京 30 公里,步行 15 分钟可到县城。尽管我每次访问沙井都受到热情款待,但我总觉得它缺少在我访问中国南方村庄时所见到的那种熙熙攘攘的社区生活气息,这可能与不少沙井居民离村到县城做工有关。不过,沙井村曾有过辉煌的社区生活,我们将在青苗会和庙会活动中看到此点。真的,直到 20 世纪 40 年代,村首们还在竭尽全力为村庄夺回庙产。《惯调》中曾记述此事,原调查员旗田巍和沙井村八旬老人张瑞(时任副村长。本书第五章将详论此事,黄宗智的书中也有论及)都向我重述了此事经过。这一故事可能有助于读者理解沙井村积极的集体生活和强有力的领导班子:当石门镇的地痞樊宝山勾结城隍庙住持霸占原村有庙产时,村领导们开始时无法战胜樊宝山。后来,他们求助于在该村调查的日本人旗田巍。在旗田的干预下,该村重新夺回了庙产。至今,沙井村民还怀念和感激旗田。

冷水沟位于山东省历城县,距济南不远。同 40 年代一样,它至今仍是一个庞大而繁荣的村庄。在抗战结束之前,它便有

[1] 参见马若孟:《中国农民经济》,第 288 页;黄宗智:《华北的小农经济与社会变迁》。

370 户人家,远远高于华北平原村庄人户的平均数(100 户)。直到民国初期,冷水沟的宗教活动仍很频繁,这从清朝时遗留下来的 20 余块庙碑可以得到证明。遗憾的是,这些珍贵的村史资料如今无一幸存。就我所知,华北平原村庙中的碑石大多是在"文化大革命"中被毁坏的。

吴店位于良乡县,紧挨着北京。它处于兵家进出北京的必经之地,在 20 世纪上半叶的战乱中,常受战争的摧残,以至黄宗智称其为"分裂了的村庄"。20 世纪初,这个日益贫穷的村庄仅有的一点集体生活是围绕庙会展开的。令人惊奇的是,村民们对战乱的"光临"习以为常,他们在村庙门碑上每年总重新写上"你也来了"几个字。据传,村民们相信"生死由命,富贵在天",谁也免不了面见阎王的那一天。

13　　　位于冀东昌黎县的侯家营邻近东北,在日本占领东北之前,不少村民到东北做工经商,该村收益不小。如其村名所示,该村以侯姓(包括其支族)为主,但数量上的优势并不能保证其永远控制村政权。随着其他姓氏之人在东北发财归村的增多,他们开始向侯姓挑战,争夺领导权。

恩县的后夏寨位于鲁西北。因邻近黄河,常遭水患,土地多沙而贫瘠。后夏寨是 3 个穷村中的一个。从其原有的围墙来看,历史上它可能不得不预防盗贼和匪患。据我们所知,20 年代该村参加了红枪会组织以抵御泛滥的盗匪袭扰。不过,该村的政治活动不是以宗教组织为中心,而是以宗族竞争为主线。

这种政体形式在另一个村庄——河北省栾城县的寺北柴——也有反映。该村宗族观念根深蒂固,据说合族宴会时座次排定相当严格,长辈中的最年长者(族长)坐于桌子的北头,其他人依辈分和年龄向下(南)排列。

　　根据以上的简介,我们可以依 3 个标准(第一,富裕还是贫困;第二,宗族和宗教组织是否在乡村生活中起主要作用;第三,距主要城市远近),将 6 个村庄进行归类(见图 1)。不难看出,宗教型村庄邻近城市,而宗族型村庄远离城市。 *14*

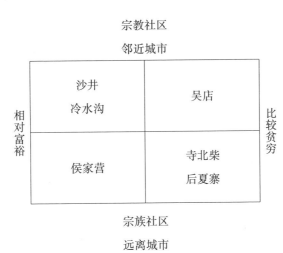

图 1　《惯调》中的 6 个村庄归类

第一章　权力的文化网络

在《中华帝国晚期的叛乱及其敌人》一书中,孔飞力(Philip Kuhn)将清朝的衰亡与中华文明的衰落区别开来。[①] 他得出这样的结论:尽管帝国行政机构在分崩瓦解,但旧秩序的重要基础——地方绅士的权威并未动摇。此论在当时是一个新颖而具有说服力的观点,因为他从社会深层来分析政治变迁。我引入"权力的文化网络"这一概念,试图进一步拓宽理解一种文明中政治体系的视野,即将文化特别是大众文化因素包括在内,从而超越"乡绅社会"和"儒家思想"等明显重要但片面的概念。

"权力的文化网络"这一模式可以使我们在同一框架中理解晚清社会中帝国政权、绅士以及其他社会阶层的相互关系,并通过将这种对文化及合法性的分析置于权力赖以生存的组织背景中来达到这一目的。在组织结构方面,文化网络是地方社会中获取权威和其他利益的源泉;也正是在文化网络之中,各种政治因素相互竞争,领导体系得以形成。由于其他职能有赖于这一组织基础,故我首先考虑这一基础。

文化网络由乡村社会中多种组织体系以及塑造权力运作的各种规范构成,它包括在宗族、市场等方面形成的等级组织或巢

---

① 孔飞力:《中华帝国晚期的叛乱及其敌人》。

状组织类型。这些组织既有以地域为基础的有强制义务的团体
（如某些庙会），又有自愿组成的联合体（如水会和商会）。文化
网络还包括非正式的人际关系网，如血缘关系、庇护人与被庇护
人、传教者与信徒等关系。这些组织既可以是封闭的，也可以是
开放的；既可以是单一目的的，也可以是功能复杂的，总之，其包
容十分广泛。

必须指出的是，这些规范不能用市场体系或其他体系来概
括或取代，它是由各种集团和组织交织而成的天衣无缝的一个
网络。从外观来看，这一网络似乎并无什么用处，但它是权威存
在和施展的基础。任何追求公共目标的个人和集团都必须在这
一网络中活动，正是文化网络，而不是地理区域或其他特别的等
级组织构成了乡村社会及其政治的参照坐标和活动范围。

华北各组织关系很少是同晶型（isomorphic）的，即很难找出
中心及范围完全相同的组织。它们以各种形式相互交叉，其中
包括非正式联系中的人际关系等，并在各组织之间起着横向联
结的作用。乡村社会中的权力趋向于坐落于较为密集的交叉点
上，即文化网络中的中心结。

从历史观点来看，这些中心结在不停地移动，如从村内移到村
外，其合作范围亦时大时小。我相信20世纪的变化也引起了中心
结的变动，其变动的重要后果之一是村落作为一个结点单位的兴
起和衰落。下面我将讨论国家政权在财政和政治上的深入是如何
引起这些变化的。

文化网络与市场体系

研究乡村社会，人们必然要提到施坚雅的市场体系理论。

表面来看,文化网络的概念似乎在研究乡村社会的理论方面是倒退了一步。如果像施坚雅最初声称的那样,市场体系理论可以解释乡村社会结构,那么我为什么又要提出一个更为复杂的模型? 事实上,正如施坚雅本人后来承认的那样,市场体系和社会结构并不完全重合。在《中华帝国晚期的城市》一书中,施坚雅写道:

> 村庄之上的社会组织是一个相当复杂的研究课题。过去 10 年来的研究著作清楚地表明初级市场体系的内部结构比我 1964 年文中所揭示的特征更为复杂多样。市场之下的村级组织亦五花八门,如结构严密的宗族、水利协会、看青会、政教合一的会社等,不同的守护神及寺庙亦有自己的辖界。这些组织中的大部分具有多种功能,组织原则也不止一个。[①]

我并不是要贬低前人的研究,而是想吸收市场体系理论中的合理成分并将其融入文化网络的概念之中。本章将通过分析婚姻圈以及水利管理组织,从两个途径来说明市场体系理论已同化到文化网络之中。而在整本书中,读者将看到市场体系与其他组织一同联结为文化网络。让我们先粗略地看一下市场在"满铁"调查村庄(特别是在 20 世纪三四十年代时)中的作用。

大多数"满铁"调查村庄距县城不远,而县城本身也是其市场所在,所以,这些村民多到中级市场而不是初级集市去贸易。

---

① 施坚雅主编:《中华帝国晚期的城市》,第 721 页。关于他的市场体系理论,见《中国农村的市场与社会结构》一文。

但有两个村庄例外，其一是河北省昌黎县的侯家营。村民光顾的主要集市是泥井，这是一个初级集市，在1940—1941年间也是行政村村公所的所在地。泥井五日一集，附近村民多到这里交易，但也到10公里之外的县城去购货。① 另一例外是山东省恩县的后夏寨。1937年以前，该村村民到一个初级市场去交易。日军侵入之后，其为了加强控制，强制减少集市场所，因此后夏寨村民不得不到县城去贸易。②

县城一般是中级或中心市场，其辐射半径为7—10公里，包括30—40个村庄，约1万口人。县城有时亦是一个初级集市，集日较频，方圆2.5公里左右的村民多前来赶集。③ 与施坚雅所研究的川西不同，华北平原的初级市场差异很大，据说河北省栾城县的集市小到只顾及3个村庄，大到吸引30余村的村民。④

集市对村民来说非常重要，在那里村民可以买卖货物并得到借贷。根据"满铁"调查资料，我们无法算出农民出售其产品的确切数量，这里只能转引一些概括性叙述。尽管自清末以来，种植经济作物（主要是棉花）的农户及面积大幅度提高⑤，但农民仍然以种植粮食为主。就棉花来说，河北省寺北柴和吴店村的调查表明，农民也只是在满足自身（织布做衣）需要之后再出售剩余棉花。⑥ 就粮食而言，只有种植比例很小的细粮，如小麦和稻子才在市场出售。如同棉花一样，这些细粮也是在满足家用

① 《惯调》第5卷，第247页。
② 《惯调》第4卷，第510、515页；第5卷，第339页。
③ 《惯调》第2卷，第202页；第3卷，第329、351页。
④ 《惯调》第3卷，第392页；施坚雅：《中国农村的市场与社会结构》，第33页。施坚雅认为每个初级集市大约包括18个村庄。
⑤ 《惯调》第5卷，第568页；马若孟：《中国农民经济》，第67页；黄宗智：《华北的小农经济与社会变迁》，第106—108页。
⑥ 《惯调》第3卷，第325页；第4卷，第2页；第5卷，第253、568—569页。

（主要是春节时消费）后才出售剩余。高粱和玉米是农民的主粮，但对大多数农家来说，即使这种粗粮也不够吃，他们不得不卖掉细粮换粗粮，甚至在青黄不接之时借粮度日。[①] 即使在较为富有的河北省侯家营，那里的粮食基本上也是自产自销，但在 114 户人家中，仍只有 6 户未曾买粮度日。[②] 所以，对大多数农民来说，在青黄不接之时，亦不得不求助于市场调节。

除了秋卖春买粮食，农民还从市场上购买煤油、农具甚至布匹，但这些物品并不一定非要到集市上才买得到。一些村庄，如山东的后夏寨和冷水沟，村内即有小卖铺，农民多在那里购买日用必需品，农民亦向走街串巷的货郎担购买物品。而且，农民多赶远处的庙会，从那里买回农具和大牲畜。[③]

由于集市上店铺较多、资金较丰，故它也是借贷中心，这对寺北柴那样的穷村来说更为重要。进入 20 世纪后，那里的有钱地主大多迁往集镇或县城居住（见第六章）。沙井村亦是如此，在全村 70 户人家中，每年有八九家从市场借贷，而只有四五家从村中获得借款。[④] 不过在其他村庄，如后夏寨和冷水沟，还是以向本村人借贷为主。[⑤] 在吴店村，由于过分贫穷，几乎无人能借到钱款。据村民回忆，在晚清之时，还有 8 至 10 户人家尚能

[①] 《惯调》第 2 卷，第 270—291 页；第 4 卷，第 2 页；第 5 卷，第 568、571 页。

[②] 《惯调》第 5 卷，第 255 页。关于农村人口，见《惯调》第 5 卷，《概况》（指正文前对调查各村的概论，置于该卷目次之前）第 5 页。

[③] 《惯调》第 2 卷，第 205 页；第 3 卷，329 页；第 4 卷，第 235、399、505、510 页；第 5 卷，第 570 页。

[④] 《惯调》第 2 卷，第 226 页。关于农村人口，见《惯调》第 1 卷，《概况》第 75 页。

[⑤] 《惯调》第 4 卷，第 237、423 页。冷水沟的一位被调查人员说，村外的贷款主要来自济南钱庄。1928 年后，在国民政府之下，钱庄转化为银行，这一贷款来源也枯竭了。这些银行只放贷 1000 元以上的款项，这是农民不可企望的。在整个民国时期，当铺常常遭到散兵游勇的洗劫，这又堵塞了集市中农民的一个重要信贷来源。见《惯调》第 5 卷，第 584 页。

从集市上得到贷款，但到 20 世纪 30 年代之时，这样的人家几乎再难以找到了。这主要是由于大部分土地售与村外之人，农民没有资产作为抵押以获得贷款。[1]

如此看来，集市并不是借贷的唯一重要来源，而且，在许多情况下，即使农民从集市上得到借贷，其放贷之人亦往往是本村居民，沙井和冷水沟提供的事例即是如此。[2] 市场提供的其他服务亦表明，街坊邻里关系在其中起着重要的牵线作用，黄宗智对此非常重视。在借贷、土地买卖及租赁等关系中，同村之人往往充当中人。[3] 在出卖产品（粮食）时，村民往往需求助于收费的牙行或经纪。而吴店和寺北柴的村民在此交易中只找出自本村的牙人。[4] 以上分析表明，村民与市场交往并不是建立在牺牲村民内部关系的基础之上，事实上，村民之间的关系似乎更为加强，人们以此来提高自己在集市交易中讨价还价的地位。

我要说明的是，市场并不是决定乡村大众交易活动的唯一因素，村民纽带在提供多种服务、促成交易方面起着重要的作用。从文化网络的视角来看，市场体系与村民纽带联合决定了乡村经济交往。不过，网络模式揭示得更为深刻，它表明，村庄和市场亦不能满足乡村经济和社会生活的所有需要。下面我将重点分析一下村外联系，它们不等同于市场体系，但与市场又有密不可分的联系。

---

[1]《惯调》第 5 卷，第 564 页。
[2]《惯调》第 2 卷，第 230—231 页。
[3] 关于中人在签订田契中的作用，见第六章。
[4]《惯调》第 3 卷，第 326 页；第 5 卷，第 570 页。

典型研究:婚姻圈

为了说明市场圈等同于社交圈,施坚雅指出四川的初级市场是一个内生的社会区域(社区),人们往往从初级市场圈内寻娶媳妇,他还描述了媒婆如何在集市上完成婚姻介绍。[1] 这种市场体系模型只能部分地解释两个"满铁"调查村庄中的联姻资料,我们必须考察文化网络中其他关系,才能理解各种联姻现象。

我们有两类有关河北省良乡县吴店村的婚姻资料。一类由两个被调查村民提供,他们回忆了本家族所娶媳妇的娘家村名,提到的 19 位媳妇来自 12 个不同的村庄。[2] 第二类资料是一串前来吊丧的亲戚名单。[3] 这两类材料总共提及 24 个村庄,涉及 75 户有亲戚关系的人家。由于在地图上找不出其中 4 户人家所居住的村庄,所以下面的分析不包括这 4 家。

另一份有关婚姻问题的资料来自河北省栾城县的寺北柴。[4] 在该村 180 位已婚妇女中,17 位来自本村,由于我们讨论的是村际之间的联姻关系,故这里只讨论来自其他 49 村的 163 位妇女的情况。这 163 位"新娘"嫁给村中四族中的男人,但"新郎"大多属于村中最大之家族——郝氏一族。

---

① 施坚雅:《中国农村的市场与社会结构》,第 36 页。弗里德曼(《中国宗族与社会》,第 101—102 页)也论及这一模式,尽管他基本上赞同施坚雅的模式,但他觉得对此应作点修改,使其能够说明上层家庭以及同族通婚的少数民族的状况,他们可能从初级集市之外寻娶新娘。
②《惯调》第 5 卷,第 449 页。
③《惯调》第 5 卷,第 501—506 页。
④《惯调》第 3 卷,第 97—100 页,第 114、116、118 页。

从村庄距市场远近的资料来看,新娘所在村庄多散布于以市场为中心的方圆5公里以内,由此看来,两村(新郎及新娘所在村庄)均位于同一市场之内,他们很可能是通过集市中介而相互认识最后联姻的。不过,寺北柴与吴店距集镇非常之近,分别为2公里和1.5公里,而且,新娘大多也来自步行可到(相距不远)的村庄。所以,我们对以上材料亦可作另一种解释,即出嫁闺女的村庄坐落于婚娶媳妇的村庄的"联姻范围"之内,这一范围可能独立于集市圈之外,其辐射半径可能以一定时间内步行可到的距离为准,亦可以原有联姻范围为准。

要检验(或确定)婚姻圈的范围,可调查那些处于迎娶村庄所属集市圈之外的出嫁闺女的村庄。婚娶媳妇的村庄是不是从集市圈之外的村庄迎娶许多新娘?回答是否定的。栾城县一些村庄的资料为这一假设提供了确切证据:在13个向寺北柴嫁女超过5人的村庄(这13个村共向寺北柴嫁出闺女94人)中,只有1个村庄距集市中心在5公里以外。[①]

更为有力的检验是,出嫁闺女的村庄是距离迎娶媳妇村庄近,还是距离集市中心近。如果大部分出嫁闺女的村庄距迎娶媳妇的村庄更为接近(相对于距集市中心而言),则我们可以断言,集市中心并不是婚姻圈的中心,联姻圈以娶嫁村庄之间的距离为准。图2表明两县中出嫁闺女村庄与迎娶媳妇村庄以及集市中心的距离。

图2表明,两种距离关系确实存在差别,但差别不大,不足以使我们肯定或否定任一假设。在吴店村所在的良乡县,与吴

---

① 《惯调》第3卷,第97—100页。由于两个集市均属于较高一级市场,故这种情况必须视为例外。

店村村民有姻亲关系的 55 个村庄坐落于以吴店村所属集市为中心的方圆 5 公里之内。而若以吴店为中心,以 5 公里为半径,则这样的村庄有 60 个。[1] 在栾城县,若以集市为中心,5 公里为半径,则嫁往寺北柴的新娘数为 141,若以寺北柴为中心,则其人数为 157。若将半径减为 2.5 公里,则两者的数字分别为 106 和 100。[2] 可见,尽管这些数据不能给出确切的回答,但很明显,它并不能否认施坚雅提出的市场范围即为联姻圈的观点。

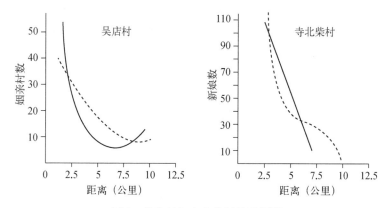

图 2 吴店村和寺北柴村的联姻圈

"距离"含义:a. 实线为出嫁闺女的村庄与吴店/寺北柴的距离;b. 虚线为出嫁闺女的村庄与迎娶村庄所属集市的中心的距离。

不过,即使联姻圈包含于市场范围之内,我们仍有理由相信集市中心并不一定是确定婚姻关系的地方。求亲男女双方居住于对方村中的亲戚朋友往往是促成或拆散一对青年男女的关键人物。村民们大多承认自己在别村的亲友常从那里为自己的儿子介绍对象。曾经分析过栾城县婚姻资料的石田浩将 20 宗婚姻关系中的介绍人分类排列,其中 13 宗是由男女一方的亲戚充

[1]《惯调》第 5 卷,第 449、501—506 页。
[2]《惯调》第 3 卷,第 97—100、114、116、118 页。

任介绍人，而只有1宗婚姻与集市中心有牵连。其余7个介绍人要么是同村人的亲友，要么是与两村皆有关系的熟人。^① 此外，昌黎县侯家营的村民说，他们多从新金堡寻觅新娘，因为他们与该堡的邢、朱二姓多有亲戚关系。^②

如此看来，市场体系理论只能部分地解释联姻现象，集市辐射半径在限定联姻圈和其他社会圈方面都有着重要作用，但联姻圈等有着自己独立的中心，并不一定与集市中心重合。联姻圈与市场范围的关系可作为文化网络中各组织之间相互联结的代表——各组织的辖区或范围可能部分或全部地重叠（但并未同化）。水利管理组织代表着另一种类型的联系：各组织有共同的合作中心，但各有自己的领辖范围（见下节）。

姻亲关系在文化网络中起着什么作用？在华北乡村的日常生活中，它起着多种保障和联系作用，习惯法中间人的作用可以表明，亲戚关系在签约（不论是借贷还是买卖或租佃土地）方面起着重要作用（见第六章），而且，当发生天灾人祸之时，人们往往投奔其亲戚所在的村庄。一般来说，这种亲戚关系往往将普通人家与更有权威和正式的宗族以及行政组织联系起来，使他们更易接近乡村社会中的各种资源。如此，人际关系这种姻亲联络将不同类型的组织联结起来，从而为文化网络提供了又一种粘合方式。

作为独立于市场而作用的纽带，亲戚关系和其他关系拓宽了我们的视野，并帮助我们理解在乡村市场体系削弱或瘫痪之

24

---

① 石田浩：《旧中国农村中的市场圈与通婚圈》，第121页。在这一有趣的研究中，石田提出"日常生活交流圈"的思想。村民们从市场之外的亲戚及村际关系发展起来的联系不仅用于合作生产，而且还用于其他方面。
②《惯调》第5卷，第28页。

际人们是如何相互联络的。这种超越市场的纽带是否持久坚
韧,对穷得无法自给的村民来说更为重要。如同与市场的商业
关系加深了村中的某些联系一样,那些村际间的直接关系(它可
能最初在市场中心形成)也发挥着自己的重要作用,这是目前的
市场结构论所未予以充分重视的。

文化、法统与晚清政权

如上所述,"权力的文化网络"中的"文化"一词是指各种关
系与组织中的象征与规范,这些象征与规范包含着宗教信仰、相
互感情、亲戚纽带以及参加组织的众人所承认并受其约束的是
非标准。这种象征性价值赋予文化网络一种受人尊敬的权威,
它反过来又激发人们的社会责任感、荣誉感——它与物质利益
既相区别又相联系——从而促使人们在文化网络中追求领导
地位。

所以,乡村社会中的领袖只能产生于具有共同象征性价值
观念的组织结构之中。但是,这种似乎约定俗成的文化价值正
掩盖了在乡村社会中它的产生与运作过程。这一细微而复杂的
进程充满着包括国家政权在内的各不相同的社会集团间的相互
竞争、妥协及自我调节。由于文化网络既控制着各种资源,而其
本身又包含各种感性象征,所以,它成为乡村社会中使权威合法
化的见证者。正因为如此,它也成为乡村社会中各种势力激烈
角逐的大舞台——争取使网络中的舆论导向和权威为某一特殊
的需要和利益服务。

人们可能要问,如果文化网络中的符号被用来为某一集团
或个人谋利,它们是否还能激发人们对"合法权威"的认同? 本 25

书对文化网络的讨论正是要回答这个问题，不过，不难一眼看出，其问题（答案）的关键在于媒体本身。与物质资源不同，象征性符号是可塑的，尽管它被完全扭曲，但它还能保持其内在能量，即动员、激励以及强制的力量。在全书中我将重点考察造成象征性符号多种用途的条件和环境。本章对社区灌溉中祭祀等活动的研究将说明龙王的权威是如何在允许不同团体争权夺利的情况下仍能维持整个水利体系的稳定。

不仅乡村社会中有着各种势力竞争这种权威合法性的象征，封建国家等外来因素亦参加了这一争夺。这样，文化网络不仅沟通了乡村居民与外界的联系，而且成为封建国家政权深入乡村社会的渠道。通过这些渠道，封建国家使自己的权力披上合法的外衣。但如以下各章所示，对国家政权来说使文化网络中的各种规范为自己服务并不是一件容易之事，它经常不得不将自己的霸权凌驾于大众的信仰象征之上。

造成这种现象的原因在于，文化网络中并不是所有的组织和象征性符号都护佑正统秩序，其中许多信仰在官府看来是非法的，但仍为村民所接受。这就使我们易于理解为什么乡村社会中存在着不一定合法的非正规领袖。不过我相信，直到19世纪末期以前，清政府将文化网络转化为使帝国政令法统化的工具的企图获得了一定的成功。无疑，乡村精英上浮促成了这一企图的实现，因为这一转变使精英们的领导地位进一步巩固。

以这种方式观察国家与社会的关系便不难发现，文化因素在其中起着重要作用。谈到文化，我们不能只讲孔教、绅士或由绅士操纵的体制。国家利用合作性的商人团体、庙会组织、神话以及大众文化中的象征性资源等渠道深入下层社会。权力的文化网络正是要揭示国家政权深入乡村社会的多种途径和方式。

26

典型研究:河北省邢台地区的水利管理组织

下面对 19 世纪一个水利组织的研究将说明文化网络是如何将国家政权与地方社会融合进一个权威系统(机构)的。这一地区位于太行山下,属于今河北省邢台地区。19 世纪时直隶省水浇田面积占可耕地面积的 15% 左右,所以下面讨论的灌溉组织并不是当时的普遍现象。但在我的研究过程中,这类组织经常涉及,而且可以说遍及中国:职务性的、祭祀性的、政治性的、经济性的各种等级制度、乡绅网络以及帝国行政机构等相互作用,共同塑造着乡村的政治、经济、文化生活。"满铁"对邢台地区的调查集中在地方政治之上——在这一典型中是水利控制。与更为广泛的县志资料相结合,这为我们提供了一个观察文化网络如何运作的绝好机会。①

浇灌邢台县东部及其相邻的任县、南和、平乡、沙河等县的水源来自牛尾河和百泉河,不少明泉特别是百泉(与河流同名的泉眼)供应着河水。农民们在河流之上或泉眼之下修筑堤坝、安置闸门,引水浇田,种植水稻等作物。这些灌溉渠道大多挖掘于16 世纪,在雍正时又进行了大规模的重修或加固。②

在邢台县的水利体系中,最为引人注目的单位是"闸"——

① 关于 15% 的数字,见墨菲:《自然资源与天赋》,第 57 页。我研究的主要资料是 20世纪 40 年代时对邢台及其附近地区的调查。除访问记录外,这是"满铁"调查资料中一个很有代表性的资料,它包括环境概况以及各种原始资料——水会登记簿、碑记、案卷等——这是在该地区能找到的所有资料,它们被编进《惯调》第 6 卷中。我还用《邢台县志》(1905 年,卷二)、《满城县志》(1757 年,卷二及附录 1—2)、《行唐县志》(1772 年,卷二、卷二)以及《任县志》(1915 年,卷一)来补充《惯调》资料。

②《邢台县志》卷一,第 27—37 页;卷二,第 55 页。

它是用水者联合组织的名称,可能与"闸门"相关。这些用水的村民集团,我将其称为"闸会",其成员包括 2 至 10 村不等,控制着灌溉用水的分配。但这并不是管理用水和控制水源的唯一集团,实际上存在一个多层次的等级组织:从家庭、小集体到闸会、闸会联合,直至更大的单位——全河流域灌溉区。用水户根据距离远近和不同需要等环境的变化来参加不同层次的水利组合体,换句话说,在水利体系之中,不断出现分裂与组合。

水利组织体系往往超越了村庄及市场(集市)体系,但这两个体系并不是截然分开的。闸会与村庄并不吻合是因为闸会范围大于村庄,而且,并不是所有的村民(住户)都是闸会成员。不过,闸会与村落(住户)之间有着重要的结构联系。闸会中的管理人员——小甲,往往是特定村庄的代表。例如,普济闸会的一个管理人员总是由张村人充任。[①] 换句话说,尽管在水利组织体系中整个村庄并未被承认为一个法人单位(百泉闸会可能是个例外),但闸会之中由同村之人作"代表"则表明,在闸会之中亦可动员村庄的政治集团意识。

当闸会中某些村庄比其他村庄更为强大时,这种倾向表现得更为明显。有时,位置上的优势可能使某些村庄在闸会中处于主导地位,而一旦得势之后,它又利用在组织上的主导地位来维护它对其他村庄的控制。在邢台县第五区的最南端,有 9 个村庄松散地结合为百泉闸会,其中孔桥村位于三条渠道的交汇处,由于它控制着下游的水源,故其位置十分重要。1851 年,孔

① 《惯调》第 6 卷,第 112、115 页。小甲数目有定,但各不相同(见《惯调》第 6 卷,第 104 页)。

28

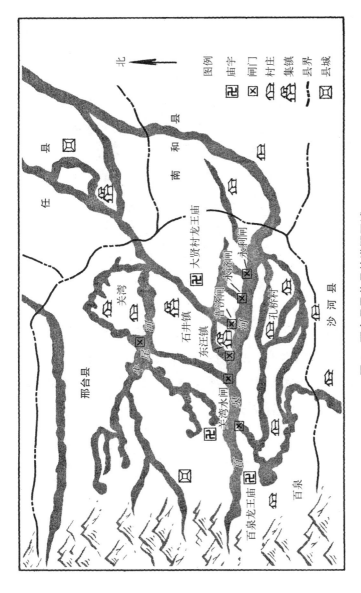

图 3　邢台县及临县的灌溉区域
（根据 1905 年版《邢台县志》绘制）

29　　桥村以水权混乱为借口，另组了一个相对独立的组织——河口
社，它后来成为一个拥有财产并进行土地交易的机构，其组织健
全，有 17 位会首，其中多由村中首事充任。文献及碑记中多次
提到孔桥与其他村庄发生争执，这表明，孔桥建立起自己的组
织，意在加强对处于下游村庄的优势。①

　　但总的来说，建立起自己水利组织的村庄毕竟为数甚少。
在华北，很少有村庄能依靠本村的资源来控制一个闸会，而只有
集镇才具有经济和政治资本来担当这一重任（控制闸会）。由于
集镇往往是闸会的地理中心，集镇领袖对闸会可能拥有主导力
量，东汪镇和石井镇在东汪闸会和普济闸会中即起着这样的作
用。在东汪，河正（闸会之首事）是由村长任命。② 进入 20 世纪，
相对强大的两个村公所对两个闸会的财政状况分别发挥着决定
性的影响。在东汪，闸会资金短缺时，由村公所代垫，然后向居
民征收。在石井，闸会会员通过村公所交纳水费。③

　　集镇和强大的村庄能够利用其组织资源控制闸会，这样，闸
会的领导机构又能较好地发挥其领导作用，从而维持闸会的内
部安定并保护闸会利益不受外界侵犯。实际上，这种集镇与闸
会之间拥有共同的合作中心是文化网络中不同体系之间相互联
合的一种常见形式。但是，如同文化网络中其他因素一样，尽管
集镇在闸会的权力结构中起着重要的影响作用，但水利管理体
系并不能为市场体系所代替。市场区域与市场体系原则与闸会
之间的相互作用并不十分相干。

---

① 《惯调》第 6 卷，第 252—257、358—359、365—366 页。参阅前田胜太郎《华北农村
　的水利机构》，第 47—48 页。
② 《惯调》第 6 卷，第 100 页。
③ 《惯调》第 6 卷，第 117、119 页。

以用水为目的的地域性组织体系并不是市场体系,而是由供 *30*
给水源的 3 个灌溉流域所组成。这 3 个体系决定或限制着这一地
区闸会联合的方式和规模。第一个体系利用百泉之水,该泉控制
百泉河的水流。第二个体系位于百泉之北,也利用百泉河之水。
第三个体系较为复杂,它名为关湾水会,是由邢台县一个大的闸会
组成,尽管该会中大部分村庄位于牛尾河以北而且利用该河之水,
但其中一个水闸位于这些村庄之南、第二体系东汪闸会之东的百
泉河上,故该体系利用两河之水,但以北引牛尾河水为主。

自然,3 个灌溉体系的流域盆地不仅不以市场体系为范围,
而且与邢台县的行政区划亦不相合。牛尾河灌溉区包括行政上
属于任县的一些闸会,百泉河流域包括南和县的一些村落,而百
泉泉水则是灌溉沙河县部分田地的水源。尽管这一现象并未否
定行政区划的存在,但它表明,就水利管理来讲,流域盆地是一
个自我调节的区域。

在流域盆地之内,既有合作,又有冲突。文献资料只记载了
属于两个河流系统的两个集团间的一次冲突:它牵涉到关湾闸
会(它的一条水渠得从百泉河引水),这一冲突最后不得不由知
县出面决断。据石碑记载,冲突发生在关湾闸会与属于百泉河
流域的 7 个闸会(其中两个闸会行政上隶属南和县)之间——
也可以说,这次冲突发生于两个流域之间。①

百泉河流域为我们提供了闸会之间合作得很好的事例:每 *31*
年各闸会会集一次,疏浚百泉河,加固或维修堤坝和桥梁。两县
闸会按其使用水量之大小平等提供劳力和财力,每年 3 月在东
汪镇开会讨论此事,各闸河正,包括远在南和县的济民闸会的首

①《惯调》第 6 卷,第 372 页。

领均出席这次会议。①

与水利管理体系基本上相并行的是供奉龙王的祭祀体系。不仅各村有自己的龙王庙,各闸会也另有龙王庙或在某龙王庙中供奉自己的龙王。在二月十五日新河正选出之时、龙王圣诞、旧历年末等节日或发生久旱不雨之时,闸会首领们恭诣龙王庙祭拜龙王,烧香献牲,然后会餐。②

水利管理组织的这种宗教仪式在中国十分普遍。我在研究察哈尔、内蒙古、山西、河南、台湾和香港新界的水利组织时也遇到这种供奉水利之神的寺庙。③ 下面是与一位昌黎农民的对话,表现了普通农民的宇宙观:

问:天是怎样创造出来的?

答:我不清楚,但是人们都说它是由玉帝创造的。

问:地和人是哪里来的?

答:我不知道。

问:人为什么能活着?

答:因为他吃东西。

问:但人老了之后,为什么会死亡?

答:人的寿命由玉帝决定,一个人难以活过玉帝确定的期限。

问:植物为什么能生长?

---

① 《惯调》第 6 卷,第 229 页。

② 《惯调》第 6 卷,第 105—106、118 页。

③ 贺登崧:《宣化附近的乡村庙宇》,第 26、40 页;今堀诚二:《清朝时的水会与政治权力》,第 81—83 页;安立森:《龙王河》;森田明:《民国时期河南省固始县的水利设施》,第 73 页;王松信:《八宝渠与台湾中部的开发》;布林姆:《香港的村庄公庙》。

答：因为有土地和雨水。

问：为什么？

答：因为它们从土和水内获得了能量。

问：雨水有能量吗？

答：有。

问：谁赋予雨水以能量？

答：雨水是玉帝的下属——龙王创造的。雨水中含有龙王的力量。

问：为什么龙王要下雨？

答：水是万物之源，没有它人们便无法生存，龙王下雨以救人类。

问：当雨水尚未落地之时，它归谁所有？

答：尽管龙王按玉帝的命令行事，但雨水为龙王创造，所以归龙王所有。

问：雨水落地之后它是否还归龙王所有？

答：土、水为公（归大家所有）。①

祭祀仪式使闸会组织神圣化，从而赋予它更大的权威，并得到公众的承认。如果一个人违背会规，私下出售自己的用水之权，便会危及整个合作体系和控制机制。所以，在察哈尔宣化地区（今属河北省）的一个龙王庙内，有这样一尊可怖的塑像：一条巨大的盘龙正将一个恶徒撕得粉碎。② 在其他水会中，对违规者的处罚往往是让他向龙王祭献贡品。③ 龙王庙不只是区域团体，

---

① 《惯调》第 5 卷，第 297—298 页。

② 贺登崧：《宣化附近的乡村庙宇》，第 41 页。

③ 新庄宪光：《包头东河村实态调查报告》，第 85 页。

而且是权威的象征。

但是，如同祭祀内容随着历史的进程而会变迁一样，邢台地区各级水利组织中的分裂和组合也在不断地改变着寺庙仪式的职能。由于祭祀秩序与水利组织等级相平行，所以祭祀仪式不仅表现着集团意识，而且激发着集团之间的相互竞争，从而使整个体系处于不断的变化之中。

百泉闸会可能是所有闸会中最松散的一个组织，来自 9 个村庄的用水户在闸会的龙王庙中祭祀龙王。这一庙宇坐落于百泉之旁，据说庙中居住着龙王的母亲。当龙王圣诞之时，会中所有 9 村均聚集于龙王庙中，但祭祀时则由两三个村结成 3 个小集团分别进行。祭毕后，各村会首也是单独会餐。① 这表明，该闸会并不是浑然一体的，其内部仍分为以村为单位的小集团。尽管在管理用水上整个闸会是一个合作单位，但很久以来，为争夺用水而在 3 个层次上展开着争斗：村与村，村庄联合（小集团）与村庄联合，闸会与闸会之间。所以，寺庙与祭礼仪式既体现着合作，又反映出各集团之间为争夺用水而出现的分裂和重新组合。

在更高一级的层次上同样存在着竞争与合作。大贤村有一座很大的龙神庙，每年二月十五日，附近 3 个闸会（永利、永济和普济）的首领（包括河正、副，小甲等）聚集该庙中议事并祭献龙王。毕后，各会首领分开用餐。这些闸会成立之初，他们与处于上游的共同对手——东汪闸会——经常发生冲突。② 势力强大的东汪闸会以集镇为中心，声称由于自己成立较早，因而有优先

---

① 《惯调》第 6 卷，第 256、265 页。
② 《惯调》第 6 卷，第 105—107、268—278 页。

用水权。① 该闸会并不按时到大贤村龙神庙中祭祀。一位来自东汪的被访问者辩护说:"大贤村龙神的辖区为下游各闸会的地面,即使我村之人到那里去烧香祷告,也不会有什么灵验。而且,本村与该龙神并无什么关系。"顺便提一下,东汪闸会还利用另一流域的水源。所以,它在两个龙王庙中烧香敬神,定期将自己的龙王抬到另一庙中接受祭献。②

据以上所述,我认为,在大贤村龙神庙举行祭祀的 3 个闸会,不仅各自独立,而且又有联合,他们以此来对付更为强大的竞争对手——如东汪闸会。到 20 世纪时,3 个闸会之间的关系仍然十分密切。当然,它们之间也时常发生冲突。③

大贤村的龙神庙不仅是以上 3 个闸会的祭祀中心,而且,它有时也是整个百泉河流域各闸会的祭祀(聚会)场所。农历七月初一,共同利用该流域之水并合作浚河的 2 县 8 个闸会的首领聚集于大贤村龙神庙之中祭祀龙王。1853 年维修该庙时,资金来源更为广泛,南和、沙河两县的部分村民也捐献了钱财。④ 应该看到,该庙不仅是各闸会的祭祀中心,而且具有更深远的意义,它将暗中竞争的各集团召集一处使其为了共同生存而采取某种合作。

从祭祀庙宇的不同可以看出不同闸会的不同辖区,从祭祀中亦可反映出闸会内部的潜在分裂与组合。约翰·布林姆(John Brim)在香港新界亦发现了类似的水利组织庙宇体系。⑤

①《惯调》第 6 卷,第 268 页。例如,东汪闸所用之水称为"正水",而其他闸会所用之水不称为"余水"。

②《惯调》第 6 卷,第 265 页。

③《惯调》第 6 卷,第 270、278 页。

④《惯调》第 6 卷,第 230、372 页。

⑤ 布林姆:《香港的村庄公庙》,特别是第 98 页。

毋庸置疑，祭祀体系是中国人在帝国行政体系之外另建权威的一种常见形式，它是大众宗教中与人间统治机构相似的天界官僚机构的缩影。利用迷信中的等级体系，封建国家通过祭祀这一媒介将自己的权威延伸至乡村社会。[①]

邢台地区龙王庙的等级体系代表着一个更为复杂的现象，它包容但又超出了乡村神灵的职能范围。杨庆堃和武雅士（Arthur Wolf）认为天界官僚体系是国家政权控制乡村的一个重要工具。无疑，敬奉龙王在有清一代国家祭祀中变得越来越重要。到了 19 世纪后期，朝廷不断地发布上谕敕封或旌表龙王。1869 年一道谕旨给某一龙王进加封号，褒奖龙王突然出现在河堤之上，从而防止了黄河决堤。[②] 祭祀龙王起始于民间还是封建国家并不重要，关键在于龙王属于一个由国家承认的权威体系。同土地爷一样，它有自己相应的辖区。这样一来，祭祀仪式便可以起到维护乡村社会中杨庆堃所称的"合乎天意的政治秩序"——这正是文化网络的一种功能。

与天界官僚不同，龙王庙的等级制度代表着水利组织对神的权威的创造性运用。为了获得更大利益，各闸会总是在不断地分裂和组合。龙王庙只是一个权威的框架，其内容在不断地变动。作为权力分界和辖区的象征，龙王庙是乡村社会中的重要组成部分，它不仅可以减小国家干预的必要，而且使乡村社会组织具有很大的可变性。

祭祀制度与水利组织之间的关系揭示了文化网络中一个重要特征：乡村社会中的权威既不是为上层文化所批准的儒家思

---

① 杨庆堃：《中国社会中的宗教》；武雅士：《神、鬼、祖先》。

② 杨庆堃：《中国社会中的宗教》，第 67 页；又见《大清律例》卷十六第 4—5 页关于祭祀的规定；《清朝续文献通考》卷一五六。

想的产物,也不是某种观念化的固定集团所创造的。乡村权威
产生于代表各宗派、集团以及国家政权的通俗象征的部分重叠
及相互作用之中。各集团对这些权力象征的争逐从而给权威赋
予一个共同的框架,这在第五章讨论关帝崇拜时会表现得更为
清楚。更为重要的是,即使在利益不同,甚至冲突的情况下,各
集团亦能达成这种"共识"。

当然,常常也会发生这样的事情:竞争超出了神权的管辖范
围,组合或分裂的规则不再适用,竞争变为公开的冲突。在这种
情况下,文化网络中相关的"竞技场所"不得不进一步开放,国家
政权作为行政力量,而非象征因素介入闸会组织之中。这一"开
放"使与其相连的其他组织亦卷入纠纷之中,这在争斗演变为诉
讼之时更是如此。

一般情况下,闸会内部或闸会之间的争斗由闸会首领们开
会调解——其中可能有、也可能没有绅士在场——这样并不涉
讼,也不"惊动"官府。[①] 闸会联合之间发生严重冲突或冲突双方
跨越县界之时,诉讼便难以避免了。在这两种情况下,都免不了
要联络当地的绅士阶层。正是在这一联络过程中,我们可以发
现在各种联合之后的主要力量。这一策略是要最大限度地扩充
各自组织(联合)的政治资源,在与官府打交道时更是如此。在
大多数情况下,各组织都极力争取绅士阶层的支持,这是因为绅
士不仅可以影响当地官府,而且在诉讼时可充当重要角色。

不难理解,在较大的派系冲突中,往往会牵涉集镇之外的人
力和财力。例如,在以大贤村龙神庙为中心的 3 个闸会与东汪
闸会的冲突中,在百泉河流域所有 7 个闸会与关湾闸会的冲突

36

---

① 《惯调》第 6 卷,第 100、105、115 页。

中,双方都动员绅士加入诉讼。即使在小规模但涉及两县的冲突时,也必然会引起诉讼和绅士的介入。

由于流域盆地内常常发生争执,而此一流域又横跨行政区划(县界),故牵涉两县居民的冲突也屡见不鲜,1875 年的一次冲突即属此例。这次冲突起于在永利闸会内因征发浚挖河渠劳工而发生的争执,该闸会由邢台大村景家屯和相邻的南和县 5 个村庄组成。尽管事件起因甚微,而且争执限于闸会内部,但因两县绅士加入诉讼,结果使案件扩大,告到知府那里。最后经长时间的谈判,双方达成协议。[①] 这一事件非常典型,它表明一个小的争端会因行政归属不同而愈演愈烈。

这种小事弄大的事件在其他涉及两县的集团冲突中层出不穷。在流域盆地内的冲突中当地绅士往往卷入,最后惊动官府。[②] 例如,据明朝万历年间(1573—1620)一块石碑记载,当百泉闸会挖掘了数条灌溉渠道之后,沙河县村民也想利用百泉之水,他们到邢台县衙请求,被知县拒绝。但后来知府推翻了知县原判,准许沙河民众修筑一渠。在筑渠过程中,他们截断邢台县的一条老渠,而将渠水引为己用。被激怒的百泉闸会提出诉讼,状告到知府那里,最后沙河闸会被迫恢复邢台渠水。石碑上刻着一名进士和其他 7 位获取低级功名的人的名字。这又一次表明横跨县界的冲突往往动员绅士加入从而引起官府的重视。[③]

这些事例说明,尽管行政界线并不是跨界合作的直接障碍,

① 《惯调》第 6 卷,第 329 页。
② 杜赞奇:《华北乡村社会中的权力》,第 290—292 页。我在邢台之外也找到了这样的事例,两县的村庄不仅为灌溉,而且为防洪而发生争斗。见萧璠:《河间南北窝头村及肃宁邵庄坨村筑埝纠纷》。
③ 《惯调》第 6 卷,第 109 页。

但它会在合作体内造成某种裂缝。正是由于闸会属于两个不同的行政区划,知县在判案时总是偏向自己的子民,而绅士阶层又往往以政权中心为自己的集结点,所以常常会小事弄大,从而牵动各政治环节直至知府。长期以来,在县界经过的流域盆地,由于存在纵向(向上)和横向(向本县绅士)联系,其向心力及组织力量往往强于其他地区。

从邢台地区水利管理组织中可以看出文化网络的一些特点。第一,文化网络内部各因素相互联系,例如行政区划与流域盆地相交叉,集镇与闸会在某种程度上部分重合,祭祀等级与不同层次的水利组织相互适应。第二,各种组织的权力资源相互混合,例如,在争斗之中往往将集镇、乡绅甚至行政机构引为后援。第三,在说明对龙王的宗教信仰如何被各组织引为己用的过程中,我们可以约略看到不同的利益和愿望是如何相互混杂而形成乡村社会中的权威代表的。

小 结

长期以来,卡尔·马克思和马克斯·韦伯的观点主导着有关中国国家与社会关系的论著。孔飞力和曼素恩(Susan Mann)发现,马克思和韦伯以及第一代西方史学家对中国历史的认识并不完全准确,他们将帝国政权看得过分强大,从而将乡村组织和地方精英看成是国家政权的附属物,乡村社会的权力结构似乎完全处于科举制度、官僚体系以及正统思想的控制之下。[①]

在 20 世纪 60 年代,那种旧的模式为"乡绅社会"模式所取

---

① 孔飞力和曼素恩:《概说》。

代,这种观点将封建文人视为国家与乡村社会之间的中介。绅士具有双重身份:他们既是国家政权的后备军,又是乡村社会中的富豪。这种观点认为绅士起着平衡的作用,即封建王权强盛之时,绅士平衡着国家与乡村社会的利益,但在动乱和王朝衰落之时,绅士们便倾向于代表地方及自身的利益。不过,随着七八十年代对区域历史研究的加深,人们越来越感到广泛的"乡绅社会"理论也不能解释许多问题。

对"乡绅社会"模型提出的批评来自那些研究绅士集团的学者,他们发现,基于与国家政权关系深浅的不同,绅士集团也是一个高度分化的阶层。他们甚至提出,从绅士集团自身发展来看,他们并未在国家与社会之间起到平衡作用。[①] 不过,这一批评意见尚未形成完整的体系,这一体系不仅应该包括绅士控制之外的国家与乡村联系的各种渠道,而且应该包括大众文化中国家的象征及其他因素。

即使在乡村社会的最低层次,帝国政权也不仅仅表现为"文化"形式。在下一章,我将详细讨论帝国官僚机构与下层行政组织在乡村社会中是如何交织在一起的。我们首先必须明确,"国家政权"是由儒家思想交织在一起的行为规范与权威象征的集合体。从这一角度来说,国家最重要的职能便体现在一系列的"合法化"程序上:掌握官衔与名誉的封赠,代表全民举行最高层次的祭礼仪式,将自己的文化霸权加之于通俗象征之上。对乡村大众来说,文化网络中的国家政权正是通过这些途径体现出来的。

从文化网络在水利组织中的重要作用可以看出,家长制的

---

① 冉枚烁:《中国的精英活动与政治变迁》。

封建国家也严重依赖象征性代表来维持乡村秩序。反过来,它又使国家和地方利益融为一体成为可能。我将证明,至少在 19 世纪末以前,这种状况在华北平原是确实存在的。20 世纪时,国家政权在竭尽全力放弃甚至摧毁文化网络之时,其建立新的沟通乡村社会的渠道又进展甚微,这只能削弱国家政权本身的力量。从文化的角度来说,新旧世纪之交标志着国家与社会之间关系的转折。 40

从结构分析角度来看,在研究社区组织时,文化网络模型比其他模式更为优越。文化模式吸收了施坚雅的一个观点,施坚雅认为找出村庄处于其中的更高一级的范围界线——在他的研究中,这一范围为市场体系——这对理解村庄本身的发展十分重要。很明显,小到村庄之下,大到集市之外的一系列组织均对村庄居民的生活产生影响。的确,直到 20 世纪前期,人们还不能十分确定何谓村庄,因为,直接或间接的国家政令仍在不断地变更村庄界线。同时,如上面对婚姻圈及水利组织的研究所示,那些大小组织并不一定以集镇为中心,其活动也不一定限制在集市范围之内。不过,与市场体系的相互作用也会制约或促进其活动的开展。与将目光仅仅局限在市场体系上不同,我认为在研究特定区域之前,我们必须弄清各种组织形式的综合体以及它们之间的相互联系。

文化网络强调对组织系统中权力赖以生存的文化及合法性的分析。它不只是角逐权力的场所,也不只是接近各种资本的工具,它还是正统和权威产生、表现及再生的发源地。我们已经粗略看到偶像崇拜是如何影响到各组织的职能。更为重要的是,我们已经看到——今后还要详论——各种社会利益是如何被交叉融合进代表这些信念的权威之中。如果国家政权想创造出可行的新型权威，那它必须将其建立在适应社会变迁需要的组织之上。

　　提出文化网络的概念并不是要建立一种模式。事实上，文化网络只是一个描述一般现象的范畴，但它具有一定的预见能力。它可以使我们看到历史的变迁过程，亦可看到过程的内部矛盾——国家政权改革了一些体制及行为，但对另一些（根据模型应该予以改变）保持原封不动。同样，历史的复杂性并不允许我们作如此大胆的"概括"：20 世纪之前国家完全依靠文化网络，其后却彻底抛开文化网络进行统治。不过，我将证明，进入 20 世纪后，国家政权逐渐放弃并破坏文化网络中的一些组成部分，但并没有建立新的渠道。本书中的数章将重点论证这一命题，最后两章讨论这种"失误"造成的严重后果。

第二章　清末乡村社会中的经纪统治

清朝鼎盛时期控制下层社会的最主要工具是治安用的保甲
制和征赋用的里甲制。这方面的研究很薄弱,使我们无法断定
清政府在前期是否完全实现了其理想的十级官僚控制体系。但
十分清楚的是,到了19世纪末期,在华北乡村,保甲制和里甲制
已名存实亡——或者更确切地说,它已失去了创造者们所理想
的统治功能。

封建国家在乡村社会中的统治职能包括维持公共利益,如
修建义仓、兴修水利、维护法律和秩序,并征收赋税。从理论上
讲,国家政权的生存有赖于各种职能间的相互协调,但至少在清
末时期,征收赋税成为国家政权统治乡村社会中的主要体现,它
不允许地方精英染指此事。① 而且正是在这一领域,国家政权与
农民大众的接触最深。

到19世纪末期,清朝政府通过双重经纪来征收赋税并实现
其主要的统治职能。"经纪"是交易中一方的代理人,他常常收
取一定的佣金。尽管理论上(名义上)并非如此,但事实上,清末
封建国家正是通过这种收费经纪来统治乡村社会的。我称这
种"国家经纪"(state brokerage)为营利型经纪,以与另一种类

① 孔飞力:《民国时期的地方税收与财政》,第110—112页。

43　　型——保护型经纪相区别。在后一种类型中，村社自愿组织起来负责征收赋税并完成国家指派的其他任务，以避免与营利型经纪（村民认为他们多是掠夺者）打交道。本章将讨论这种双重经纪制在清末财政中的作用及其与文化网络的关系。

　　19世纪末20世纪初，连年的内忧外患使封建政府濒临崩溃，扩大财源成为其维持生存的关键。在新旧世纪之交，清政府推行自强新政，这使扩大财源显得更为迫切。不过，对清政府来说，肃清和巩固农业税源并不是一件新事。清政府从明朝继承过来田赋征收中的两个弊端：二者皆起源于明清之际的巨大的人口及经济变动，以及折粮为银的"一条鞭法"，这两个问题直到民国及新中国初期依然困扰着国家政权。这两个弊端其一是纳税人偷税漏税，其二是征税人贪污中饱。

　　农业经济的商品化导致了频繁的土地交易，对封建国家来说，摸清土地的真正主人以确保田赋征收成为一大难题。清朝最初主要依据明万历年间编辑的鱼鳞册和黄册摊派赋役。鱼鳞册以田为主，及时注明田主的变化；而黄册以户为主，随时登录其土地的增减。按最初设想，两册应每年审定。在理想情况下，两册可提供征收赋役的确切信息，而且，健全的册籍可以减轻对中介人的依赖。但是，清政府的官僚体系无力跟踪地权的频繁交换，即使在清初之时，有人便认为鱼鳞册和黄册的登记并不可靠。①

　　邓尔麟（Jerry Dennerline）指出，明朝及清初的财政改革家提出各种方案以对付偷税漏税，其中之一是编制一本册子。其册不仅列出户名，而且登记其每块土地（此前两者是分开登记

---

① 李陵：《河北省静海县之田赋及其征收制度》；天野元之助：《苛捐杂税下的河北农村》；万国鼎：《中国田赋鸟瞰及其改革前途》。

的)之方位。这样,封建官僚凭此册便可以断定一家的田赋数额。由于豪强地主想方设法逃避登记,这一建议未能实现。① 到了19世纪中期的大动乱时期,不仅各种改革建议未见成效,即使旧有的鱼鳞册和黄册,也丢失或毁坏殆尽。在同治中兴之时,政府曾有重编鱼鳞册的打算,但未能实现。②

在19世纪下半叶,国家政权主要依靠县衙吏役的册簿来征收赋税,这些吏役是唯一能依据田地占有情况编制较为可靠的册簿的人。在华北,这些吏役(社书、里书)的册簿有点像过去的黄册,以户为主,但与黄册不同的是,它并不是每年重编。所以,尽管其必不可少,但由于它依靠吏役个人的清查能力及倾向编撰而成,故其可信程度亦应大打折扣。③ 例如,在冀东地区,日本人于20世纪40年代初清查土地之后,其可征税亩增加了一倍。④ 由此可见,国家政权不仅没有克服偷税漏税问题,而且依赖吏役的账簿也阻碍了国家政权与纳税人之间建立直接的、没有中介人的关系。

在一定程度上,赋税征收及报解过程中的贪污中饱与中国官僚体制本身一样历史悠久。正因为如此,韦伯认为这是中国世袭官僚体系的一个结构特征,这在县级政权中更是如此。⑤ 知县的俸银甚微,他的主要收入来自按规定数目报解税银后将其

---

① 邓尔麟:《财政改革与地方控制》,第94页。
② 万国鼎:《中国田赋鸟瞰及其改革前途》,第132页;萧公权:《中国乡村》,第85、589页。
③ 万国鼎:《中国田赋鸟瞰及其改革前途》,第133页;李陵:《河北省静海县之田赋及其征收制度》;天野元之助:《苛捐杂税下的河北农村》,第33页;《惯调》第3卷,第367页。
④ 《惯调》第6卷,第1页。甚至在抗战之后,共产党仍利用隐田问题在华北发动群众开展革命斗争,见胡素珊:《中国的内战》,第261、269、271页。
⑤ 韦伯:《中国的宗教》,第55—56页。

余部分截归己有。换句话说，政府中公私财产分界不明，这使地方官员常常借征税之机化公为私。

曾小萍(Madeleine Zelin)透彻地分析了这一体制造成的弊端。省级官员对县级财政的榨取使县级官员只得靠非法附加和向县衙吏役收取"礼物"(陋规)来增加自身收入。雍正皇帝(1722—1735年在位)的赋役改革企图使官僚机制正规化并疏通税收报解渠道，其主要措施包括使各种附加税合法化，并将其直接报解省库，然后将其作为官员薪俸重新分配并用于其他公共事业。雍正皇帝企图通过这种办法来消灭"贪污腐化"现象并整治官僚机构，同时增加国库收入并逐渐减少各种附加赋税。[1]

雍正赋役改革的失败促使我们进一步(曾小萍的分析尚不够深入)考察这一体制本身的弊端。雍正改革只限于官僚体系内部，即局限于赋税报解过程——而未触及直接的赋役征收者，即地方吏役。韦伯认为，地方吏役是外来知县背后的实权派。[2]尽管在清初，大批吏役被赶出政府衙门，但他们在县衙的庇护下藏身并复生，成为村庄利益的"代言人"。[3]由于官僚体系对这些下层吏役控制极弱，他们能轻而易举地僭取政府权力。事实上，并不是没有控制吏役行为的法令，只是这些法令仅仅适用于那些有合法身份的吏役。而且，这些法令的实施全靠知县个人的主观意志及实际能力，他对手下人的行为负有责任。由于离开这些吏役，知县便无法行使政令，故瞿同祖认为"尽管国家政权控制吏役的条规十

---

[1] 曾小萍：《州县官的银两》。

[2] 韦伯：《中国的宗教》，第49—50页。

[3] 瓦特：《晚清时期地方官》，第144页；瓦特：《衙门与城市管理》，第364页。

分详尽,但实际上毫无作用"。[1]

官僚机构对下层吏役缺乏控制能力的另一主要原因是它无法控制这些吏役们的收入,这些吏役要么没有薪俸,要么薪俸少得可怜,无法养家糊口。事实上,官府正是指望这些吏役在与农民打交道中收取"礼物"以维生。从这个角度来看,这些下层吏役与收税人一样,叫他们在为政府收税过程中将"浮收"部分攫为己有。这种从农民那里获取"报酬"的行为得到官府的默许。在某些县份,县衙对浮收限制有明文规定,不过,知县往往并未严格执行。用瞿同祖的话来说:"除非知县愿意并能够从自己腰包中出钱来养活这些吏役,否则他无法控制吏役收受礼物。"[2]而极少有知县愿意或能够做到自己出钱。

所以,实事求是地讲,封建国家的代表——知县,只有将许多行政职能"转交"给有办事经验的个人或集团,他才能统治约有 30 万之众的县。而作为回报,这些下层吏役被默许从百姓身上收取"礼物"而不受严厉惩治。事实上,知县以及更上一级官员同下层吏役一样也收取"礼物"。到了 19 世纪,省政府对知县收取"礼物"亦如同知县对吏役一样,采取默许的态度。[3] 但不同的是,知县属于国家正式官员,他得考虑自己的仕途升迁和身份地位,而且,他在官府中的一些行动要受到更严格的法规制约。下层吏役则不受这些法规限制,而且在县衙之外执行"公务",所受监督更少。可以说,没有将这批吏役官僚化是雍正时期的改革者未能完全实现管理正规化的一个原因。

这种利用下层吏役进行治理的管理方式实际上是一种国家经

----

[1] 瞿同祖:《清代地方政府》,第 38、55 页;瓦特:《晚清时期地方官》,第 364 页。
[2] 瞿同祖:《清代地方政府》,第 46 页。
[3] 瞿同祖:《清代地方政府》,第 28、46 页。

纪体制。如同包收赋税和雇佣军队等类似的经纪体制一样，国家经纪人从事这些令人厌烦且地位低下的职位的主要动机在于有利可图，其目的是要利用其职权捞取最大的利益。所以，关于吏役的各种弊端，可以被视为国家经纪制的必然产物而不完全是"腐败"现象。因为在官僚机构中，腐败是指有官位的官员违犯了公共法律。在清末，管理国家经纪的规章制度各地均有不同，执行起来弹性很大。在经纪体制中，吏役专权是一普遍现象。①

清末吏役在华北地区所起的作用与在其他地区的作用无异。在法律诉讼特别是在赋役管理，如土地登记、发放催单及纳税执照、挨户催粮及捆绑欠户等公务中，这些吏役与民众直接接触，他们中的大部分没有薪金。据报告所称，在河北一些县份，只有 1/10 的县衙差役领取一点工食钱②，其余人只能靠"浮收"维生。1736 年的一个调查表明，某地田赋附加共为 300 万两，其中 8 万两归入吏役的腰包中。③

县衙吏役并不是沟通国家政权与乡村大众的唯一中介人。
48 在县衙门下还有一些政权组织，但这些组织很不正规，各县机构名称差异很大。根据"满铁"调查资料及"满铁"调查过的 6 个县的县志资料，我将所见各级机构列于下④：

---

① 我所称的"营利型国家经纪"是指那些被国家权力所利用的，但在一个不断商品化的社会中没有合法收入的职员。为了强调其专断和压榨本质，我有时也用"贪婪经纪"或"掠夺经纪"来形容他们，这一词语带有道义评断色彩，故不宜作为对这类人物的定义。
② 天野元之助：《苛捐杂税下的河北农村》，第 34—35 页。
③ 瞿同祖：《清代地方政府》，第 51 页。
④ 《顺义县志》卷二，第 5—7 页；卷五，第 29—30 页；卷十六，第 21 页。《昌黎县志》卷四，第 38—39 页。《栾城县志》卷一，第 1—2 页。《良乡县志》卷一，第 12、15 页。《历城县志》卷二，第 1 页；卷三，第 6—17 页。《恩县志》卷一，第 26—28 页；卷二，第 16 页。《惯调》第 2 卷，第 297、342 页；第 3 卷，第 325、406 页；第 4 卷，第 290、369—370、399 页；第 5 卷，第 12、38、662 页。

	山东省		河北省			
县名	恩县	历城县	昌黎县	栾城县	良乡县	顺义县
第一级	乡	乡	班/堡	乡保	?	保
第二级	里/图	里/社/图	社/牌	社	里	路
第三级		地方			地方	地方
村庄	地方			地方		

在大多数县份,县衙下最高一级为乡或保,遗憾的是,华北地区有关这一级结构的资料发现甚少。佐伯富认为一个乡可能包括 40 至 100 个村庄[1],一县中乡的划分数量全国各地大体一样,即 4—6 个乡。据萧公权研究,大多数县份划分为 4 个乡,"县城四门之外各为一乡"。[2] 萧认为乡是一个包括许多村庄、市集,一个或多个市镇的单位,它起源于宋。最初是一个下辖数里的行政单位,但到清朝时不再是一个行政(官方)区划。不过,"其划分和组织仍得到官府的部分承认,而且在乡村生活中占有不可忽视的地位"。[3] 乡似乎在赋役征收中具有一定的作用,因为传票中发现某人负责某乡粮钱征收的字样。

从现在掌握的资料来看,乡或保的治所往往选择在集镇中。[4] 是不是集市结构与县衙之下的行政区划相重合?尽管行政治所坐落于集市中心,但我们无法断定集市区域与乡治范围完全一致,因为尽管乡的治所在某一中介集市之中,但一个村庄的村民往往到数个中介集市上去贸易。不过,一乡

---

[1] 佐伯富:《清代的乡约和地保》,第 92 页。
[2] 萧公权:《中国乡村》,第 12 页。
[3] 萧公权:《中国乡村》,第 12、546 页。
[4]《昌黎县志》卷四,第 38—39 页;《栾城县志》卷二,第 2 页;《良乡县志》卷二,第 43 页。

之中有权势的乡绅很可能是乡村政治舞台上的活跃分子。昌黎县的资料表明，国家政权曾试图在乡级建立准官方组织，从而利用这些集镇作为地方权力结构的网点。《惯调》中提到该地方乡绅传达县政府命令，向民众收钱以举办各项公益事业。[①]即使如此，乡级组织的主要职能仍是与赋税（财政）管理有关的。如《直隶全省财政说明书》所言："从前，县衙之下有经征赋税组织，名曰乡。"[②]确实，主要职责与赋役征收相关是这些组织的一大特色，至少，清末状况正是如此。

大多数第二级单位——里、图、社——包括20至40个村庄，可以说其唯一职责便是征收赋税。"里"是赋役征收区划——里甲制——中的最高单位。从18世纪到19世纪，随着里甲制的逐渐毁坏，"里"成为乡之下的一个地理区划，负责督促，甚至征收赋役。[③]"图"最初是"里"下的一个区划，但到19世纪末，在山东和河北大部分地区，"图"取得了与"里"相同的辖区及职权。[④]"社"最初是为促进农业生产而成立的小集体，张玉法认为它是经营社仓和其他事业的合作单位，到清末时，在华北某些地区它也成为经征赋税的区划。[⑤]

孔飞力发现，实行"顺庄法"，即按田主所在地而不是按田地坐落地编制田赋征册之后，里、图、社等田赋征收区划成为多余。[⑥]但实际上，里、图、社仍然代官府行事，它不以田地而以村落和花户所在地区为区划标准。在每一区划中，官府任命一书

---

① 《惯调》第5卷，第43、350页；吉赛特：《权力与社会》，第43页。
② 《直隶全省财政说明书》，田赋部分，第37页。
③ 萧公权：《中国乡村》，第546页。
④ 萧公权：《中国乡村》，第527页；《恩县志》卷二，第16页。
⑤ 张玉法：《中国现代化的区域研究》下册，第46页；萧公权：《中国乡村》，第39页。
⑥ 孔飞力：《民国时期的地方税收与财政》，第107页。

手(社书或里书),定期登记辖区中花户田地的增减(不论该地坐落于何里何社),至于书手们调查田地增减的细节将在第八章中再论。这里要指出的是,在许多地区,书手不仅登记田产变化,而且催促,甚至征收田赋。由于他没有官俸,故他只能靠收取佣金来维持生存。[①] 书手是一种国家经纪,在某种程度上,他们与包税人相似。

在第二级组织中,我们还发现一套与经征赋役的区划和人员不相同的结构。但在 19 世纪时,他们的职能趋于一致,这一事例便是顺义县和昌黎县的"路"和"牌",他们的职名分别是"保正"和"地方"。在这一级中,"保正"的称呼似乎较为少见。其机构源自登记户籍和监督连坐的保甲制,其主要职能是在县衙与村庄,或者与第三级组织之间起中介作用。1903 年之前,顺义县的保正(路的长官),下辖三四名乡警,负责缉捕盗贼,并催征田赋。[②] 不过,这种保正十分少见,顺义之所以如此,可能与其邻近京师,需要加强保警治安有关。

众所周知,到 18 世纪中期,保甲人员担负了许多赋役催征责任,从而使保甲制与里甲制职责混淆不清。[③] 同样,保正、地方和其他第二级职员亦从事田赋催征事务。所以,在一定程度上,他们与同级的书手们的职能有相似之处。例如,在良乡县,这一级中的"老人"一职不仅负责保警治安,而且担当经征赋税的责任。[④]

---

① 小沼正:《华北农村田赋征收机构考察》,第 23—24 页。

②《惯调》第 2 卷,第 297、339、388、420 页;第 5 卷,第 13、319、392 页。

③ 萧公权:《中国乡村》,第 60 页。

④《惯调》第 5 卷,第 622 页;第 2 卷,第 339 页。黄宗智:《华北的小农经济与社会变迁》,第 225—227 页。

"地方"(亦称地保或乡保)的辖区往往属于第三级,而不是第二级,下辖数个至20个村庄不等。正是在这一级中反映出的国家与社会的关系以及经纪体制的问题令人最感兴趣。在展开讨论之前,我要强调指出清末华北地方行政体系中一个特殊现象,即在县衙之下营利型经纪相对较少。翁之镛认为,清末推行厘金制以后,为县政权之下的国家经纪提供了捞钱良机,使其人数剧增。他还指出,经纪来源更为复杂,流动性更大,故其与村庄的关系更为松散,也不易受村庄制约。我在阅读华北有关资料时发现,正如曼素恩的研究表明的那样,在华北地区,县衙之下的营利型经纪并不像翁之镛所说的那样普遍,其迅速膨胀乃是进入民国后的事。[①]

对于"地方"在国家政权与乡村社会的关系中所起的作用,以往著述分歧不大。大多数学者认为尽管这种体制历史悠久,但"地方"的作用在里甲制毁坏之后才显得更为重要。初时"地方"独立行使职权,后来兼任保甲制的某些职责,而在某些地区,则干脆取代保甲制而行事。"地方"的职责在于催交田赋、登记户口以及向官府报告凶杀、盗窃、纵火和财产纠纷等案件。他被传往县城充作各种事件的见证人,有时得征收过期未纳之田赋,并征收临时摊款。学者们还一致认为,"地方"的地位极其低下,其中一个原因便是他们经常与被村众所鄙视的衙役打交道。"地方"多出自村中贫民或中农阶层。[②]

围绕"地方"一职在联结国家与乡村社会的职能问题上,学

---

① 翁之镛：《民国财政简论》,第35—37页；曼素恩：《地方商人与中国官僚政治》,第104、116页。

② 萧公权：《中国乡村》,第64—66页；瞿同祖：《清代地方政府》,第3—4页；瓦特：《晚清时期地方官》,第190页；佐伯富：《清代的乡约和地保》,第91—110页；黄宗智：《县档案与地方社会史研究》；史维东：《从福建教案中来看地保在地方行政中的作用》,第2—3页。

者们有不同的见解。老一辈学者如萧公权,认为"地方"是乡村社会的代表,而新一代学者如约翰·瓦特(John Watt)等则认为"地方"并不代表乡村社会,也不是乡村利益的保护者,而是县衙之下由知县任命并向知县负责的下层吏役。[1] 佐伯富则认为"地方"有双重职责,他既是乡村社会的代表(但不是乡村社会的领袖),又是政府的联络员,他负责乡村中的修筑堤坝、赈济灾荒等集体事务,同时又充当政府最下层吏役,由于他是乡村社会的代表,所以最适合充任此职。换句话说,佐伯富认为不应将"地方"的两个职能对立起来。[2]

我认为佐伯富的概括比较正确,不过,我与他分析的角度不同。国家政权利用"地方"为其"服役",但并不为其提供报酬,也无意将其纳入官僚机构。作为国家经纪,"地方"通过垄断国家与村庄之间的联系而获得了某种权力。不少材料表明,"地方"利用其职权损公肥私,骚扰村民。[3] 如果一些人觉得"地方"并不属于营利型国家经纪,这并不是因为他们不属于官府所承认的、被纳入衙门序列的吏役中,而主要是因为,作为乡村社会中身份较低的一员,"地方"不得不尊重乡村社会中有权威的地方领袖的意见。而且,不少村社发展了村际合作组织(特别是在第三级),其主要目的便是要制约"地方"的所作所为。下面我将分析这些村际组织。

以经纪模型去分析国家与乡村社会之间的关系,便很容易理解这类村际间的合作组织。为了完成某些义务(否则要由吏

---

① 瞿同祖:《清代地方政府》,第 4 页;萧公权:《中国乡村》,第 97 页;史维东:《从福建教案中来看地保在地方行政中的作用》,第 5、22 页;瓦特:《晚清时期地方官》,第 190 页;《惯调》第 3 卷,第 44 页。

② 佐伯富:《清代的乡约和地保》,第 91—99 页。

③《惯调》第 3 卷,第 406 页;第 5 卷,第 333 页。

役等营利型经纪来完成),或有效地与国家政权及其代理人打交道,数个村庄自愿或由同家政权指令结成一集体组织,这些组织往往承担起经纪的角色,但其目的不是为了营利,而是要保护社区利益。孔飞力、曼素恩以及其他学者讨论过的"协图""义图""义集"便属此类。[①] 这些组织推出自己的代表来完成官府差派,从而阻止包税人和国家经纪的敲诈勒索。[②]

53 　　黄宗智所述河北省宝坻县数村联合推举乡保亦属此类。约 20 个村庄的首事们向县衙推举乡保而由知县批准任命。[③] 另外,艾马克(Mark Allee)对 19 世纪台湾北部地区相关的研究亦揭示出,乡绅和庶民领袖均被卷入保护型组织之中[④],在"满铁"调查的村庄中,这种自卫型社区组织的最好事例来自河北省昌黎县。在该县的县衙与村庄之间有 4 级组织。最高一级为"班",全县分为 3 个班,其下为 6 个堡,分别坐落于大的集镇之上。关于这层组织机构下节再讨论。堡下为征收赋税区划的社(见本书第八章),在同一级,还有由 20 个左右的村庄组成的"牌",每堡分六七个牌不等,全县分为 46 个牌。不过,在牌一级并无行政职员,在 19 世纪末期时"牌"亦无明确的职责。事实上,起重要作用的单位是"半牌",由 10 余个村庄组成。

　　据说,各村为了避免单独与"地方"打交道才结成"半牌"组织,加入组织的各村要凑钱给"地方"作为"公务费",这些费用包括"地方"因公务而在县城的住宿费、调查并上报案件以及为无

---

① 孔飞力:《民国时期的地方税收与财政》,第 109 页;曼素恩:《县级贸易组织》,第 85 页。

② 当然,这种组织并不一定平等地保护该组织中的所有成员,那些势力较强者从中获得的利益较弱者为多。

③ 黄宗智:《华北的小农经济与社会变迁》,第 225—227 页。

④ 艾马克:《官印:19 世纪时台湾的县政府与地方领袖》。

人认领之尸买棺安葬的费用,等等。其经常性开支之一是不得
不向县衙吏役交纳贿赂和"规费"。一般情况下,"半牌"中的村
庄每年分两次向"地方"发放"报酬"。①

　　尽管"半牌"组织主要是为了应付官府而设立的,但有时亦
超越其原有职能而从事其他村际合作事业,联庄自卫即是以"半
牌"为单位建立起来的。有时,护秋组织也以"半牌"为单位,但
这种组织难以持久,因为 10 余个村庄的范围太大,不易合作。
但总的来说,"半牌"是一个乡村社会维护自身利益不受掠夺性
经纪以及国家政权勒索的组织,它凑钱赎出被差役逮捕的无辜
村民,并且在水患时代表村民请求减免田赋。②

　　作为社区自卫组织反对污吏勒索的事例,这在 1895 年竖立
于泥井镇的一块石碑上得到印证。泥井是一个新兴集市,由于
规模尚小,它没有参加为县衙所承认的 6 堡 12 街市的祭祀孔庙
组织,所以,泥井集上的屠户也不向孔庙祭祀仪式捐肉。但是,
1893 年,"官屠(显然是指领取牙贴的屠户)来集硬派散屠(指泥
井镇上的小屠户),每名贴钱若干"。该镇屠户拒绝交纳,由此屠
户与收税人之间展开了持久的争斗。当屠户罢市,集上无肉之
时,当地乡绅便出面干涉,最后达成协议:该市屠户交纳捐税,但
不由官屠征收,而是由该集"地方"代为收取,从而使屠户免与为
人憎恨的官屠打交道。③ "地方"在"半牌"中的作用十分类似曼
素恩所讨论的"义集制"。在义集上,商人们自己管理并征收商

54

①《惯调》第 5 卷,第 12、43、320、350 页。

②《惯调》第 5 卷,第 13、321 页。

③《惯调》第 5 卷,第 375 页。侯家营所在的昌黎县在 1865—1933 年间集市数目剧
　增,从 12 个增加到 30 个,而其间每个集市辐射人口从 22 645 人减少到 13 358 人。
　集市的繁荣可能与自东北流入钱财有关。见石原润:《明、清及民国时期河北省之
　集市》,第 248—249、251 页。

税。在这一事例中，人们更信任"地方"，而不信任官屠，这大约是因为人们觉得"地方"与本社区的关系更为密切。

"半牌"也是联盟或参加上层组织的基本单位。莫各堡（堡即集市所在地）的一块石碑记载道："莫各堡有春秋二季之供，曰小差，曰杂差，又名之平差，总之，即二壮班所领之差也。因无定章，蒙官诈索，任意苛派，或相倍蓰，或相什伯，增加日甚，民难聊生。所以合堡同议，公举董事郑国瑞（等九人）等呈请在案，蒙经步军统领衙门肃亲王札饬通承道宪提讯，当堂断令，从光绪二十九年春季，遵照四千九百六十六吊豁减三成，共折东钱三千四百七十六吊二百文，札发到县，蒙代理正堂王尊出示晓谕，永无增减。"牌文末有各庄（"半牌"）董事人姓名。[1] "半牌"组织加入县衙之下的行政体系是乡村社会扩展自己权力的创造之举，在其他"满铁"调查村庄中，也能找到这种类似的对付行政苛求的村际组织。[2]

以昌黎县"半牌"为典型的保护型经纪组织是乡村社会中权力的文化网络的重要组成部分。从组织结构上来看，"半牌"的聚集性——或者从上往下来看，其分离性——使它成为可介入行政体系各阶层的有力的社区工具。其另一结构特征是它与其他组织体系（如市场体系）相关而不混同。例如，尽管"半牌"的联结中心位于集市，但它包括的村庄数目有一定之规而与集市所覆盖的村庄并不相同。所以保护型经纪体制的组织以行政区划为原则，而不以市场体系为准绳。不过，"半牌"以集市为中心，又被赋予其他责任，使这种经纪体制具有更大的威力和威

---

[1]《惯调》第 5 卷，第 376 页。

[2] 关于顺义县的情况，见《惯调》第 2 卷，第 337—338、389 页；关于历城县的情况，见《惯调》第 4 卷，第 34 页。

信,从而使它成为权力的文化网络中正统权威的载体。正因为如此,封建国家亦发觉它是比营利型经纪体制更为优越的深入乡村社会的工具。

尽管在 19 世纪时,保护型经纪体制被普遍应用,但对封建国家来说,这并不是解决偷税漏税和贪污中饱问题的有效手段。其原因之一在于,虽然从分析上来看,营利型与保护型经纪泾渭分明,但实际上它们之间无质的区别,这在清朝臭名昭著的"包揽"型体制(由地方劣绅代征粮钱)中表现得最为明显。在这种非法包揽中,地方劣绅以保护人姿态出现,代平民纳税而从中收取佣金,很明显,这是一种营利型事业。不过,乡绅代他人纳税亦有保护性质,它在一定程度上是对吏役和其他掠夺型经纪的反应。一些弱小之户常常寻求地方豪绅的庇护,通过其手代交赋税,使自己免遭非法勒索。"包揽"代表了两种经纪体制的不同特点,同时反映了在乡村社会中这两种体制之间的含糊关系。①

由乡绅操纵保护型经纪体制,这使国家无法放心地将其作为征收赋税的工具;除此之外,尚有其他令官府担忧的事情。保护型经纪体制无法解决偷税漏税这一根本问题,这不仅是因为乡绅参与其中,而且因为实际土地占有情况是乡村社会共守的一个秘密。此外,尽管这种体制可以保护社区利益,但当它征收捐税时,也难免营利型经纪从中以公谋私。实际状况也正是如此,在 20 世纪的华北大地,当营利型经纪膨胀发展之时,他们必然侵入保护型体制之中,从而使后者的保护功能渐失而逐步

① 孔飞力:《中华帝国晚期的叛乱及其敌人》,第 98—99 页;萧公权:《中国乡村》,第 132—139 页。

变质。

在财政及行政事务上，晚清政府主要通过以上两种经纪体制来控制乡村社会。再重复一遍，在分析帝国政权与乡村社会的关系中，经纪模型比"乡绅社会"模型更为确切。这两种经纪模型帮助我们理解一个国家政权的代表——知县，是如何治理一县之众的，从而没有必要将分散的绅士视为整板一块，也没有必要在绅士和非绅士精英之间硬性画线。在以上所举昌黎、宝坻以及台湾北部保护型经纪的事例中，乡绅和庶民领袖均起作用。[1] 而且，在包揽事例中亦可发现，下层绅士卷入营利型经纪体制中亦不少见。

由于营利型国家经纪视其职权为牟利的手段，故其不能被视为正统权威之母体的文化网络的组成部分。与此相反，保护型经纪体制则包容于文化网络之中。但值得注意的是，保护型经济体制的含糊职能在影响着文化网络本身。尽管这种保护型体制由乡村社会领袖们所创建并赋予其集体价值观念，但它极易受营利型经纪的操纵。从这个意义上来说，保护型经纪组织是文化网络中的易变因素，它代表着合法与非法之间的倾斜关系。作为本研究中的一个关键概念，"保护型经纪"一词将文化与行政两个概念联系起来。进入 20 世纪后，保护型经纪组织之间的相互作用与转化是造成席卷全国的政治动乱的主要动力。

---

① 艾马克：《官印：19 世纪时台湾的县政府与地方领袖》，第 9—12 页。

第三章 华北地方政权的现代化建设

20世纪初是我研究的起点,这也可以说是中国政权进化中一个划时代的时刻。在其后50年间乡村社会中的一系列变革都与这一时刻有关,如义和团的失败、列强的赔款索要、清政府的种种集权措施都对乡村社会产生了重大影响。

这一系列变革以清末新政而达到顶点,它企图改变19世纪时国家政权在乡村社会中的软弱状态。汤若杰(Roger Thompson)对20世纪最初10年间清朝官员们改革努力的研究表明,在晚清政权,特别是省级封疆大吏中,维新的意识普遍存在。总督刘坤一和张之洞在奏折中疾呼:

> 立国之道大要有三:一曰治,二曰富,三曰强。国既治则贫弱者可以力求富强,国不治则富强者亦必转为贫弱。整顿中法者,所以为治之具也;采用西法者,所以为富强之谋也。[1]

汤若杰的著作还探讨了改革者的不同思路,特别是对山西巡抚赵尔巽和直隶总督袁世凯做了比较研究:前者在保持中国

---

[1] 转引自汤若杰:《希望与现实》,第16页。

传统体制的基础上做点调整；后者则效法日本和西洋体制，依靠留日归国学生制定新法，他的不少僚属在朝中担任要职。[①] 当袁世凯任山东巡抚（1899—1901）和直隶总督（1901—1907）时，他普遍建立了警察制和新学堂。[②] 这些举措表明：当政者企图加强国家权力对乡村的控制，但是带来了未曾预想到的后果，加剧了乡村社会中的矛盾。

本章将探讨地方政权现代化这一问题。20 世纪前半期的中国政权在层次和利益上是复杂多样的，诸如上述两省的督抚代表着集权势力，力图推进国家政权的建设，与清廷保持一致，而另一些人则视扩张权力为捞取油水的天赐良机。在省、县两级亦存在着争权夺利的尔虞我诈。"政权建设"这一西方概念并不能完全适合中国的情况，为此，在本章后部我引入"国家政权内卷化"（state involution）这一概念以尽力掌握这种复杂性。

地方政权的重组与扩大

随着国家政权在乡村的延伸，作为其主要职能的税收任务更为艰巨和复杂。举办新的事业，特别是为新政提供资金并偿付庚子赔款，这让解决漏税和中饱问题更为迫切。而且，这两个问题亦成为新政辩论中的一个焦点，有些人以此作为将官僚化机构深入下层的借口。

20 世纪的国家政权认为将地方行政机构正规化是巩固国家政权的有效办法，从而使下层政权与中央保持一致。问题是如

60

---

① 汤若杰：《希望与现实》，第 459—460 页。
② 麦金农：《中华帝国晚期的权力与政治》，第 22、136—179 页。

何使官僚机构下层服从。韦伯认为在现代官僚机构中达到这一目的有 3 个条件:第一,官员有可靠的薪金;第二,职业稳定,并有晋升机会;第三,官员们有明确的职位感,下级服从上级。①

19 世纪时,一些具有维新思想的人便提出使吏役官僚化从而限制其胡作非为的主张,同治中兴时的一些名臣即有这种思想,丁日昌便是其中一位。丁日昌认为吏役们之所以滥用权力、自暴自弃,是因为他们被排斥在仕途之外,这不仅使上级无法有效地监督他们,而且舆论监督也无济于事。丁日昌建议通过考试录用吏役,并给以适当薪俸,按定期考核结果给予升降。换句话说,他希望在官僚体制中为吏役们提供一条仕进途径。由于各种原因,这一建议未被采纳。②

政权革新不只是要使县级吏役官僚化,而且要使县级以下的行政体系正规化,使其能更有效地推行国家政策。由于县级以下行政机构直接与乡村大众打交道,故其正规化显得更为迫切。为了把握国家政权在乡村社会中重组行政机构的具体措施,我将着重探讨基层政权是如何在村庄和国家之间求得公众认可的。

根据奏报,县政权之下基层警察制及学堂初建于山东(1901 年)和直隶(1903 年)。③ 随着由乡绅控制的地方议会 *61* 的建立,向农村摊派的警款和学款亦越来越重。如孔飞力的研究所示,最迟在 19 世纪末,乡绅们主办的地方公共事业已

---

① 韦伯:《经济与社会》第 2 卷,第 968 页。
② 吕实强:《丁日昌与自强运动》,第 113 页;欧中坦:《省级官僚机构的改革》,第 133 页。
③ 《清末筹备立宪档案史料》下册,第 761 页;《直隶全省财政说明书》,田赋部分,第 21 页;《顺义县志》卷十六,第 19 页;麦金农:《中华帝国晚期的权力与政治》,第 22 页。

很普遍,但直到 1908—1909 年间政权维新时这些举措才得到官府的承认和合法化。[1] 1909 年法令规定:地方自治机构有权支配摊款并在财政短缺时决定征收摊款。[2] 这可能是对农民十分怨恨的"白地摊款"的第一次公开承认并使其合法化。

民国建立之后,采取了使地方政权正规化的第一个步骤:1913 年,对知县进行了首次考试。吴应铣(Odoric Wou)对河南的研究证明,这些考试选拔出一批比清朝科举出身的官僚更为年轻并有实际才干的县官。而且,县令挑选的吏役得由自治局批准认命。[3] 但是,到了 20 年代,半数以上的县官并非考试出身,而且其中相当一部分(在山东为 20%,在河北为 31%)是本省人在本省任知县。[4] 这宣告了官僚制度中的"回避制度"已成空文,官僚化的结果并不十分理想。

县政权之下的变化亦值得注意,虽然早在清末时不少地方已建立了区制,但地方自治局仍利用旧有的乡级行政组织征收摊款,这包括旧系统中的一、二级组织(见第二章)以及自 19 世纪末以来由乡绅控制的团体组织。[5] 民国初年,"区"是一自治单位,但在 1915 年袁世凯宪制改革后,"区"成为政府最低一级组织,并且,至少在理论上,它直接受县政权的严格控制。[6]

---

[1] 孔飞力:《民国时期的地方税收与财政》,第 116—117 页;天野元之助:《中国农业经济论》第 2 卷,第 39—47 页。

[2] 李宗黄:《中国地方自治总论》,第 340 页。

[3] 吴应铣:《民国初期的知县》;张玉法:《中国现代化的区域研究》,第 325 页。

[4] 吴应铣:《民国初期的知县》,第 221、227—229 页。

[5] 张玉法:《中国现代化的区域研究》,第 325 页;孔飞力:《民国时期的地方税收与财政》,第 119 页;《顺义县志》卷十六,第 19 页。

[6] 彭雨新:《县地方财政》,第 131 页。

"区"是在 1908—1914 年间建立起来的,经常是以旧组织中的第一级为基础,在较大的乡、保所在的村镇设立区公所。区设区长,下辖数名属员和一队警察,区有权摊款,并在警察协助下征收,这是国家政权在民国初年扩张中的最大"成就"。1912 年《乡镇自治法》颁布之后,区的权力一度为"乡制"所削弱,但乡制并未推广。因为"区制"是榨取钱财的最有效工具,所以,它受到占领华北地区的各路军阀的支持和承认。[①]

1928 年国民政府统一北方后,它决心使区级组织正规化。最初,区拟定为自治单位,区长由选举产生。但到 1933 年,它已成为"县政权的分支机构"。[②] 首先,在一些县份区数减少,从而更有利于县政府加强控制;其次,区里"公务"人员增加,到 1933 年,区警察队伍超过 16 人,区长不再兼任警察队长,警长职权不受区长制约。[③] 这一分离,可能是因为国家政府为了防止区级权力过分集中。

国民政府不仅将区政府视为国家权力的延伸和加强,而且,它还肯定了区政府在整个民族复兴中的地位。根据国民政府的设想,区政权不仅要统计人口、丈量土地、征收赋税、维护治安,而且要担负起建设近代文明基础设施的任务:如兴办教育、参与自治、多种经营、发展经济。[④] 但实际上,榨取财税一直是区政权的中心任务。结果,尽管区政权亦干些组织乡村防卫、确认村长

[①] 彭雨新:《县地方财政》,第 132 页;松本善海:《中国村落制度的历史研究》,第 529 页;张玉法:《中国现代化的区域研究》,第 325 页;李宗黄:《中国地方自治总论》,第 340 页。

[②] 孔飞力:《民国时期的地方自治政府》,第 286 页。

[③]《顺义县志》卷二,第 7 页;《望都县志》卷三,第 10 页。《惯调》第 2 卷,第 333—334 页;第 3 卷,第 406 页;第 4 卷,第 298 页。

[④]《中华民国法规大全》第 1 卷,第 638 页。

的选补、调解村长无法解决的争端等事,但其主要职责仍在于征收赋税。这不仅是为上级(包括军队),而且也是为其本身而操忙。[1]

但是,作为一个榨取赋税的机构,区是否达到了理想的目标,从而成为官僚化政府的分支? 按规定,区长是由省政府任命的县级以下行政官员,应遵守"回避制度",并且不得连任 3 年,而且,区长应有固定的收入,即月薪 50 元左右。[2] 但事实上,区级政府存在着许多旧政权下层机构中的弊端:第一,据认为区长的薪金不足消费,他从其他途径可获得为薪金数倍的收入。警察和其他区政府职员的薪金更低,月薪 20—30 元。正因如此,警察们一进村便千方百计地榨取钱财,而收受"馈赠"更是司空见惯。所以毫不奇怪,在村财政支出表中,最大项目便是交纳"区款",其中包括警款和"招待费"。[3] 第二,区公所随便摊款,无所制约。[4] 国家政权的向下延伸只实现了下层机构的半官僚化。

国家所承认的第二级组织是村庄。在 20 世纪初,县政府承认村长、村副甚至村庄首事的权威。[5] 村领袖们负责维持新学、修筑道路,并为整个国家的近代化从事各种公共事业。村公会被认为是为这些事业提供财源,并完成上级特别是区政府按村

---

① 《惯调》第 2 卷,第 333—334 页;第 3 卷,第 416 页;第 4 卷,第 300 页。易劳逸:《流产的革命》,第 181—244 页。

② 《惯调》第 4 卷,第 298 页。

③ 见中村治兵卫编的统计表(《华北农村开支》,第 105—106 页)。顺义县第一区年收入仅 50 元(《惯调》第 2 卷,第 336 页;徐德嶙:《地方自治之理论与实践》,第 174 页。也可参见《惯调》第 3 卷,第 437 页;第 4 卷,第 292、298 页;第 5 卷,第 11—12 页)。

④ 中村治兵卫:《华北农村开支》,第 88—89 页;《惯调》第 4 卷,第 325 页。

⑤ 《惯调》第 1 卷,第 175、186—187 页;第 3 卷,第 50、414 页;第 5 卷,第 9、41、407、418 页。

摊款的一个重要工具。

1928 年后,国民政府制定法律政策,力图使所有乡村社会与政府之间保持明确的隶属关系。而且,作为孙中山民主思想的"继承人",他们不得不举起"自治"这块招牌,而实际上自治团体并无权力。以后,国民政府采取了山西军阀阎锡山的"村治"模式,这实际上是一种被扭曲了的"自治"。[1]

国民政府实施的是"乡镇"自治法。"乡""镇"是乡村最高自治组织,乡、镇之下是"闾"(25 户)、"邻"(5 户)制,邻举一人入闾办事,闾举一人组成乡公会。原设想一乡为 100—1000 户,但直到日本进占华北之前,每乡很少超过 250 户。乡、镇是最基层的政权组织,它被赋予完成上级政令、征收赋税,甚至摊派款项并向上级提交赋税的权力和责任。[2] 因为许多村庄不足 100 户,或超过 250 户,并不符合乡、镇那种户数要求,所以,在 20 世纪 30 年代,如同过去一样,自然村组织仍然存在,并发挥着职能。直至日军在华北严格推行"大乡制"(1000 户为一大乡)以后,自然村结构才受到破坏,而这对乡村领导体系产生了严重后果。

当国家政权确认政府与乡村社会之间联系的中介人是区公所职员和村庄领袖们后,原来作为国家与乡村中介人的"地方"的职权大为削弱了。如前所述,"地方"虽然社会地位不高,但是能垄断国家与乡村之间的联系。当村领袖被公认为村庄与国家打交道的合法代表后,"地方"的差使渐渐变成在村庄传递信息。在一些村庄,"地方"传信与调查的职能为区警察所取代,而在另一些村庄,"地方"一职干脆被取消了。[3]

---

① 孔飞力:《民国时期的地方自治政府》,第 284 页。

② 见本书第六章。

③《惯调》第 2 卷,第 372 页;第 3 卷,第 406 页;第 5 卷,第 12、319 页。

更为明显的是，随着村庄作为最下层行政单位被广泛承认及其自身实力的增长，原先那种村庄间形成的保护型经纪体制控制"地方"的作用也在消失。这里，我用词十分谨慎，因为农村实情复杂多样——各种势力都想借用国家权力扩张的机会来壮大自己——所以，在不同情况下，保护型经纪体制被加强或被打破。

从某种意义上来说，国家权力的作用也是两方面的。国家政权希望在官僚机构和乡村居民点（村庄）之间建立直接的联系，但同时，不断增长的财政需求又迫使村庄形成保护型经纪体制。我们可以将征收赋税和摊款的过程看作一种经纪体制，这种征收摊款的方法从根本上不同于田赋和田赋附加，它是由国家向作为整体的村庄而不是向作为土地所有者的个人摊派，村庄自己制定其向各户的摊派办法。但是，如我们所知，保护型经纪体制并不能根除漏税和中饱的弊端。

从国家的角度来看，摊款的唯一便捷之处在于，摊派时不必考虑村庄的实际土地占有量——故也不必顾虑偷漏税款问题。国家政权机构在其感觉"手紧"时便可随时摊款，至于如何派款到户和是否公允，则由村庄和下属自行处理。如此，国家便不必考虑地权的转移，同时国家可利用较为可靠的地方领袖集团来征收税款。尽管国家政权省却了对漏税现象的忧虑，但它面临着另一个问题：款项的摊派往往忽视了村庄的承受能力。

从村庄的角度来看，这种以摊款为核心的新体制代表着一种不同类型但更为分裂的保护型经纪体制。国家政权在无中间环节的情况下与有正式组织的村庄直接打交道。这样，村庄很难从旧有的那种抵抗营利型经纪掠夺的文化网络中获得力量。到了民国时期，随着国家权力的加强，一大批营利型甚至掠夺型经纪被抛向社会，他们改头换面，继续控制着村庄与国家政权之间的联系,从而使村庄不得不重建旧式的保护型经纪体制。要了解这一点,就得剖析地方政权的财政收支。

河北、山东二省的财政

清朝的财政危机使中央政府的实际收入大大减少——从1750年至20世纪初的150年间,其直接税,即田赋和田赋附加的实际收入减少了约2/3。[①] 直到1905年,物价的上涨速度一直超过田赋的增长速度。因为地方政府(省和县)财政收入的大部分亦来自田赋和田赋附加,田赋收入的实际减少亦影响到省、县财政。[②] 但是间接税,即商税的收入大不相同,为应付19世纪中期以来的内忧外患,税率剧增,中央和地方的商税收入都大为提高。[③]

如上面研究所示,通过20世纪初期的近代化运动,不论从政府组织机构还是从榨取税收多少来看,国家政权对乡村社会的控制力都大为加强。例如,在直隶定州,1903—1911年间,物价上涨了7.5%,但田赋和田赋附加增加了35%。[④] 尽管有个别年份例外,但财政收入基本上一直保持增长势头。在本节里,我将探讨省级财政收入的增长情况。

在讨论省级财政之前,很有必要先看一下中央政权在省财政中的作用。尽管有雍正时期的改革,但有清一代中央与地方财政收支的范围划分一直不很明确。从1909年财政改革开始直到1916年立法告成,中央与省级财政收支才明确分开。但

---

① 王业键:《中华帝国的田赋》,第113页。

② 王业键:《中华帝国的田赋》,第121、125—126页。

③ 王业键:《中华帝国的田赋》,第81页。

④ 王业键:《中华帝国的田赋》,第119、126页。

是,省政权与下级政权之间的收支仍未划分明确,使省政府有权向下层机构任意解款。[①]

67 袁世凯统治时期(1912—1916),中央与省政府之间的财政关系相对平稳,但在军阀混战时期(1916—1927),各省督军经常截留应解归中央财库的田赋款项。[②] 国民政府时期,田赋和田赋附加归省政府支配,但我们不能由此匆忙推论中央在华北地区税收减少。例如,以河北省定县为例,[③]1929年和30年代中期,定县上交中央财库的金额增加了150％,其增长率远远超过同时期作为全国统一政府的中央财政总收入增长率。[④]

河北和山东税收在全国财政中占有重要的位置。1931—1932年,河北省财政支出在全国居第二位,山东居第七位。[⑤] 表1显示出两省收支的实际增减数及与前一年比较的增减百分比。[⑥] 从表中可以明显地看出,与政权更替相应,省财政收支也可划分为3个时期:民国初年的袁世凯时期(以1913、1914、1916年为代表),北洋军阀时期(1919、1925年),国民政府时期(其余年份)。

[①] 李权时:《中国之中央与地方财政》,第70—83页。

[②] 李权时:《中国之中央与地方财政》,第83页。

[③] 关于1929年情况,见甘博:《定县》,第183页;关于30年代中期情况,见《农村复兴委员会会报》,1935年第14—19卷,第39页。

[④] 阿瑟·杨格:《中国财政变革》,第102页。

[⑤] C. M. 张:《中国地方政府之开支》,第234页。

[⑥] 张一凡关于省级财政收入与支出的估计,其主要依据资料是上海的《申报年鉴》(1935年,G—36)。据年鉴编者称,其1925年之前的材料是每年度省级预算,1925年之后主要是根据行政院统计局的数字。本研究引用时还补充了省政府出版物及报刊上的资料。尽管没有简捷的方法检验这些资料,但我发觉它们与同一时期的其他中文资料所反映的情况基本一致,见张森:《田赋与地方财政》,特别是第174、180、196页。值得注意的是,县级数字比省级数字更为确切,这是因为县级数字是在南开大学的研究员,特别是在冯华德和李陵的参与下,对县级资料及财政运作进行了精密的调查研究。他们的定性资料以及他们的基本结论,即农民的负担在日益加重的观点,与中国其他地区的学者研究所得结论是完全一致的。

不难看出,尽管每个时期中税收增长速度较慢,甚至个别年份尚有减少,但3个时期相比其增长十分突出。

河北省1913—1934年平均财政收入比1913—1916年平均数增长了42%,而同时期山东省增长了5%。这一增长速度远远超过了此时年国民生产总值增长率,因为1931—1936年平均年国民生产总值比1914—1918年平均数仅增长了1.08%。[①]省财政收入的迅速增长表明省政权对社会财源加强了控制,并表明其提高了对社会的控制力,此点值得引起重视。此时期中央政府权力被削弱,而省政府财源得到加强,其对社会的控制力也超过了以前。

尽管省政府财力加强,但对我们来说,更为重要的是,要弄清在多大程度上这只是将原应解交中央财库的款项收归省有。换句话说,省政府到底开辟了多少新的税源? 众所周知,军阀混战时田赋收入实际上归省支配,而国民政府对这一分配在法律上予以承认。通过进一步的调查发现,表1的前3年(1913、1914、1916年)河北省财政收入中并未包括田赋,因为直到袁世凯死时,省政府仍将田赋的绝大部分解交中央(但是,省政府征收归己的田赋附加往往超过中央政府30%的规定)。[②] 虽然我们只对这3年中河北省1916年的田赋收入作一估计,但这足以使我们有了比较的基线。

当我们将1916年河北省田赋实际收入数加入表1其他税收之后,其结果便如表2所示,其各年的增长变化便不如表1那样迅速。1925年的田赋收入不仅低于1919年,而且低于1916

---

① 叶:《中国国民收入》,第105页。
② 孙佐齐:《中国田赋问题》,第155、238页。

年,但对此应作某些修正。军阀混战时期省级财政收入可能有以多报少现象,而且尽管省政府截留部分田赋,但它们向中央财库解交部分款项,这在河北尤为明显,因为它直接受到北京政府的控制。也就是说,河北省财政实际收入比表中数字要大,但具体增加多少我们无法计算,因为我们无从确知田赋收入中多大比例被解交中央。而且,北方各省(包括河北和山东)督军或省长经常加派捐税,其收入未列入正式预算,即使估计这些数字也十分困难。不过,此时期田赋之外的其他收入却增长了 40%。所以,1916—1925 年间省财政各项收入的增长并不平衡,商税等增长而田赋等则保持不变,甚至减少。军阀混战时期(1916—1925)河北省财政收入年增长率为 2.7%,仍超过国民生产总值增长率。

表 1　河北、山东二省财政收支实况及年变化率(1913—1935 年)

年份	实际收入(元)[a]	年变化率(%)	实际支出(元)	年变化率(%)
河北省				
1913	1 625 484		8 255 433	
1914	5 776 648	255	3 220 212	—60
1916	2 644 561	—54	2 131 015	—34
1919	10 899 222	312	9 438 756	343
1925	9 603 207	—12	11 267 475	19
1931	31 131 782	224	31 132 598	176
1932	20 576 769	—34	20 576 769	—34
1933	25 517 821	24	25 517 821	24
1934	16 056 000	—37	15 735 023	—38
山东省				
1913	1 877 047		2 088 419	

续表

年份	实际收入（元）	年变化率（%）	实际支出（元）	年变化率（%）
1914	2 658 095	42	2 658 095	27
1916	2 321 067	−12	1 316 889	−50
1919	11 953 867	415	9 478 228	620
1925	10 696 957	−10	17 789 884	87
1931	20 053 039	87	20 053 039	13
1932	21 733 853	8	21 733 853	8
1933	23 341 584	7	23 341 584	7
1934	25 610 000	10	25 610 000	10
1935	23 689 666	−7	24 887 446	−3

资料来源：张一凡：《河北省地方财政之检讨》，第6页；张一凡：《山东省地方财政之检讨》，第6页。

a. 本书中所说的"实际价值"是按南开大学根据天津批发价计算出来的物价指数换算而得的（"指数"，1937）。

表2　河北省实际财政收入及年变化率（1916—1934年）

年份	田赋（元）	年变化率（%）	其他税收（元）	年变化率（%）	总收入（元）	年变化率（%）
1916	8 181 696		2 644 561		10 826 257	
1919	7 165 412	−12	3 733 810	41	10 899 222	0.6
1925	5 971 422	−16	3 631 785	−3	9 603 207	−12
1931	3 971 440	−33	27 160 342	648	31 131 782	224
1932	5 632 143	42	14 944 626	−45	20 576 769	−34
1933	6 306 931	12	19 210 890	28	25 517 821	24
1934	5 446 864	−13	10 609 136	−45	16 056 000	−37

资料来源：《申报年鉴》1935，G—41，另见《农村复兴委员会会报》，1934年第20卷，所有数字均是南开指数校订后所得。

尽管田赋收入减少或增长甚微，但直到国民政府时期，省财政收入仍在增加，1916年至20世纪30年代增长率超过10%，其主

70　要原因是田赋之外的收入增加了。1925—1931 年间增长率为 7.5％,其后因世界经济危机略有减少。但在第二次全国财政会议之后,尽管省政府大幅度减免杂税,但 1934 年非田赋收入比 1916 年仍增长了 300％,比 1919 年增长了 184％。这表明河北省 30 年代中期开始的商税改革极大地开辟了税源。①

在山东省,很遗憾的是我们没有 1919 年和 1925 年田赋收入的具体数字,但有一点十分明确,即尽管增长幅度不如河北省那样大,但自 1916 年直到国民政府时期,山东省财政收入一直保持着增长趋势。1916—1934 年,山东省田赋收入增长了 28％,而同时期非田赋税收增长了 246％,总财政收入 30 年代初 (1931—1934) 平均比 1916 年增长约 50％,即年增长率将近 4％。在山东,田赋在财政收入中的比重比河北省为高。②

由此可见,省财政收入增长(特别是 1919 年以后)的绝大部分来自非田赋税收的增加,这与江苏的情形不同。在江苏, 1915—1933 年间,田赋及省政府征收的田赋附加总额增加了一倍。③ 田赋之外的主要收入为"捐税",其中包括契税、牙税和营业税。1919—1925 年间,河北省捐税占其总收入的 31％,而 1931—1934 年间山东省捐税收入占其总收入的 23％。④ 这些捐税不仅增加了工商业者的负担,也影响到农民的生活,因为商人总是将其税收负担转嫁到消费者身上。⑤ 而且,正如曼素恩指出的那样,商税威胁着原有的地方贸易结构,从而间接地影响到农

---

① 曼素恩:《地方商人与中国官僚政治》,第 188—189 页。
② 张一凡:《山东省地方财政之检讨》,第 6 页。
③ 孙佐齐:《中国田赋问题》,第 292—295 页。
④ 张一凡:《河北省地方财政之检讨》;张一凡:《山东省地方财政之检讨》,第 7— 8 页。
⑤ 孙晓村:《地方财政对于农村经济的影响》,第 36—37 页。

民的日常生活。[1]

关于省财政支出状况,我们没有更为详尽的资料,但我们仍能揭示出国家政权的深入对乡村社会影响的特点。

用于军阀和政治派系混战的军事开支,在河北和山东二省 71 的支出(特别是 1919—1930 年间)中占第一要位。1920—1925 年间,军事开支占河北省支出的 50％,在山东约占 60％。战争费用使河北省在 1920、1924、1925 年出现财政赤字,1922、1925 年山东亦因战费出现赤字。[2] 1920 年的直皖战争,1922 年和 1924 年的第一、第二次直奉战争,使省财政空虚,而公债增加(向银行和商人强行借款),仅公债付息便使省财政支出大为增加。

军事开支增加在国家政权扩张中并不是奇怪的事。鲁道夫·布朗(Rudolf Braun)和其他学者指出,在 18 世纪的欧洲,军事费用在国家预算中不仅占最大比重,而且总是超过其他各项公用开支的总和,布朗戏称战争是"国家财政收支增长的动力"。[3] 因战争费用而造成的巨额赤字不仅使税收机能内卷,而且使公债增加。成功的国家政权创设有效体制,使纳税成为公民义务,从而可以控制赤字,而且税率稳定,使国家财政有一稳固的税源和征收体制。[4]

那么,在 1928 年,国民政府统一北方之前的华北财政合理化程度如何?1911—1928 年,省政府屡次想使财政系统现代化并增辟税源:第一,在袁世凯政府时期,税款计算以元代(银)两,因为银的成色不同,换算不易。第二,在 1914 年,取消粮银换算

---

[1] 曼素恩:《地方商人与中国官僚政治》,第 188—199 页。

[2] 丁达:《中国乡村经济的瓦解》,第 419 页。

[3] 布朗:《赋税、社会政治结构和国家政权建设》,第 135 页。

[4] 布朗:《赋税、社会政治结构和国家政权建设》,第 136 页。

(指粮食折银)比率,一律以银元为单位征收田赋。第三,旗地和其他免税田地升课征粮,田赋附加被固定下来并开展土地丈量。[①]

以上许多措施只是在1917—1925年间得到实施。1917年,河北静海县在财政科下设立"粮租征收处",由县长和财政科长直接督导,该处职员约35人,本拟代行过去经纪们的职责。1922年,又设立"警款临时征收处","征收被灾停征正赋,各村庄之各种附加,及历年各项附加尾欠"。此外,还设立"升科过割股","专管地亩升科、钱粮过割与编造征册等事宜"。以上措施在田赋征收方面收效不大,这不仅表现在田赋收入增长无多,而且表现在旧有经纪(书手)及其助手并未根除,他们改头换面,仍充斥于税收部门。[②] 为增加商税而进行的机构改革,特别是在1924—1925年杨江德主持直隶政务时创设的直隶财政清理委员会,取得的成效较田赋改革为著。[③]

国民政府时期,名义上所有的军事开支归中央负责,但实际上省财政中军事费用一项并未消除。各省都得为驻扎该地的军队提供军饷,其数额根据军队的需要而定。例如,1931—1932年,河北和北方其他省份,要向张学良的东北军捐送巨额军饷。此外,地方上还维持一支保安部队,为此而征收了公安税。1931—1934年,河北省以上两项费用平均占年支出的25%左右。[④]

1921年和1931年山东省非军事开支的资料较为完整,这使

---

① 孙佐齐:《中国田赋问题》,第371页。
② 李陵:《河北省静海县之田赋及其征收制度》。
③ 陈菊人:《定县田赋现状》;丁达:《中国乡村经济的瓦解》,第409—413页;张一凡:《河北省地方财政之检讨》,第3页。
④ 《华北事情综览》,第126—127页。

我们能大概了解其"民用"支出的变化状况(见表3)。两年间支出年增长率超过50%。不论从哪方面讲,这一增长是惊人的,它表明省政府职能的扩大。省政府通过加强其行政和警察机构,从而增强了对乡村社会的干预能力。更为明显的是,通过"重建、交通、工业立法和政府企业"等,经济及社会的基础建设(其绝对投资增长了约10倍)得到发展,教育投资的增长亦表明社会基础设施的增加。

表3　山东省财政支出及其变化(1921—1931年)

用途	所占百分比(%)		增长率[a](%)
	1921	1931	
党务费用	—	4	—
一般行政费用	34	16	177
司法费用	6	9	757
财政费用	8	8	448
警察	12	16	686
教育与文化	21	13	254
重建、交通以及工业立法	8	14	880
偿还债务	7	3	115
政府企业	—	8	
杂项	4	9	
总计	100	100	486

资料来源:C. M. 张:《中国地方政府之开支》,第238页。

a. 实际价值用南开物价指数(1926—100)计算而得。

国家权力的延伸与对社会控制的加强是在自觉的现代化过程中实现的,不仅在国民政府时,而且在军阀混战时,它们采取了各种使政府机能"合理化"的措施。但是,当我们考察更下一级,如县级状况时便会发现,国家财源的扩大只是部分地符合"合理化"设想。20世纪30年代中期,在人均国民收入并未增长的情况下盲目扩大政府机构所带来的财政压力已十分明显。①
这压力使国家政权的延伸只能导致国家政权的内卷化。

国家政权的扩张与内卷化

尽管欧洲与中国在国家政权的扩张方面有相似之处，但中国
国家权力的扩张有其自身的特点，即国家财政收入的增加与地方
上无政府状态是同时发生的。换句话说，国家对乡村社会的控制
能力低于其对乡村社会的榨取能力，国家政权的现代化在中国只
是部分地得到实现。我们应找一合适的概念来概括这种既有成功
又有失败、税收增加而效益递减的奇怪现象。

我将用"国家政权的内卷化"这一概念来说明 20 世纪前半
期中国国家政权的扩张及其现代化过程。在政权内卷化的过程
中，如同前面讨论过的营利型国家经纪一样，政权的正式机构与
非正式机构同步增长。尽管正式的国家政权可以依靠非正式机
构来推行自己的政策，但它无法控制这些机构。在内卷化的国
家政权增长过程中，乡村社会中的非正式团体代替过去的乡级
政权组织成为一支不可控制的力量。

我从格尔茨(Clifford Geertz)那里借用了"内卷化"这一概念，他
最早是用此概念来研究爪哇的水稻农业的。② 根据格尔茨的定义，
"内卷化"是指一种社会或文化模式在某一发展阶段达到一种确定
的形式后，便停滞不前或无法转化为另一种高级模式的现象。在殖
民地和后殖民地时代的爪哇，农业生产长期以来原地不动，未曾发

74

① 叶：《中国国民收入》，第 104 页。
② 格尔茨：《农业内卷》。

展,只是不断地重复简单再生产。尽管这种生产并未导致人均收入的急剧降低,但它阻止了经济的发展,即人均产值并未提高。

国家政权的扩张应建立在提高效益的基础之上,否则其扩张便会成为格尔茨所描述的那种"内卷化"。我对赋税征收系统中的效益作了如下定义:不论利用何种手段,当正式的国家税收机关收税增加,而且,其征自纳税人的税款在总税收中比例增大时便可说明是效益提高。相反,如果正式税收机关所征税款在总税收中比例并未增加(不论其绝对值是否增加),则说明其效益低下。国家政权内卷化在财政方面的最充分表现是,国家财政每增加一分,都伴随着非正式机构收入的增加,而国家对这些机构缺乏控制力。换句话说,内卷化的国家政权无能力建立有效的官僚机构从而取缔非正式机构的贪污中饱——后者正是国 75 家政权对乡村社会增加榨取的必然结果。①

————————

① 在有充分资料的情况下,历史学家可将国家政权建设(sm)与国家政权内卷化(si)用量化方式精确地表示出来。不论是在"建设"还是在"内卷"过程中,财政收入(即国家正式收入)的增长率(R)与国民收入的增长率(Y)之比率应该是上升的,用数学方式表示为:

sm and si⇒(R/Y)>0

"建设"与"内卷"的区别在于国家税收与国民纳税总额之间差额的不同,假定国家实际税收(R)与征收过程中经纪收入(B)之和为 S,则

S=R+B

不难推出:R/S+B/S=1=S/S

国家建设被定义为如下情形:不仅财政收入相对于国民收入的增长率是上升的,而且,财政收入与国民纳税总额的比率的增长速度大于经纪收入与国民纳税总额的比率的增长速度,用公式表示为:sm⇒(R/Y)>0,并且,(R/S)>(B/S)。政权内卷化则表现为:尽管财政收入相对于国民收入的增长率是上升的,但是,经纪收入与国民纳税总额的比率 si⇒(R/Y)>0,并且,(B/S)≥(R/S)。列举这些公式是为了说明,在研究那些可估计出经纪收入的政权内卷化时,可以应用这些模式(例如,在印度,人们花费很大精力来推算经济流通中"黑钱"的数额)。我要感谢桑迪普托·孟德、钱德拉·肯特和安德利普·钱德辉,他们帮助我建立了这一模式。这里要提醒的是,不要将"政权内卷化"与谭拜尔(见《文化、思想与社会行为》)的"行政管理内卷化"混同起来。

更广泛地说，国家政权内卷化是指国家机构不是靠提高旧有机构或新增机构（此处指人际或其他行政资源）的效益，而是靠复制或扩大旧有的国家与社会关系——如中国旧有的营利型经纪体制——来扩大其行政职能。20 世纪当中国政权依赖经纪制来扩大其控制力时，这不仅使旧的经纪层扩大，而且使经纪制深入到社会的最底层——村庄。

古代中国崇尚无为而治，并不讲求效益，故在一定程度上不存在"内卷化"问题，"内卷化"一词也不适用于在家长制或保守思想（不急于加强对物质生活和道德文化的控制）占主导地位的封建时代和受殖民统治的时代。许多封建和受殖民统治的社会尚缺乏造成"内卷化"现象的另一重要条件：地方政权并不是由想捞取利益但毫不负责任的营利型经纪人控制的，而是由社会精英所控制的。在封建时代，下层社会中国家和社会权力完全混合，拥有独立权力基础的社会精英对地方政权结构的统治在范围内获得典型发展。

尽管现代化、官僚化了的国家政权不可避免地仍然偏爱某些社会精英，但它力图发展一种不受精英们操纵的基层权力机构，即实现官僚化国家的"分离"理想，至少使政权从形式和结构上与社会相分离。尽管内卷化的国家政权想脱离社会权力的影响，但它无法使自身完全官僚化。民国政权可能有意于重用旧有的经纪体制增辟税源，也可能对营利型经纪的再生无可奈何，但不论原因何在，这都阻碍了国家政权的真正扩张。

在发展中国家，这种经纪型体制的存在十分普遍。例如在印度，普通人总是得依靠中介人（经纪）来与官僚打交道，而公务的完成也离不开中介人。通常情况下，这些中介人是政府下层职员或职业经纪人，他们的唯一资本是与官府的联系，他们以此为生,故竭力保持这种关系。在这种经纪人占主导地位的社会,国家不仅丧失利源予经纪人,而且因为经纪者们利用贿赂、分成等手段以打通与官府的关系,从而使国家政权失去其对官僚部分收入(占相当比例)的监督。更为严重的是,随着官僚们越来越看重这种"额外"收入,其自身也渐渐地半经纪化,从而忘却国家利益。当营利型经纪的再生阻碍了国家机构的合理化,这表明国家政权的内卷化达到了极点,它预示着国家权力的延伸只能意味着社会的进一步被压榨和破产。①

如此看来,我们必须重新考虑国家政权在华北各省财政中的作用,重点考察其增长的真实原因。对县级及县级以下财政状况的分析可以看出在这一增长背后是一个复杂的内卷过程,它对农村产生了巨大影响。

河北省的县级财政

在民国初期,尽管中央和地方的税收来源有所划分,但县政府与省政府之间的报解和截留并无明确的界限,这不仅使省政府控制着地方税源,而且使县级财政陷于混乱。

---

① 尽管并不完全符合格尔茨的定义,但我还是借用了"国家政权内卷化"这一概念,因为我实在找不出一个更为合适的概念来描述这一过程。当然,我是抽象地使用"内卷化"的,并用它来描述政治过程而非经济现象,如同格尔茨从文化领域中借用这一词语来研究"文化经济"现象一样。与所有的借用词一样,它所揭示的现象已脱离了原词本意,所以,我提醒读者注意内卷化的过程而不要纠缠内卷化这一名词。我所描述的"政权内卷化"与农业内卷化的主要相似处在于:1. 没有实际发展的增长(效益并未提高);2. 固定方式(如营利型国家经纪)的再生和勉强维持。其不同之处在于:1. 正规化和合理化的机构与内卷力量常处于冲突之中;2. 功能障碍与内卷化过程同时出现。而在格尔茨的概念中,内卷化的消极后果表现为长期的人口膨胀与资源枯竭的危机。

所以,民国时期与清政府时期一样,一县的财政收入有正式和非正式两种。其正式收入主要为各种附加税,晚清政府默许县政府在正税之上征收一定的附加归地方使用(如"耗羡"和后来的警费,学费附加)。1914 年后,附加税的范围扩大,地方政府被正式授予在田赋、契税以及其他各税之上征收附加的权力,但规定附加税不得超过正税的 30%。在军阀混战时期,县政府与省政府之间就附加税的使用而讨价还价。①

1928 年后,田赋和田赋附加归原政府支配,作为"补偿",省政府允许各县在原来"附加"之上再为"附加",收入归县政府开支。在河北,附加税几乎达到正税的 50%。② 商税是当时的主要税源之一,按规定,其附加税不得超过本县解省税款的 50%,但该项附加税的税率一再提高,在二三十年代,其收入往往超过田赋收入的二三倍,而在清朝商税只占总收入的 5.15%。直到民国初年,其收入亦仅占总收入的 30%左右。③ 这种超过规定的附加税,是县政府非正式收入的主要来源。

县政府正式收入中的另一主要来源是上面讨论过的"亩捐",即农民所说的"摊款"。最初,亩捐是向北方省份征收的供皇帝出巡、官员往来、军队开拔等费用的差役。在清末,摊款已被用来举办各种新政,但直到 1911 年,摊款才被正式固定下来,向各县摊派,用现银交纳。如前文所示,摊款的突出特点在于其摊派方式:以村为单位,而不是以个人为派款对象。摊款不同于

___

① 彭雨新:《县地方财政》,第 1—2 页;孙佐齐:《中国田赋问题》,第 115 页。

② 彭雨新:《县地方财政》,第 3 页;冯华德:《县地方行政之财政基础》,第 702—703 页。

③《华北农业经济》,第 60 页;《农村复兴委员会会报》,1934 年 3 月号,第 6,8 页。孙佐齐:《中国田赋问题》,第 167 页。

附加税,它无固定的征收标准和对象,县政府和地方精英为摊款多少往往争论不休。所以,与其将摊款说成是一种正式收入,不如将其视为临时性财政补充。①

但是,随着摊款的经常化、正规化,出现了为人痛恨的所谓"白地摊款",虽然正式预算上并无这一项目,但县区政府、军队,甚至省政府根据"需要",随时向地方勒索派款。军阀混战之时,战争频繁,摊款不断。进入国民政府之后,由于县政府职能加重、活动增加而资金短缺,"白地摊款"成为县政府预算中一项不可缺少的非正式收入。② 临时(白地)摊款不同于按季征收的正规摊款,但同后者一样,它也是以村庄或其他团体而不是以个人作为摊派对象,至于如何向各户或个人摊派征收,由村庄或各团体自己决定。

临时摊款很快成为农民一项最为繁重的负担,而且不可能得到监督和限制,对政府来说,它成为比其他税收更为重要的资金来源。③ 更为重要的是,它成为参与征收摊款的官方和半官方职员贪污中饱的主要手段。正因摊款不属正规的财政预算,财经规章难以约束。在摊派过程中,各级国家经纪为饱私囊而层层加码,故很难弄清摊款的真正用途。 79

县政府在全国财政收入中所占地位如何? 1934 年,河北和山东二省各县田赋附加总额分别为 500 万元和 1100 万元,而此年二省田赋收入分别为 600 万元和 1500 万元。④ 如此看来,县里公开的财政收入与省田赋收入相差无几。国民政府统一北方

---

① 《华北农业经济》,第 58 页;徐正学:《农村问题》,第 6 页。
② 《华北事情综览》,第 62 页。
③ 张一凡:《河北省地方财政之检讨》,第 12 页;《农村复兴委员会会报》,1934 年 5 月号,第 163 页。
④ 《农村复兴委员会会报》,1934 年第 7—12 卷,第 20、21 页。

之后,县政府收入增长很快,在大萧条时期也不例外。如河北静海县 1928—1933 年间年增长率为 17％。[1]

尽管如此,不少同时代的财政官员仍觉得县级财力空虚,认为上交的田赋数额太大,应截留更大部分归地方使用。根据 1934 年李景汉向第二届全国财政会议提交的数据,县政府实际收入分别占省政府和中央政府从该县解去税款的 75％和 40％。在 30 年代中期县级税收分配中,中央政府占 52％,省政府占 27.5％,县政府仅占 20％。李景汉认为上交税款很少返回而用于地方建设,所以他倡议进行财政改革,使县政府有权支配总税收的 50％。[2]

县政府财政来源如表 4 所示,它与表 2 所示省政府收入有很大的不同。1931—1934 年,非田赋(与土地无关)收入占省政府收入的 70％—87％,而来自田赋、公产和亩捐(均与田地有关)的收入 1931、1932、1933 年分别占静海县财政总收入的 62％、64％和 76％。这种情况在河北各县是否普遍,因缺乏资料而难以断定。1929 年定县牙税收入比静海为高,而根据甘博的研究,定县总收入中有较大比例来自特项税收(如牲畜、棉花、花生、木材等捐,占总收入的 28％),故其亩捐所占比重较静海县为低。[3]

表 4　静海县(1928—1933 年)和定县(1929 年)的财政收入状况

年份	田赋附加(％)	契税附加(％)	公产(％)	亩捐(摊款)(％)	牙税(％)	总计(％)
静海县						
1928	57	12	15	—	5	89
1929	30	7	8	47	3	95

---

[1] 冯华德:《县地方行政之财政基础》,第 712 页。

[2]《农村复兴委员会会报》,1934 年第 7—12 卷,第 39 页;冯华德:《河北省高阳县的乡村财政》,第 1032 页。

[3] 甘博:《定县》,第 183 页。

续表

年份	田赋 附加（%）	契税 附加（%）	公产 （%）	亩捐 （摊款）（%）	牙税（%）	总计 （%）
1930	31	14	7	40	4	96
1931	45	19	14	3	9	90
1932	36	17	11	7	9	90
1933	39	11	7	30	5	92
定县						
1929	26	4		17	22	69

资料来源:静海县,见冯华德:《县地方行政之财政基础》,第 700 页;定县,见甘博:《定县》,第 183 页。

静海县总收入中 4%—11% 来自各种杂项收入。

对全国 13 省中县财政收入的抽样调查表明,各县情况接近静海县而非定县,田赋附加往往超过县财政总收入的 60%,而商税收入不足 1%。[1] 尽管以上数据表明县政府主要收入来自直接税,但它也揭示出河北省二三十年代在开辟间接税方面取得了显著成效。当然,不可否认的是,省政府从这一成效中取得的份额较县政府要高得多。

县政府的支出情况如何? 表 5 为张氏（C. M. Chang）对 1931 年河北省 130 县支出状况研究及孙晓村对 30 年代初 13 省抽样调查所得。河北各县与全国范围平均支出的最大差别在于警察和防卫两项,河北各县在这两项的支出比全国平均数高出约 20 个百分点。由于北方各省动荡不安和战争频繁,其警察和防卫开支可能普遍高于南方省份。例如,此两项开支占山东各县总支出的 32.43%,而仅占江苏各县支出的 18.65%。河北省各县的支出可以静海县为例,其具体状况如表 6 所示。

对表 6 我们应作如下说明,教育是地方政府的一项重要职

81

---

① 孙晓村:《地方财政对于农村经济的影响》,第 37 页。

能,教育费用主要用于兴办小学。① 值得注意的是,军阀混战时期教育投资所占比重却比国民政府时期为大,当然,其绝对投资总额仍是在增长的。地方治安是另一项主要开支,1929年警察和保安费约占总支出75%,这种情况在河北各县大致相同。在30年代,随着现代化工程的兴建,以上两项开支所占比重减小,而区行政费用的增长则说明区政府职能和权力在逐渐扩大。②

82

表5　河北省及全国县财政支出状况

用途	河北省,1931年		全国,20世纪30年代初(%)
	数额(元)	百分比(%)	
党务	58 787	0.71	1.27
财政管理	237 088	2.85	3.31
警察和防卫	3 235 450	38.92	19.58
教育	3 167 711	38.10	31.77
自治	902 556	10.85	4.81
现代化	542 667	6.53	5.80
善举和救济	54 270	0.65	4.02
一般行政	21 116	0.25	15.44
其他	94 595	1.14	14.00
总计	8 314 240	100.00	100.00

资料来源:河北省,见C. M. 张:《中国地方政府之开支》,第236—237页;全国,见孙晓村:《地方财政对于农村经济的影响》,第39页。

表6　河北省静海县财政支出百分比(1919—1933年)

用途	1919—1923a(%)	1924—1928a(%)	1928(%)	1929(%)	1930(%)	1931(%)	1932(%)	1933(%)
教育	41.19	43.36	47.80	23.69	22.38	37.98	31.44	21.68
警察	48.75	36.72	49.67	27.32	19.36	33.25	20.78	23.59

① 冯华德:《县地方行政之财政基础》,第713页。
② 冯华德:《河北省县财政支出之分析》,第1048页。

续表

用途	1919—1923ᵃ (%)	1924—1928ᵃ (%)	1928 (%)	1929 (%)	1930 (%)	1931 (%)	1932 (%)	1933 (%)
保安	—	—	—	47.13	39.64	2.59	17.01	29.54
现代化工程	7.29	3.14	2.20	1.73	9.75	18.14	13.20	7.66
区政府	—	12.34	—	—	8.87	7.54	14.84	15.88
其他	2.77	4.44	0.33	0.13	—	0.50	2.73	1.65
总计	100	100	100	100	100	100	100	100

资料来源:冯华德:《县地方行政之财政基础》,第708页;又见冯华德:《吾国县收入制度之特征》,第1041—1042页。

a. 年平均数。

县财政支出一直捉襟见肘,不少人认为这是县政府自身措置不当造成的。在二三十年代,县政府不是利用不断增加的税收来巩固和提高已有设施和机关的办事效率,而是在省政府的命令下,不断地创立机构,增加"近代化"职能,如土地清丈局、卫生局、公路桥梁管理局、党训班等,各局经费极少,使一些有抱负的官员也难施展才能。例如,某县的水利和森林管理局全年经费为480元,仅能开支2个职员的薪金。①

在层层压力之下,县政府增设许多"现代化"部门,结果机构重叠,使有限的财源更显紧张。现代化的消防队与旧有防火机构并存。在县、镇、区皆设警察,而且区政府还兼管民团,它们各行其是,很少合作。不少时论者认为如果将所有这些治安力量合并起来统一指挥,不仅可以节省费用,而且会提高功效。②

机构的增设必然带来职员的膨胀,这就使用于设备和建设工程的资金减少。在对静海等4县的调查研究中,冯华德发现

---

① 冯华德:《河北省县财政支出之分析》,第1051页。

② 冯华德:《河北省县财政支出之分析》,第1045页;《华北农业经济》,第58页。

在各项费用中，仅工资一项即占总支出的 70%—80%，在前三位的警察、教育和区行政部门中尤其如此。在区一级，90% 的开支用于发放工资，而且，在 1929—1931 年，随着官僚机构的膨胀，薪金开支的绝对值亦在增长。[①]

工资与设备的高比率表明，政府官员办事效率极其低下。在静海县，有 150 名警察，但只有少量现代化武器。冯华德认为在这种装备缺乏的情况下，即使裁掉大半警察，亦不会影响治安实力。由于大部分县财政资金用于发放工资而甚少购置设备，故地方财政陷入恶性循环，似乎只是在养活不断庞大的官僚和国家经纪集团。地方政府成为布兰德利·吉赛特（Bradley Geisert）所称的"安置就业的机器"。冯华德归结道："这种工资与设备的比例失调，尤其在诸如水利控制等设备投资应高于工资的经济部门，其结果只能是造成一批毫无作用的官僚。在这种情况下，财政支出只能等于资金浪费，徒然加重农民的负担。"[②]

造成比例失调的主要责任在省而不在县，因为省政府不断地命令县政府增设"现代化设施"，但同时，又千方百计地榨取县政府收入，将各县财政控制于自己手中，毫不放松。1928 年，在县级设立财政局，直接向省财政厅负责，对县行政拥有极大的监督和控制权力。尽管财政局的设置并未完全达到省政府的预期目的，但它产生的压力使县财政往往陷于困境[③]，从而造成事与愿违的以下结果。

[①] 冯华德：《河北省地方财政开支》；冯华德：《县地方行政之财政基础》，第 713、719 页。

[②] 冯华德：《河北省地方财政开支》，第 512 页；冯华德：《河北省县财政支出之分析》，第 1045 页；吉赛特：《权力与社会》。

[③] 孔飞力：《民国时期的地方税收与财政》，第 121—125 页。

第一，县政府为了完成其基本职责，不得不巧立名目自筹款项，使附加税率提高、临时摊款增加而且更为频繁。[①]

第二，随着机构的增设，雇员增加，而资金有限，其结果只能如清朝那样，"僧多粥少"，微薄的薪金无法维生，从而迫使他们额外勒索。对这些国家经纪来讲，临时摊款是贪污中饱的绝佳机会，他们在往下摊派过程中层层加码，除解交上级外，其余部分归入私囊。公、私之间到底如何瓜分摊款，我们无从得知。

民国时期国家政权内卷化的主要特征亦体现在摊款之中——经纪体制被延伸到区和村庄，这些区、村"经纪"在征收和解交各种摊款及其他捐税过程中上下伸手，以饱私囊。南京行政院在对这方面的调查中承认摊款是民之大患，一再指出其严重危害。例如，据报告，河北省邢台县山川区 40 个村镇，到1933 年中期已交纳的治安费用已是预算额的数倍，超出部分主要为区政府和民团所挥霍。[②] 在另一事例中，村民负担是原摊款额的 5 倍，其中差额为警察和自卫人员所得。这种事例不胜枚举，它不仅反映出农民负担沉重，而且揭示了整个正式和非正式政府机构是如何靠随心所欲的摊款来维持自身生存的。[③]

民国政府即使在省、县一级，亦是一个包括不同利益集团和动机的混合体：正式机构与营利型经纪集团有矛盾，省县之间有

[①] 李陵：《河北省静海县之田赋及其征收制度》；陈菊人：《定县田赋现状》，第 13、15 页；《华北农业经济》，第 62—63 页；孙佐齐：《中国田赋问题》，第 355 页；徐正学：《农村问题》，第 54、57—60 页；冯华德：《河北省高阳县的乡村财政》，第 1119 页。

[②]《农村复兴委员会会报》，1934 年 5 月号，第 164 页。

[③]《农村复兴委员会会报》，1934 年 5 月号，第 167—168 页；徐正学：《农村问题》，第 122—127 页；杜赞奇：《华北乡村社会中的权力》，第 220—226 页。

争夺。本章探讨了政权内部的结构及动力。如果我们承认国家政权内卷化普遍存在,特别是存在于下层政权,那我们不难发现,在国家力图加强对社会控制的过程中,不同利益集团的压力和冲突是造成内卷化的主要原因。

中国国家政权的现代化始于1900年而非1911年,新政策带来效益,但也造成弊端,结果使新政府轮回到旧体制之中,只是披上了一件"现代化"的外衣,当政者将发现他们自身已断送了制约这一弊端的机制。下面将讨论权力的文化网络中的制约机制和途径。

第四章　宗族与乡村政治结构

　　不久以前,人们可能还怀疑宗族是华北社会文化网络中一重要因素的观点,他们觉得与南方的宗族势力相比,北方的宗族显得微不足道。与北方不同,南方的宗族多有较大的族产,家族成员散布数村,而且宗族与上级政府之间瓜葛颇深。一句话,南方宗族的共同财产及超村级联系成为乡村政治及冲突的根源,它不仅沟通向上浮动的渠道,而且保护同族弱者,并具有北方宗族所缺乏的共同意识。①

　　近来研究表明,那种庞大、复杂、联合式的宗族在中国并不普遍,可能只存在于华南及江南的某些地区。② 研究者发现,像

①　对南北方宗族组织之差异及其原因进行过最透彻研究的可能是波特(见《传统中国的土地与宗族》),而对南方宗族的研究则以弗里德曼为代表(见《中国宗族与社会》)。

②　罗友枝:《清末及民国时期杨家沟之马家地主》。结构庞大、复杂,而且比较富有的宗族并不是南方仅有,华北也有这样的宗族。"满铁"调查提到,在山东省青岛县某一宗族拥有百亩以上的族田。青岛县孙氏宗族与南方的大宗族规模相当,它鼎盛之时拥有3 000余亩公有土地,尽管由于长期拖而未决的争讼使其土地日渐减少,但到20世纪30年代时,其共同土地尚有1 000余亩。这一宗族历史久远,它的分支散布于许多村庄,它起始于明朝,该族中曾出过许多"大官",在其公有财产及收入管理等方面,它与南方的宗族极其相似(见《惯调》第4卷,第65页)。"满铁"调查还提到路家庄的杨氏宗族,尽管其族产不多,但它与其在杨家屯的宗族主支一直保持着关系,到调查时已达14代。在每年的十月初一(寒食节),路家庄的杨氏宗族派三四人作为代表到杨家屯宗祠去聚会祭祖。不过,除了这些仪式联系及续入同一族谱,它与主族似乎再无什么牵连,实际上,保持14代的关系已属罕见了。一般来讲,如果没有族田或其他共同财产,这种村庄之上的宗族关系是维持不了多久的(见《惯调》第4卷,第362—363页)。

北方那样的多族共居村庄在香港新界仍很普遍。① 对旧的宗族研究范式的批评甚至比这些论点还要深入。桑高仁（Steven Sangren）对弗里德曼（Maurice Freedman）以及斐达理（Hugh Baker）提出的男系宗族占主要地位的观点予以激烈批评，他认为以前对中国宗族的研究只是从各种规定及法理思想出发的，而未分析宗族的实际结构、职能及运作效果。对宗族集团实际作为的探究不仅可以揭示社会分析学家从中国男系意识形态中借用来的观念具体化和理论化，而且可以揭示宗族是如何融合于中国社会的组织体系之中的。②

上述观点为我们研究华北地区宗族组织提供了新的理论基础和方法。摆脱一族统治村庄的旧思想，我们便会发现，北方宗族并不是苍白无力的，虽然它并不庞大、复杂，并未拥有巨额族产、强大的同族意识，但在乡村社会中，它仍起着具体而重要的作用。我这里使用的宗族是一个广义的概念：它是由同一祖先繁衍下来的人群，通常由共同财产和婚丧庆吊联系在一起，并且居住于同一村庄。

同时，我还将证明过去对中国的宗族的认识，特别是其从历史上考察中国的宗族观点，仍有合理的一面，值得借鉴，过分强调宗族的现实职能往往会诱使我们忽视宗族在历史上的重要作用。考察中国的男系意识，我觉得它与伊沛霞（Patricia Ebrey）所称的"宗"更为接近。③ 从布尔迪厄（Pierre Bourdieu）的观点来看，男系嫡传并不是构成北方农村血缘团体的唯一因素。但是，如同离开具体变种就无法理解血缘团体和宗族组织的职能一样，不弄清

---

① 斯特劳斯：《中国南部的社区与宗族》。
② 桑高仁：《宗族之外的传统中国式合作》。
③ 伊沛霞：《宋代的家庭概念》，第221—222、231—232页。

楚宗族的官方定义或模式也无法掌握其具体作用。[1]

宗族在典章、仪式及组织方面的特征使它成为权力的文化网络中一典型结构。在华北的大多数村庄，宗族操纵着传统的政治机制。村务管理、公共活动以及构成村公会成员名额的分配，都是以宗族或亚家族为划分基础的。同时，不管封建国家对此是否承认，宗族是使村庄与中华文明更上一级的规范世界联系起来的重要基础。20 世纪时国家政权的延伸极大改变了宗族在文化网络中的作用。

当然，宗族在各村庄中的地位和作用是不同的，在有些村庄，宗族的作用十分有限。为了更好地理解中国乡村的政治体系及其在乡村社会文化网络中的作用，本章结尾将对两种类型的村庄（宗族型和宗教型）进行对比分析。

公共活动中的家庭

近年来的研究表明，在中国文化中"家"的含义十分广泛，学者们对其所下定义也是五花八门。为了简明并便于讨论，我将其归纳为如下两个概念。伊沛霞在研究宋代家庭意识时区分了"宗"（男系相传的团体）和"家"（共同占有财产，共同生活的人群）的异同。"宗"强调共同的祖先、男系血缘的嫡传、按辈分排列长幼次序，现代宗族继承了其"同宗"含义。"家"是政治经济学中的一个基本单位，结构单一并包括女性成员[2]，在一定程度

---

[1] 布尔迪厄（《实践理论大纲》）写道："联姻为我们提供了一个很好的观察由男系关系确立的、单系不变的'正式亲属'与'实际亲属'之间的不同的事例，……联姻使不同姓氏的两家变为实际亲戚，而（婚礼时）到贺者则为'正式亲戚'。"
[2] 伊沛霞：《宋代的家庭概念》，第 220—221、223 页。

上,其与孔迈隆(Myron Cohen)所研究的现代的台湾家庭无太大区别。

日本法学家滋贺秀三详细考察了"宗"和"家"的区别。他认为"家"是一经济单位,一家人"共同生活,共同生产,共同消费",在分配上人人平等。但从法律权利上来看,"平均占有"的关系并不存在。例如,兄弟甲、乙两人并未分家,甲有 3 子,乙有 1 子,作为共同生活集体,6 人所得消费品基本相等,但分家析产时,假定甲和乙均已亡故,此时家产并不是平分成 4 份而是分为 2 股,乙的独生子将继承半份家产,甲的 3 个儿子则平分另半份家产。从继承的观点来看,家庭偏重于传宗接代功能,而非经济协助团体。①

武雅士和黄介山也作了同样的区别,一方面,"家"是传宗接代过程中的一个环节——一个共同使用继承财产(土地)的单位,"其同祖关系在宗庙、家坟和对死者的安葬方面表现得最为明显"。② 女婿可能被视为家庭中一员但绝不会被接纳入宗族之中。另一方面,"家"是一个共同生产和消费的单位,因为家庭成员同吃一锅饭,故"灶"成了家的代名词。武雅士和黄介山进一步声称"家"和"灶"的联系,说明家庭是社会生活的基本要素,是构成政治活动的基本单位。武雅士在其早期著作中还认为,家有灶神,而灶神是天界官僚体系中最低一员,他赏罚家庭成员的善恶。所以,"从家与灶君的联系来看,家庭在政治生活中占有

---

① 滋贺秀三:《传统中国的家庭财产与继承法》,第 111—112 页。关于这一问题的更为详尽的研究,见滋贺秀三:《中国家族法原理》。伊沛霞(《宋代的家庭概念》)认为,衙门关于继承问题的裁决是按"宗"与"家"继承之外的第三种继承途径。
② 武雅士、黄介山:《中国的婚姻和入嗣》,第 58 页。

一定的地位,是构成帝国政治的一个元素".①

在多数情况下,参加村中公共组织以及区、乡政治活动的家庭单位是如同武雅士和黄介山所描述的"家",他们告诫人们不要拘泥于"家"的字面含义。我认为这是暗示凡同灶的人群皆可视为一家,如孔迈隆所述不同居一院但仍为一家,那是实例。② 这也得到"满铁"调查资料的证实,如某家的男儿到东北谋生,长久未归,但只要未分家产,未另立炉灶,他便被认为仍是家中一员,可见家是以灶为中心建立起来的。③

但是,我从资料中发现,在有些村庄,集体活动的基本单位并不是以炉灶为中心共同预算的群体。在河北省的吴店和寺北柴,村政治和宗教活动的基本单位不是"家"而是"院子"。④ 例如,直到 1940—1941 年日本侵略军推行保甲以前,在村庄选举中,院子作为整体只可以投一票。⑤ 在另一个村庄,兄弟们已经分产,但在保甲册上仍注为一家。⑥

一个院子包括 2 家或 3 家,他们房屋相连或位于同一房子的不同房间,其家长们通常是分灶起火而未出院的兄弟。⑦ 显然,院子是位于家庭与宗族中的一个环节。在一些村庄,同院子的人作为一个整体参加祭祀及其他活动,例如,虽然各家各供灶

90

---

① 武雅士、黄介山:《中国的婚姻和入嗣》,第 62 页。

② 孔迈隆:《联家与分家》,第 62 页。

③《惯调》第 3 卷,第 68 页。

④《惯调》第 3 卷,第 67、68—71 页;第 5 卷,第 464 页。在顺义县沙井村,即使在分家之后,父子之中只能有一人出席村中的祭祀仪式(见《惯调》第 1 卷,第 136 页)。

⑤《惯调》第 6 卷,第 87 页。

⑥《惯调》第 5 卷,第 420 页。

⑦《惯调》第 5 卷,第 473 页。

君,但他们供奉同一祖先牌位和其他神灵。① 而且,如果在同族祖坟之外,尚有墓地,则该墓地往往归同一院子所有。②

许烺光对云南某村的描写与北方的"院子"有极为相似之处。在叙述分家之后,他又说:

> 分家之后,祖宗牌位仍供奉在西厢房,所有原家庭成员如同过去一样在这里拜祭共同祖先和家神。……每一新家庭仍居住在旧房之中,并不一定得搬迁出去或另设神坛。对于公共生活,不论是宗教或社会活动,都是以原大家庭为一单位而参加。在村社祈祷活动中,原大家庭只出一份经费,由老家长(父亲)或长兄作为一家代表。③

许氏认为这种"家庭"既满足了个人的自由和竞争意识,又在社会及祭祀仪式中保存了"大家庭"的荣誉,我认为其含义不止于此。从许氏的分析中,我们还可以看出保持一个"大家庭"作为一个行动单位在乡村政治和经济活动中占有一定的优势。

"满铁"调查资料中亦有这样的事例。河北省邢台县有管理

91 灌溉用水的组织,称为"闸",闸的领导权往往掌握在拥有较大"水股"的家长手中。资料表明,有些水股并不是由一家一户拥有,而是由同宗数家合占一大股,这样的联合称"门"或"堂"。有时,水股名义上由同一祖先拥有。④ 这种同宗组织往往是由已分

---

① 《惯调》第 5 卷,第 458 页。
② 《惯调》第 5 卷,第 454—455 页。
③ 许烺光:《祖荫下》,第 116 页。
④ 《惯调》第 6 卷,第 104、117、229、239、243、256、281、300、303 页。

家立业的胞兄弟或堂兄弟组成,即分家而不分水股,故其共同拥有大股,在闸会中占有一席领导权。有时,他们由各兄弟轮流充当闸首。[①] 这种宗族联合防止了将水股分得过于细小,从而保持其在闸会中的领导地位。

兄弟分家之后,为了避免诉讼和其他纠纷,他们往往将所有土地记于同一祖先名下[②],这样兄弟们可以免交契税和过割登记费。在华北的一些地区,这种名义上以共同占有土地为基础的"大家庭"成为一个纳税单位——"户"。保甲册中有这样的记载:同宗的4家人登记为1户。[③]（这提示我们在用这些资料计算每家或户平均人口时一定要小心谨慎。）

在与全体村民相关的村务（公共事务）中,为人所承认的最基本的参与单位是由同一宗族组成的"门"或"派",由于其成员是同一祖先的后代,故具有血缘集团的性质。从这点出发,我认为,村落组织是由拥有共同祖先的血缘集团和经济上相互协作的家庭集团组成。当我们研究了宗族作为高于家庭的组织在村政中的作用之后,我们会更加坚定这一结论。反过来,若我们将家庭视为拥有共同祖先的血缘组织的一个分支,这样便更容易理解家庭的特点。

华北的宗族

宗族组织与男系相传意识的存在,与自宋以来官府与乡绅

---

① 《惯调》第 6 卷,第 104 页。
② 《惯调》第 3 卷,第 85 页;第 4 卷,第 279、481、484 页。天野元之助:《苛捐杂税下的河北农村》,第 33 页。
③ 《惯调》第 6 卷,第 87 页。

的提倡是分不开的,正宗清源体现了儒家的忠孝思想,一直被认为是协调人际关系和维护社会秩序的有效工具。① 当然,族长的权威不仅来自尊敬同族长者的意识,而且与经济、管理以及与文化网络中人事关系相关。让我们看看宗族是如何保持其权威的。

宗族势力有强有弱,在冀中冀南,宗族势力较强,而在靠近城市的村庄,宗族势力较弱。在冀南的栾城县及其相邻的元氏县,许多村庄是一族占统治地位,在多姓村庄,宗族势力亦不容忽视。在栾城县的 143 个村庄中,有 60 个村庄其人口的一半属于同一宗族,其在村中所占比例如下所示②:

百分比	村庄数	百分比	村庄数
50%—59%	26	80%—89%	4
60%—69%	10	90%—94%	4
70%—79%	9	95%—100%	7

有关栾城县宗族状况资料较为丰富,而宗族势力在寺北柴表现得又十分突出,故我先从分析寺北柴状况开始。不过,与南方拥有共同财产的望族不同,寺北柴这个拥有强大凝聚力并有
93 严密组织的宗族却相当贫穷,该族姓郝,占全村总户数的 35%。该村户均耕地面积为 14 亩,但郝氏族中 70% 的家户占有土地不

____

① 见王刘慧辰:《族规研究》;又见斐达理:《中国的家庭与亲属关系》,第 107—113、161 页。华琛(《中国宗族的再考察》,第 616 页)指出,在帝国政权与宗族之间,除人类学家已经承认的共生关系外,尚有其他联系。不久以前,科大卫(《中国乡村社会结构》)的研究揭示出南方的大宗族在过去的几个世纪中在同官府的交往中发展起宗族的"经典模式",并指出这种模式如何从富村传往贫村并由后者所模仿。遗憾的是,此书到我手中之时,我初稿已定,未来得及详尽地吸收他的论点。
② 《惯调》第 3 卷,《寺北柴概况》第 6 页;《惯调》第 6 卷,第 61—62 页。当然,如波特(《传统中国的土地与宗族》)指出的那样,村中同姓之人的多少并不代表该姓在村中有多大的影响力,我在此引用这些数字只是将其作为表示家族力量的大小的指标之一,下面还有其他资料来证明此点。

到 14 亩,而且,该族中最大的两家地主只分别拥有 60 亩和 35 亩土地。[1] 由此看来,在华北地区,宗族势力的强弱与该族的贫富并无必然的关系。

在寺北柴有 4 大姓,即郝(53 户)、徐(24 户)、刘(22 户)、赵(20 户)[2],全村 140 户人家,此 4 姓即占了 119 户。郝氏一族更进一步分为 5 门,尽管比较贫穷,但同族、同门意识十分强烈。在春节时,全族共同拜年祭祖,而在其他节日,族中最大而且最为久远的西门则单独祭祀并举行宴会,其余 4 门则联合祭祀。[3] 通常情况下,在同门之中,人们的关系随分家的早晚而亲疏不同。刘氏一族亦分 5 门,赵氏分 3 门,但对其各门间的相互关系史料中并未记载。[4]

该村中所有宗族在春节和清明时都祭祖扫墓,其中 3 个宗族在寒食节时还聚会,俗称"父子会",同族中成年男子聚集一处共进寒食(冷饭)。[5] 宴会时按辈分和年龄长幼排列座次,族中辈分最高,年龄最长者(族长)坐于长桌北端,族中辈分和年龄最小者坐于桌子南头。[6]

一般情况下,同族祭祀和宴会的费用来自小块族田的地租,族田自 5 亩至 20 亩多少不等。不过,有些宗族与寺北柴的郝姓一样,族田过小,族中设立规约,由各户凑钱祭祖聚宴。[7]

---

[1]《惯调》第 3 卷,《寺北柴概况》第 6 页;《惯调》第 3 卷,第 103 页。

[2]《惯调》第 3 卷,《寺北柴概况》第 6 页。

[3]《惯调》第 3 卷,第 156 页。在清明(亦称"父子会")时,除西门单独举行仪式和宴会外,其余各支合伙举行(《惯调》第 3 卷,第 136 页)。当全族到坟地祭祀祖先时,他们先到老坟前祭祀,然后各门再到其分支始祖及先人坟前祭祀(《惯调》第 3 卷,第 91、150 页)。

[4]《惯调》第 3 卷,第 113、128 页。

[5]《惯调》第 3 卷,第 28、43、75、90、156 页。

[6]《惯调》第 3 卷,第 140—141 页。

[7]《惯调》第 3 卷,第 134 页。

寺北柴的族权表现方式不同，族长在祭祀礼仪和日常族务中起着重要作用，此点与南方不同，在南方，族长不一定是族中最有权威者。在寺北柴，贫富分化并不十分明显，很少有人能以其财富而凌驾于族长之上。收养螟蛉之子需得到族长的同意，分析家产也得族长在场，在收养契约及分家清单上族长与另一同族中人作为证人得签上自己的名字。族长的权威亦得到官府的承认，在审理涉及家族成员的案件时，往往召族长到堂，征求他的意见。①

尽管宗族并不是一明确的合作集团，但人们告急之时往往先求助同族成员。在承租土地及借贷银钱中，往往同族之人充当中人和保人。② 在 20 世纪 30 年代末期农产品价格急剧上涨之前，村长、保人和族长（或门长）共同保释那些因无力交纳地租或逾期未还借款而被拘押的佃户。③ 按中国的法律，债权者有权没收破产债户的一切财产，包括衣服，甚至房屋场院。此时，一无所有的债（佃）户往往求救于自己所在的宗族，后者也尽其所能帮助他维持生存。④

在土地买卖中，宗族的权威表现得最为明显。在所有调查过的村庄中，按惯例，若有人出卖土地，同族之人有优先购买权。

---

① 《惯调》第 3 卷，第 72、76、92、95 页。族长在祭祀时占第一位，在婚丧大事中亦是如此（《惯调》第 3 卷，第 94—95 页）。在春节之时，全族之人向族长行礼（《惯调》第 3 卷，第 156 页）。在寺北柴，族长还经常调解族中，甚至家庭内的纠纷（《惯调》第 3 卷，第 97、112、153—155、301 页）。一个被访问者甚至说，即使在家务中，族长的权威也高于父亲（《惯调》第 3 卷，第 76 页）。关于更详细的情况，见杜赞奇：《华北乡村社会中的权力》。
② 《惯调》第 3 卷，第 111—112、311—312 页。
③ 《惯调》第 3 卷，第 164 页。
④ 《惯调》第 3 卷，第 322 页。

尽管有时此权被忽视。① 但在寺北柴,同族先买权得到严格的执行,如果有人在未通知同族之人或以同样的价格(指同族出价)将土地售与族外之人,该宗族有权宣布此项买卖无效。② "满铁"调查人员为证实此点并估计其是否是普遍现象,曾访问了栾城县商会会长:

　　问:如果一个人未征求宗族意见而出售土地,此项买卖会被宣布无效吗?

　　答:是的。开始碍于情面(人情),后来约定成俗。至于为什么如此,我也弄不清楚。如果一个村民不首先征求同族人的意见便把土地卖给族外之人,同族人有权阻止。这种风俗出自人性,后来成为族权的一部分。虽然对官府来说,不管将土地卖给谁,只要填写官契(交纳契税),买卖便算合法,但同族先买权一直被延续下来。③

　　在寺北柴的阶级冲突中,宗族亦发挥着一定的组织作用。如果一个地主(不论其属于哪个宗族)向佃农要求高于常规的地租,则佃农所在的一族联合起来就会拒绝租种该地主的土地。例如,在 1931 年,当物价下跌时,宗族联合其成员,成功地迫使地主降低货币地租。有时为了壮大自己的队伍,佃农还将同姓(但不一定同族)的人联合起来。④ 所以,在缺乏阶级意识和组织

---

① 见戒能通孝:《华北农村惯行概况》,第 105 页。
②《惯调》第 3 卷,第 250、253 页。
③《惯调》第 3 卷,第 289 页。
④《惯调》第 3 卷,第 97—98 页。

而宗族之中又未过分分化的村庄，人们往往以宗族为合作单位并且在必要时采取共同行动。

其他调查村庄的宗族组织不如寺北柴那样强大，但其宗族仍不同程度地发挥着一定的作用，而侯家营的状况与寺北柴最为相似。

侯家营距辽宁边界不足 80 公里。自 19 世纪末期以来，东三省向汉人开放[1]，由于不少人到关外做工汇回或带回银钱，故与寺北柴相比，侯家营较为繁荣富裕。根据保甲统计，该村有 96 114 户人家，其中侯姓最多，为 84 户，占全村总户数的 73.7％。侯姓分为 3 门，其中最大的一门 68 户，其余 2 门分别为 6 户和 18 户。此外，该村尚有刘姓 10 家，王姓 6 家，陈姓 5 家，其他数姓仅为 1 家或 2 家。[2] 另一个材料记载了各族（姓）合计占有土地（非共同族产）亩数，其户数统计与上述数字略有出入，但据此还是可以看出各族贫富状况[3]：

族姓	土地面积（亩）	户数	户均土地（亩）
侯	2 000	89	22.5
刘	500	9	55.5
王	100	5	20.0
陈	50—60	5	约 11

尽管侯姓人数最多，占有全村土地的绝大部分，但其户均土地面积尚不及刘姓户均土地面积的一半。可能由于刘姓较为富有，故虽然其人户不多，但在村务中起着较为重要的作用。

---

[1] 罗伯特·李：《清史中的东北边疆》，第 103 页。
[2] 见《惯调》第 5 卷，《侯家营概况》第 5 页；《惯调》第 5 卷，第 5 页。
[3] 《惯调》第 5 卷，第 149 页。这些数字只涉及这些宗族在该村中的土地，另一种计算方法得出该村户均土地面积为 30 亩。

除去那些仅有一两户的小姓,侯、刘、王、陈4族于清明节时都在族墓前集会祭祖,称为"坟会"。[1] 刘姓在寒食节时除祭祖外尚聚餐,其费用从该族的"入会金"所得利息中支出。[2] 自19世纪60年代起,侯氏家族亦有清明会基金,清明时杀3头猪祭祖,礼毕后会餐。但是,1921年之后,这种仪式渐渐消歇。据村民讲,这是因为该村经济状况今不如昔。[3]

进一步调查发现,由合族各家凑钱举办的祭祀仪式大约是在1920年突然中止的,因为那年摊款和军队勒索过重,农户无余钱可出。[4] 20年代初期,冀东地区战事不断,先是直皖之战,接着,奉、直军队又在这里展开激战。[5] 但是,摊款和勒索并未完全中止侯氏宗族的活动,较为富有的各家仍联合起来祭祖会餐。侯氏3门,特别是拥有68户的最大1门,还根据"五服"(血缘亲疏远近)分为不同"小股"。1921年全族祭祖活动停止后,许多小股各自筹钱买猪祭祖,并在自己的祖墓前会餐。不过,并不是所有小股都得凑钱会餐,它们渐渐地放弃了这一宗族性活动仪式。[6]

不难看出,若因经济原因而无法组织全族性活动时,族中较富有者便分裂出来自己活动,这与弗里德曼所描述的华南宗族状况基本相似。在那里,随着贫富分化,宗族亦开始分裂组合。[7] 值得注意的是,在侯家营,宗族的分裂组合是内外部压力造成

---

[1]《惯调》第5卷,第31页。

[2]《惯调》第5卷,第109—110页。

[3]《惯调》第5卷,第81、83—84页。

[4]《惯调》第5卷,第56页。

[5] 薛立敦:《分裂的中国》,第61—64页。

[6]《惯调》第5卷,第70、115页。

[7] 弗里德曼:《中国宗族与社会》,第130—140页。

的，而且，其分门别股在一定程度上仍以血缘远近为标准。

在侯家营，族长的权威不如寺北柴那样强大，而富有并受过教育的人在族中的威望却很高。但是，分析家产、收养义子，甚至田地买卖，仍得族长同意画押。并且，如同在栾城县一样，当宗族成员被卷入官司之中时，县官往往召族长询问情况。[①] 在同族相济方面，宗族往往将族田（如果有的话）租给同族中较贫者，由他象征性地交点地租或仅为清明祭祖提供点祭品和香火。据村民声称，从前族中善举甚多，但到了 20 世纪 30 年代，宗族只是偶尔地帮助一下族中残疾者而已。[②]

在经济方面，宗族仍是希望族中成员（若出卖土地）将土地卖给同族之人，若将土地卖与族外之人，则买主应请卖主、中人以及买主同族部分成员吃饭。在更早以前，则尽其所能宴请更多的人[③]，通过宴请，使其买卖得到公认，以免卖方宗族运用其习惯权力挑起争端。

同族成员之间借贷往往无息，即使对一年或一年以上的借款收取利息，其利息率亦比向族外人借款低 10％。[④] 借贷圈子较大，往往涉及一族，而其他经济互助，如共用大的农具，则以上面提过的"门"或"股"为单位。[⑤] 当然，同门、同股之间的互助合作并不是无条件的，经济协作的双方在人力、物力上更基本相当。不然，时间一久，一方会觉得吃亏，无疑，这一条件使许多同门、同股之人被排斥在合作对象之外。

---

① 《惯调》第 5 卷，第 44、70、88、208 页。关于族长被召往县城商议事情，见《惯调》第 5 卷，第 76 页。

② 《惯调》第 5 卷，第 72、84、168 页。

③ 《惯调》第 5 卷，第 217—219 页。

④ 《惯调》第 5 卷，第 25 页。

⑤ 《惯调》第 5 卷，第 143 页。

另一宗族作为较为明显的村庄是山东省的后夏寨。该村130户人家,主要宗族有王姓(51户)、马姓(30户)、吴姓(18户)。① 以上3姓不是在清明,而是在正月初二上坟祭祖,称为"宗祖会"。② 吴姓有族谱——这在"满铁"调查村庄中并不多见,该族谱由族员轮流保管。由于族中贫者无力备办供饭,故也无权保管族谱,不过,他们可以参加祭礼仪式。③

这里的族长亦缺乏寺北柴村中族长那样的权威,但分家析产时,族长往往被请为调解人。④ 该村3族各有数亩族田,租给族中贫困者耕种。即使族中土地较多者,亦往往出租给同族之人,在实行分成制的租佃关系中更是如此,因为分成制要求租佃双方互相信任,不然,则有佃农谎报收成之虞。⑤ 向同族借贷较为普遍,而且,若是将土地卖给五服之内的同族成员,则不需签立契据。⑥

在其余3个村庄,宗族的作用十分有限。城市周围村庄中宗族势力似乎较弱⑦,如顺义县沙井村,位于北京东北;良乡县吴店村,在北京之南;历城县冷水沟,邻近济南。以上之村邻近城市,土地买卖较频,人口流动较大,同族相邻而居和土地基本相连的状况已被打破(见下节)。当然,邻近城市并不是造成这种现象的唯一原因,清军入关后在京畿地区圈地移民也削弱了宗族势力。

---

① 《惯调》第4卷,《后夏寨概况》第10页。

② 《惯调》第4卷,第410页。

③ 《惯调》第4卷,第440页。

④ 《惯调》第4卷,第444页。

⑤ 《惯调》第4卷,第468、471、478页。

⑥ 《惯调》第4卷,第482—483、502、504页。

⑦ 水野薰:《华北农村》,第17页。顺便提一下,于20世纪30年代在华北作过广泛游历的水野薰认为,乡村居民的宗族意识比城市居民强烈。

不过,这并不等于说在以上 3 村中宗族势力毫不存在。事实上,冷水沟的李氏家族不仅有族谱,而且有祠堂。但是,到"满铁"人员调查时,族谱和祠堂已无什么作用。[①] 而且,不但合族,就连各门似乎也不再举行集体祭祖仪式了,只是由各家自行扫墓而已。宗族虽有祖茔地(老坟),但不少人家另找墓地,这并不是因为祖茔地太小不足营葬,而是族中已出现裂痕,族众为争取好风水,打乱了昭穆埋葬制度。[②] 这种分裂表明某些有财有势的大户要从大宗族中单分财产的企图。这种分离倾向在沙井和吴店也同样存在。[③] 在村政方面,宗族几乎不起什么作用。

归结:在第一组村庄(寺北柴、侯家营和后夏寨)中,尽管没有庞大的共同财产,宗族在村庄生活中仍起着重要的作用,同族成员之间在社会和经济活动中有不少协作,这在祭祖、借贷和土地买卖上表现得最为明显。族长权威在较为贫穷的寺北柴最强,而在较为富裕的侯家营较弱。[④] 但更引人注目的是 1921 年以前以祭礼仪式为中心的宗族团结,后来虽然环境变化,但宗族仍力图在小范围内保持血缘团体。

虽然家庭意识已深入中国文化的各个层次,而且在某种意

[①]《惯调》第 4 卷,第 72—74、136 页。

[②]《惯调》第 4 卷,第 74—75、82 页。

[③]《惯调》第 1 卷,第 242、257、489 页,此为沙井村的情况;关于吴店村的情况,见《惯调》第 5 卷,第 469—470、473 页。

[④] 值得一提的是,寺北柴的状况为一般流行论点,即为宗族势力的强弱与该宗族的贫富成正比的论点提供了有趣的反证。在寺北柴,特别是在该族最为贫困的郝氏宗族中,村民们穷急之时通常是向同族人求救。我们可以推测,在华北某些贫穷的村庄中,那些没有多少共同族产的宗族,虽然它未能担当起乡村社会中的促进力量,但它起到保护同族人利益的功能。从这个意义上来说,类似村庄但比村庄规模为小的宗族的力量与其共同族产的多少并无直接的关系。事实上,在一定程度上,宗族内部的团结可以弥补其资财的不足。

义上成为儒家学说的组成部分,但在乡村社会中,以宗族为代表的血缘团体仍占重要地位。这不仅因为宗法思想更为符合官方的尊祖忠孝教义,而且,宗族可以约束其成员使其言行更为符合封建的道德和行为规范。正因为如此,宗族成为村庄公务活动的合法组织者。[1]

宗族范围、管理形式及村庄政体

宗族势力的强弱主要体现为其在农村政治体系中的作用是否重要。一般来讲,宗族势力越强,其在政治中的作用则越活跃。在"满铁"调查的 6 个村庄中,宗族在寺北柴、侯家营、后夏寨村政中作用较强,对其余 3 村村政影响则不大。

为了便于治理并从事其他公益活动,一个村庄往往分成几个居住相邻的地缘集团。在寺北柴、侯家营、后夏寨以及其他许多留有资料的村庄,人们往往聚族而居,故"血缘团体"与"地缘团体"基本重合。所以,在这些村庄,行政划分往往以宗族或门股为基础(只有一两户的各姓联合起来算作一组),每宗或每门派一会首进入村公会。所以,在村庄一级,村公会成员的构成往往由宗族势力来决定,换句话说,血缘划分与政治领域相重合。

从历史上来看,封建国家控制乡村的下层组织(保甲制与里甲制),与"土生土长"的乡村宗族及庙会组织之间关系一直含混不清。封建国家为维护封建道德及行为规范,有时利用和支持

---

[1] 王刘慧辰:《族规研究》;科大卫:《中国乡村社会结构》;伊沛霞:《宋代的家庭概念》,第 231—232 页。伊沛霞说明了"宗"的思想在宋代得到传播并为后世所接受。事实上,不少寺北柴被调查村民非常明了官府对宗族的态度以及约束族员行为的各种族规。

宗族势力。但是在此时，为了防止族权过大，它又禁止宗族势力过分干预行政事务。① 所以，在国力鼎盛之时，保甲制可以起到抑制宗族势力的作用。但到了 19 世纪末 20 世纪初，宗族势力与保甲组织相互混合，成为权力文化网络中的一个重要环节。

孔飞力指出，官方的地域组织与民间的自发组织之间的关系十分复杂②，如在下层行政方面，官方往往依民间组合来划分行政区域；反之，在行政区域内亦会产生民间组织。在莫卧儿时期的印度北部，虽然征收赋税的单位帕格纳是按地域划分的，但它与宗族的控制范围往往一致，因为国家得依靠族中精英来征收赋税。地域划分有时也可以不考虑乡村社会所有的内部联系，如中国征赋单位"图"的划分即是如此。在这种情况下，"图"中会产生新的组织，或者原有组织会扩大其职能，以完成与地域区划相应的职责和义务。

宗族与保甲及里甲组织之间的关系很值得探讨。在我们研究的村庄中，人们常常遇到"牌"或"十家"之类的村内划分，这可能是原来保甲或里甲制的遗留。在清中叶，"牌"有 10 家，是保甲制的最下层③，"十家连坐"指的当然亦是"十家"④，有时称"十家"为一"组"。但在有些村庄，"组"不是一个行政区划单位，而是宗族组织中"门"的别称。

保甲或里甲的划分与设想中的十进位制并不完全符合，而且到了清末，"牌""十家"等划分渐渐以宗族为基础。具体表现为：第一，一牌不一定非得由 10 家组成；第二，牌中往往包括居

---

① 王刘慧辰：《族规研究》，第 28—29 页。
② 孔飞力：《民国时期的地方税收与财政》，第 101—102 页。
③ 萧公权：《中国乡村》，第 28—33、53—54 页。
④ 松本善海：《中国村落制度的历史研究》，第 510 页。

住并不相邻但同属一族的人家。

地缘组织与血缘组织的重合在河北省邢台县小吕村表现得最为明显,该村有 4 大族,基本是聚族而居,以族为基础分成 4 牌。"牌"无固定的牌头,而由族长代行牌头职权,族长之下有小头儿、管账、管钱等人员,他们不仅管理族中事务,而且处理与行政有关的牌务。此外,各族有自己的宗祠,这不仅是宗族的象征,而且是全牌的标志。①

造成这种重合大约有两种过程:其一,从一开始,地域组织(保甲和里甲)的划分便以早已存在血缘组织为基础,这在南方大约最为普遍。因为众所周知,南方的宗族势力较强。根据片山刚的研究,在珠江三角洲,相当于里甲的图甲制划分与宗族中的宗、门划分完全重合,国家通过宗族组织征收赋税。②

其二,在 19 世纪,国家控制的乡村组织(保甲制与里甲制)日益涣散,宗族组织便起而代之,侯家营即是如此,由宗族中的"组"推出会头。尽管"组"仍称"十家"(即保甲中的"牌"),但实际户数不止 10 家,它由一个宗族或宗族中一门组成,个别人户甚至居住于另一街巷。③ 如果一个家族少于 10 家,则两三个族姓联合起来。总之,人们尽量与同姓编入一组。④ 如此,保甲组织失去其"相邻连坐、互相监督之实",而渐渐由宗族组织所代替。

不论采取哪种方式,从史料中可以反映出来,保甲首脑全为宗族首领所充任。宗族首领利用官府赋予保甲组织的权力进一

① 《惯调》第 6 卷,第 244 页。在该村中,村长由 4 牌牌头轮年充任,据称村民一致投该轮充任者的票。
② 片山刚:《清代珠江三角洲的图甲制》,第 27 页。
③ 《惯调》第 5 卷,第 9、18、44 页。
④ 《惯调》第 5 卷,第 18、44 页。

步巩固和扩大其对村庄的控制。可以说,血缘团体和行政区划
是同一乡村社会实体的两个侧面,它使宗族组织更为"正统化"
104 "官方化"。这使我们更清楚地看到作为文化网络中重要因素的
宗族是如何担当起组织下层政体的重任的。尽管官府有时对宗
族势力的膨胀持怀疑态度,但它更为赞赏宗族在农村中维持封
建伦理及秩序的作用。

甘博对华北农村的调查提供了一个宗族组织如何介入乡村
政体的事例。该村位于北京城东北,是由明朝著名太监王炎建
立起来的:

> 王炎购买了该庙周围的大片土地,并将其侄子和外
> 甥两家移居于此,以便照看该庙香火并耕种所购田地,这
> 是该村的第一批居民。由于两家源于同一祖先,故庙和
> 田产归两家共用,也可以说是全村公产。尽管如此,两家
> 及其后代仍认为自己属于不同的宗姓,随着人丁繁衍,他
> 们向不同的方向扩建房屋,分化越来越明显。到调查之
> 时(20世纪30年代初),两家(均改为他姓)已彻底分开,
> 宋氏居于村东,而张氏居于村西。在村政上,宋氏一族
> (王炎侄子的后裔)占主导地位,在村公会构成中,宋氏与
> 张氏的比例先是7:3,后来成为3:1。①

在"满铁"调查村庄中,如人们所预想的那样,居住形式最符合
宗族原则的是寺北柴村,因为那里的宗族势力最为强大。有幸的
是,当年调查人员绘制了该村的村落图(见图4)。该村东北方是一

---

① 甘博:《华北农村》,第143—145页。

条南北向主街,张氏大门多面向此街,而郝氏一族的大门开向另一东西向的大街。这两条街历史最为久远,而且是村落主体,如果郝姓房屋位于南北向大街,则房主尽力将其大门设为向南或向北(不向大街开放),反之亦然。在图中,我用箭头标出这样的门户。这表明,各族力图在居住上划清与他姓的界线。

另一东西向大街,在郝氏大街之南,两边主要为徐姓居住,该街西端有一南北小街,北边为徐姓,南边为郝姓分支。在村后西南部,南北向主街主要为刘氏居民,而东西向大街则由王、赵两姓居住,即使在这里,同姓也尽力相邻而居。

访问资料表明,村民们确实有意识地选择这种街坊形式,他们不仅力求同族聚居,甚至希望同族土地连在一块,当然,后者很难达到。① 在寺北柴,除政治作用外,宗族以街为单位,还担负起组织看青和巡夜等责任。②

105

106

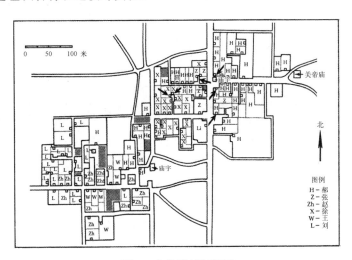

图4 寺北柴村村落图

①《惯调》第3卷,第54页。
②《惯调》第3卷,第66页。

不过,寺北柴宗族组织最重要的功能可能是举办灯会(称为"神栅会")。寺北柴很少有全村性活动,但直到 20 世纪 40 年代,各宗族仍组织灯会,从正月初一延续到正月十五,各街有大头、小头,向各户筹钱买灯。在街中心搭建神栅,高挂彩灯,烧香祭神。1940 年左右,由于费用不赀,灯会停办。①

寺北柴的"积谷会"由各宗族代表组成。在 1929 年国民政府统一北方并重建间邻组织之前,该村"积谷会"有 12 名"董事"(或称"公正"),5 大族各出 2 名,其他名姓共选 2 名。该职一般情况下是父子相承,如果缺嗣,则由董事们从宗族另选一人充任。② 这种选充方式在北方各村甚为普遍,它说明尽管村政体以宗族为基础,但政治代表并不是由全族选举的,而是由各族精英派定的。

与寺北柴一样,侯家营各族大体上也是聚族而居,而侯氏各门,更是门户相连。在 1911 年以前,村务由 8 名会头(亦称"董事")主持。③ 每一会头代表一"十家"(亦称"组")。如上所说,"十家"皆以宗族或门股来划分。

1911 年以前,村公会是一松散组织,没有正式选定会长。如在寺北柴,各董事基本上代表不同的宗族,但各宗族实际并不选举代表。当一董事去世之后,其他董事共同议举一人,然后由该宗族确认一下,当然,这只是形式而已,尚未发现未获批准的事例。④ 村公会的职责包括:定期召集村民挖沟浚河以防洪水泛

---

① 《惯调》第 3 卷,第 302 页。
② 《惯调》第 3 卷,第 41 页。
③ 《惯调》第 5 卷,第 9 页。该村村落图见该卷末页。
④ 《惯调》第 5 卷,第 9 页。

滥、组织护秋和巡夜、调解村民争端、沟通村庄与国家的关系。①

"满铁"调查村庄中第三个由血缘团体决定村政代表的是后夏寨。该村落划分为 3 大块,称为"牌",每牌中多数居民属同一宗族,东牌为马姓,中牌为王姓,西牌为魏姓。1929 年以前,由 3 牌(族)口头推举代表(亦即牌长)组成村公会。从代表推举上可以看出,村公会是由宗族组织操纵的。②

108

问:是不是由族长担任牌长?

答:1929 年以前,宗族协商推举一有才干之人,由族长告知庄长推举结果,可以说是由占统治地位的宗族推举牌长。后来,牌中所有成员到村公所选举牌长。

过去在华北地区所作的人类学研究亦发现血缘集团与公务范围的"巧合",我们从杨懋春、伊莎白·柯鲁克(Isabel Crool)和田德一的著作中可以找出这样的事例。③ 根据庄士敦对 19 世纪末 20 世纪初山东威海卫地区的描述,那里有不少单一宗族的村庄,与其说水井、道路是村庄"公产",还不如说它们是某一宗族或某些宗族的"族产"更为准确。④ 尽管这只是山东一隅的事例,但庄士敦的归结对华北地区具有普遍意义,这点正是我要说明的。

其余 3 个"满铁"调查过的村庄没有聚族而居的记载,这可能与它们有较大比例的流动人口有关。但是,在顺义县沙井村,

---

① 《惯调》第 5 卷,第 22—23、43、304 页。
② 《惯调》第 4 卷,第 424—425 页。
③ 田德一:《一个农村组织之研究》,该文描述了 1934 年时河北省安次县大北隐村的社会结构。又参阅杨懋春:《一个中国村庄》;伊莎白·柯鲁克:《一个中国村庄的革命》。
④ 庄士敦:《狮龙共舞》,第 157—158 页。

几大块街坊的多数居民分别属于不同的姓氏，这表明该村从前
亦有聚族而居的现象。

宗族政治与国家政权的深入

我们已经看到，许多村庄村公会的组成是各宗族之间达成
的默契。宗族之间的关系到底怎样？进入 20 世纪以后国家政
权的深入对村公会产生了怎样的影响？芮马丁（Emily Ahern）
根据中国宗族组织内部的不同关系，将宗族组织分为 3 种类型。
第一种类型为单一宗族占统治地位的村庄，宗族内部分门较细，
门户观念较强，门户利益高于整个宗族的团结。第二种类型为
势力相当的多宗族村庄，各宗族之间既有合作又有竞争，促使同
族更为团结，一致对外。第三种类型亦是多宗族村庄，但其中某
一宗族势力较其他各族为强，这可能导致大宗族控制小宗族，或
者是众小宗族联合起来与大宗族相抗衡。①

只要我们以辩证的观点看问题，则以上 3 种类型的划分亦
适合于华北社会。如在侯家营和寺北柴，一个较强并分门别股
的宗族与其他宗族并存，后夏寨则介于上述第二和第三两种类
型之间。为了弄清华北宗族之间的相互关系以及国家政权对宗
族结构的影响，我将探讨并描述宗族发展的轨迹。这里先从芮
马丁所称的第一种类型开始，接着是第三种类型的村庄，而以第
二种类型结尾。

根据山县干树的调查，大多数华北村庄起初都是单姓村

---

① 芮马丁：《一个中国村庄中对亡者的崇拜》，第 250—263 页。

落①,故我们的探索亦从单姓统治型村落开始。村中现有大姓(或单姓)不一定是该村的第一批开拓者,他们可能是劫后余生者。② 在其他宗族壮大并作为独立力量活跃起来之前,我们可将其归为第一发展阶段,亦即单姓宗族占统治地位时期。从发展的观点来看,我们很容易理解为什么不少村庄同时带有芮马丁所谓第一、第三种宗族类型的特征——它们正处于转变过程之中,侯家营即是一个典型:侯姓人数众多,而且分为数门,但同时村中又有其他几个宗族。

在宗族发展的第二阶段,宗族之间关系与芮马丁所述第三种类型十分接近:一个大族与联合起来的小族并存。40年代时后夏寨分为3牌,各牌由一个姓氏操纵,但在分为3牌之前,马氏一族最为强大,经常欺压其他各姓,宗族之间争吵 *110* 不断。后来,村庄分为3牌,各举牌头,"分而治之"。③

静海县上口子门村的宗族处于由第二阶段向多宗族既合作又竞争的第三阶段过渡之中。该村有85家,其中30家属于两个李氏宗族,直到30年代之前,主要由李氏把持村务,后来才由各宗族举一村副,由村长(后称保长)和5位村副组成"村委"共同处理村务。④ 村民们觉得,这种"代表制"十分方便,因为族内

---

① 山县干树:《村落起源》。

② 正如甘博所描述的那样,并不是所有的村庄都起源于单姓(见《华北农村》一书)。根据宗族间的关系,发展轨迹的起点可能在第一和第二阶段之间,也可能在第二和第三阶段之间。更有趣的是,据田德一讲,尽管田氏宗族是大北隐村中历史最久、人数最多、势力最大的宗族,但它并不是该村中第一批居民,其初始居民不是绝户便是迁往他方(见《一个农村组织之研究》)。从这一事例中可以看出,如果数个势均力敌的宗族中的某一宗族战胜其他宗族而存在下来从而扭转了村庄的毁灭,那么,发展轨迹可能在某一阶段受阻(中止)或进入循环状态。

③《惯调》第4卷,第424页。

④《惯调》第5卷,第652页。

人比族外人更为了解本族事务，更能代表本族利益。[①] 这可能是随着摊款的增加，村公会的决定（如摊款比率）对村民经济利益的影响越来越大，各宗族便纷纷要求有更多的发言权，以打破李氏宗族对村务的垄断。

当然，由第二阶段向第三阶段的转变并不是不可避免的，当弱小宗族并未壮大时，这一转变便不可能发生，但转变是总的趋势，不变只是例外。促成过渡的原因不外有两个：弱小宗族人丁户数增加或如侯家营刘姓那样经济实力壮大。在这一转变过程中，还往往伴随着宗族之间的斗争，它虽然未发展成南方那样的大规模械斗，但相对而言，过渡时期的宗族争斗最为频繁和"激烈"。进入第三阶段之后，宗族之间虽然还有矛盾，但协商处理村务则在一定程度上缓和了宗族冲突。

伊莎白·柯鲁克曾描述了山西省十里店村的宗族争斗与合作。十里店紧邻河北省界，故亦可反映河北状况。该村大部分居民属于3族：王氏居于低处，傅氏和李氏居于高处，称为"寨"，3族均有祠堂。每年正月十五，3族举办灯会，并象征性地互斗戏谑。伊莎白写道：有时这种游戏会发展成真的斗殴，这种游戏标志着各族之间的竞争，特别是处于低处的王氏宗族人多势众，与依寨而居的傅氏和李氏之间的竞争最为激烈，有时傅氏和李氏之间亦你争我斗。[②] 十里店宗族之间的竞争与和解表明，其宗族关系处于第二阶段后期或者说已进入第三阶段。

进入20世纪后，外部环境的变化，特别是国家政权的深入，对宗族权力结构及其变化到底产生了什么影响？先说明一下，国家

---

① 《惯调》第5卷，第654页。
② 伊莎白·柯鲁克：《一个中国村庄的革命》，第12页。

政权的深入亦可分为3个阶段:第一阶段,自1900年至国民政府恢复间邻制的1929年。随着国家政权的深入,捐税增加,村务扩大,这使宗族之间的争斗更为激烈。在后夏寨,分配摊款及劳役时,庄长往往偏护同族之人,但只要不超越界线,其他村民便忍而不言。[①]

杨懋春对山东省台头村的描述更具有代表性,该村有3个大族,并有其他小姓。潘氏宗族最大,分为数门,但居住已经分散,而陈氏和杨氏基本上仍保持了同族聚居。[②] 村内竞争主要在人多势众的潘氏和正在上升的陈氏、杨氏之间展开。为了维护宗族名誉,潘氏和陈氏之间常常发生殴斗。但总的来看,台头处于由第二阶段向第三阶段过渡时期。随着公务范围的扩大,控制公共资源和机构的斗争更为明显,例如,在台头村,若无各宗族代表在场,任何选举均告无效。[③]

为控制学校管理权而发生了一场持久争斗。村学原为潘氏 *112* 私塾,后来陈氏和杨氏觉得其子弟在学校中未受到平等待遇,便另开设了一所小学。1900年后,国家干预增强,而且基督教亦传入台头,这使情况更为复杂。原潘氏私塾成为公立小学,得到县政府的承认和拨款,而另一小学成为教会学堂,这使两校争夺公款的斗争愈演愈烈。为平息矛盾,一度采取分区就近入学的办法,但当有人提议合并两校财产时,斗争又爆发出来。潘氏认为合并的目的是要动摇其在村中的地位,宗族之间对抗情绪上升,时任村长为潘姓,而他不得不偏向自己宗族一边。[④]

侯家营的宗族竞争亦被激化。侯氏人多势众,而刘氏财大

---

① 《惯调》第4卷,第409页。
② 杨懋春:《一个中国村庄》,第134—135页。
③ 杨懋春:《一个中国村庄》,第175页。
④ 杨懋春:《一个中国村庄》,第161—162页。

气粗,宗族争斗从一块匾额上可以反映出来。此匾是1880年左右人们送给一位侯姓绅士的,以表彰他在处理公务方面的杰出贡献。这些公务包括调解争端、赈济贫民、协助村民打官司等。值得注意的是那串送匾人名单,在45人中,有4位为村会头(两姓侯的,一位姓孔,另一位姓陈),5位是外村人,另27位姓侯,其余9位来自村中除刘氏以外的各姓。刘氏是村中第二大姓,而且户均耕地面积是村平均数的两倍。据村民讲,匾上无刘姓之人,是因为刘氏与侯氏素不相好。①

1900年后,侯氏与刘氏的争斗亦趋激烈。1921年,摊款比率大幅度提高,土地贫瘠者无力交款,为此侯家营重新丈量全村耕地面积②,其目的是要划分土地等级。但在丈量中发现许多未登记入簿从而不纳税款的"黑地",隐地者之一姓刘,时任村长。3位侯姓会头要求将瞒地者告到县衙,后经讨价还价,此事没有弄大,查出土地补入地亩账,但两族间的关系由此进一步恶化。村长和村副被迫辞职,由两位侯姓之人继任。而且,在新村公会中,无一姓刘之人。此后虽经多次调解,但刘、侯两姓互不说话达数年之久。③ 从这一事例中还可以看出宗族领袖与官府势力的关系,从而展示文化网络的内部结构,对此点我后面将详细论及。

不难看出,在国家政权深入乡村的初始阶段,公务范围的扩大引起公款增加,从而加深了各宗族之间的竞争,而这一竞争又促进了宗族组织向第三阶段的过渡。在这一转变中,弱小宗族可能借用国家权力深入的机会来提高自己的竞争力。在那些已

---

① 《惯调》第5卷,第38页。
② 《惯调》第5卷,第56—57页。
③ 《惯调》第5卷,第57页。

经进入或接近第三阶段的村庄(村公会由各宗族代表组成),竞争的激化可能会动摇暂时达成的政治妥协,侯家营和台头村即是如此。虽然共同防卫的需要等因素可能会缓解宗族争斗①,但对公款及政权的争夺无法使宗族之间完全和解。

可能有鉴于此,国民政府力图改变这种以宗族划分为基 *114* 础的乡村政治体制,它标志着国家政权深入乡村的第二个阶段已经开始。1929 年,国民政府推行 5 家为邻、5 邻为间的间邻制。在寺北柴,间邻制基本上替代了过去的宗族代表制。在后夏寨所在的恩县,县政府未实行间邻制,但日军侵占该县之后,恢复了保甲制。② 由于横征暴敛和强行专制,国民政府建立以户为统治基础的努力收效甚微。而且,由于切断了宗族与乡村政体的纽带,这使新的村政权失去旧有的在文化网络中的合法性,同时,国家政权亦堵塞了一条传达其旨意予乡村社会的渠道。

不过,从宗族势力的强盛及其与官方组织的历史关系来看,

---

① 在河北省安次县的大北隐村,4 个拥有宗族意识、族产,并举行集体仪式的主要宗族,各自主宰着享有很大自治权力的居民区域。在清末民初的"新政"之中,这 4 个区域合成一个村庄,拥有一个村公所,但是,基于血缘聚落的划分仍然得到承认和尊重。这 4 个宗族之间,特别是田氏和王氏之间,充满了竞争,这在群体意识方面表现得更为明显。王氏比田氏人口为少,而且经济实力不如田氏,但王氏以自己族人中受过传统教育者较多而自豪。随着基督教传入该村,人数众多的田氏为了与王氏抗衡,接受了西式教育。这样,王氏更以传统的中式学校的保护人的身份自居。民国时期村庄中关于教育方式(旧学和新学,即中式私塾教育和西式学校教育)的竞争表明,新式精英的价值观念已被成功地传入农村。在大北隐村,过去四族之间的竞争逐渐演化为以田氏和王氏为中心的两个"阵营"之间为争夺政权的争斗。不难看出,新的政治观念和资本的引入,首先造成宗族之间的重新组合。据说,进入 30 年代以后,宗族之间的争斗减弱,但不知这是由公事事务(如村庄自卫)的扩大要求更密切的合作造成的,还是由政府倡导的基层政权变革(将权力分散于来自各宗族的代表们手中)造成的。参见田德一:《一个农村组织之研究》,第 109—114 页。

②《惯调》第 4 卷,第 404—405、450 页。

人们不难得出结论:闾邻或保甲组织取代宗族组织的时期不会持久。事实上,不少下层组织只是改头换面的宗族组织而已。侯家营即是如此。1940 年,日本人推行保甲制,其中"甲"与传统的宗族组织中的"组"或"十家"基本重合。[①]

尽管如此,进入 40 年代以后,宗族组织已难以保持其传统的政治作用。1941 年,日本侵略军在占领区推行"大乡制",这标志着国家政权的深入进入第三阶段(后面将详论)。这种以 1000户为一大乡的编乡制将权力集中起来,破坏了村级代表制组织,在大乡制推行较彻底的地方,宗族势力被排挤出政权组织之外。不过,在相当一段时间之后,宗族组织也可能向村外发展,构成血缘及政治新关系,以适应跨村界的大乡制,宗族关系的发展可能进入新阶段。

两种理想的村庄类型

与第一组村庄(在那里宗族组织与乡村政治紧密相关)不同,第二组村庄(沙井村、冷水沟、吴店)对全村性的宗教活动非常重视。自然,其村公会不是由宗族代表组成的。在这些村庄,乡村精英们赖以发挥其社会责任和领导才能的组织纽带有极强的宗教色彩。

下章将详细讨论宗教问题。这里,我将继续探讨清末村庄的类型。当然,如同区分其他社会类型一样,如果认为各类型之间毫无相似之处则是完全错误的。

宗教和宗族意识在不同程度上均发挥作用,使所有村庄与

---

① 《惯调》第 5 卷,第 13、18 页。

上层社会组织发生关系。即使在典型的宗族型村庄(寺北柴)和宗教型村庄(沙井村),均可以从对方村庄中发现宗教和宗族组织的影子。

如在寺北柴,每年十月十五日参拜观音老母庙,这与宗族组织无什么关系。更为明显的是,到庙烧香念佛的多是妇女,而且不限于本村之人。[①] 组织这一活动的不是村公会,而是由抽签决定的观音会会首。[②] 正因为如此,我将寺北柴归入宗族类村庄。与此相反,沙井村亦有宗族团体,在该村 70 户人家中,有 36 户属于 3 个较大的宗族。[③] 在任何时候,这 3 个宗族的人在村公会中都占有一半至 2/3 的席位,这表明该村尚有宗族代表制的遗痕。但是,如同我们前面所说,该村的政治划分并不是以宗族或门股为基础的。

在侯家营,宗族对街坊规划和政权结构起着重要的影响作用,故我将该村归入宗族型村庄。但正是在此村,两种类型共同存在表现得十分明显。该村有老爷财神庙和五道庙,在老爷和财神圣诞时由会首主持祭祀。[④],这表明村领袖们在宗教方面都起着主要作用。1864 年,一块石碑上记载着由村领袖们发起修葺庙宇。但值得注意的是,发起修庙的 4 个会头均姓侯,而且该庙地产是由侯姓祖先捐献的。[⑤] 所以,在侯家营,虽然宗族活动较为突出,但起操纵作用的仍是侯氏一族。

如上所述,自 19 世纪末期以来,东北地区向汉人开放,侯家

116

---

① 《惯调》第 3 卷,第 43、82 页。
② 《惯调》第 3 卷,第 43 页。
③ 《惯调》第 1 卷,第 242 页。
④ 《惯调》第 5 卷,第 27、34 页。
⑤ 《惯调》第 5 卷,第 46、83 页。

营因此而富裕起来，这也使该村中一些非侯姓人家成为暴发户，他们皆出身于弱小宗族，其中一人在村中为孤姓。他们力图在非宗族性组织及活动中建立自己的权威和地位。由此看来，历史因素决定了宗族和宗教组织在华北村落中的共存。

最后，值得补充的是，宗族和宗教组织都不能完全解释村庄的领导结构和权力分配，它只是帮助我们理解在文化网络中合法权威赖以存在的重要基础。在宗教型村庄中——领导体系通过宗教组织表现出来——阶级背景、威信、才能是选举领袖的重要标准。在这类村庄中，由于宗族并未设立政治区划的标准，所以，它也未能推出经过充分选举的村级领导。结果，他们就要转向村庄的社区功能来表现自己的社会责任。在 20 世纪之前，村领袖们的主要社会职责是组织宗教活动。

在宗族型村庄中，宗族推举代表，从而决定了村公会的构成，但是，村公会的活动也是由物质因素决定的。宗族成员并不一定亲自决定谁代表他们，在通常情况下，村公会从适当的宗族中挑选与己类似的乡绅充任自己的接替者。可见，富有和个人威望亦是影响权力分配的一个重要因素，它表明血缘和经济状况在中国社会中互相混合，共同作用。

第五章 乡村社会中的宗教、权力及公务

只粗略地阅读一遍"满铁"调查资料，人们便会发现，在 20 世纪初期的中国乡村，大众宗教不仅有着重要的作用，而且变化无常。以前对乡村社会中宗教的社会和历史作用研究甚少，直至近年，人类学才涉及大众宗教，其目的是要阐明宗教和其他社会结构之间的关系，但也强调了大众宗教的职能及系统特征。20 世纪 70 年代中期以后开始的对白莲教运动的研究，很快便揭示出以前人类学对宗教的研究缺乏深度。但是，70 年代的著作主要是研究造反中的宗教因素，并不能完全概括一般情况下宗教的社会和历史作用。

本章将从社会学和历史学相结合的角度来研究作为社会进化过程中的宗教问题。从社会学的角度，我将考察宗教和其他社会现象，特别是权力之间的相互作用；从历史学角度，我将着重考察这一相互作用的变迁。在 20 世纪初期，这一变化主要是由国家政权深入乡村社会所引起的，它在共产党执政之前便开始改变宗教在社会中的作用。

乡村宗教的类型

宗教的等级制度、联系网络、信仰、教义及仪式是构成权力

的文化网络的重要因素。由于宗教在文化网络中发挥着多种作用，故国家政权的深入对不同的宗教团体所带来的破坏程度亦不同。为了更好地了解这一过程，我根据组织规模和联合原则将乡村宗教分为4种类型，这种划分比按宗教的功能分类更为合理，因为不同类型的宗教组织代表了不同的关系网络，所以，它对各种作用的反应亦不相同。

第一种类型的宗教组织规模较小，采取自愿参加的原则，没有全村规模的宗教仪式和活动。

第二种类型亦是自愿参加的组织，但其活动规模可能超出村界。与第一种类型不同，它是一种"超村庄"组织中的一部分，其基本活动受来自庄外的主导，为跨村界的纵向或横向联合组织，可能与市场体系相符，也可能不相符合；可能有严格的等级关系，也可能是无领导中心，只是同类团体之间的松散的横向联合。韩书瑞研究的白莲教起义中的秘密结社便是很好的典型。

第三种类型的组织规模与村界相符，事实上，在晚清时期，许多村庄除以村庙为中心的宗教组织外，再无其他全村性的组织。所有村民被自然而然地包括在宗教组织之中，而非本村人则被排斥在该组织之外。故其组织原则带有强制性，从这一意义上来讲，该组织将全村视为一个不可分割的实体，并由此而派生出许多必然结果：第一，村庙及庙田被视为全村共同财产，而修庙及维持庙祝生活的费用亦向各户征收；第二，这种宗教组织的会首往往还担负起组织全村性的非宗教活动的责任。这类宗教领袖将其活动视为全村"公务"，这从19世纪60年代开始出现的教案中得到反映。当时不少基督徒拒绝出钱和参加全村性的祭祀或其他"迷信"活动。查尔斯·利辛格（Charles Litzinger）分析了1860—1895年直隶乡村民教冲突（指普通民众与基督教教民的冲突)的不少案例,他发现村庄领袖和清朝官府皆认为这类宗教活动是为全村祈福禳灾,任何人不得退出。村领袖们常说:"龙王降雨大家受益,故人人都应该谢神。"①清末民初,当某些人企图侵吞庙产时,遭到全村人的反对,几乎所有的人都认为庙产归全村共有。

第四种类型的宗教组织兼具第二、第三种组织的特点。像第二类型那样,其组织范围超乎村界;同时,像第三类型那样,全体村民作为一个整体(被强制)参加所有活动。而且,村公会被视为该组织的一个分支,负责全村的活动并同上级联系。裴宜理(Elizabeth Perry)所研究的红枪会即属这一类型。

第一种类型:村中的自愿组织

这是一种自愿参加的宗教团体,规模很小,顺义县河南村为我们提供了这一组织的典型。该村有 4 个庙,各庙为敬神或庆典均设有庙会。19 世纪的一块碑上记有 17 个会的名称,有些会的活动一直延续到 20 世纪。这些会中有果供会(向关帝供奉水果和其他祭品)、虫王会、药王会和龙王会,它们各有自己的祭祀日期。此外,还有戏会和灯会负责节日狂欢。

这些小组织的会员限于向该会活动捐纳银钱或土地的人,捐纳最多的人成为该组织的首领,称为香首或会首。从石碑上 ¹²¹捐款数目下注有"租"字可以看出,这些组织往往拥有土地,用来出租。但到 20 世纪 30 年代末期,只有戏会尚有土地,而且仅存六七亩。在 18 世纪时,各会大约拥有更多的土地,如 1772 年立

---

① 利辛格:《华北地区庙会团体与村庄文化组合》,第 40 页。

的献戏地碑记中记载,仅关帝庙一家便有土地 72.4 亩。①

在大村庄中,宗教组织可能更多。昌黎县泥井村和定县翟城村即是如此,该两村人家均在 250 户以上,其中翟城村某些庙会拥有土地超过百亩。甘博指出,靠近北京的宛平县某村共 307 户人家,有庙 15 座,有好几个庙会,共有庙田 300 余亩。这些庙会(指围绕寺庙而形成的组织,并不是指今日以庙院为中心的集市——译者注)多由(但并不全是)村中绅士组成。②

较小的村庄中庙会较少,财产亦少,如后夏寨,仅有一个供奉泰山老母以祈求全家平安的小组织,称为"乡社"。邻近村庄也有类似的组织,但它们之间似乎没有什么联系。该组织成员(称为"社友")醵钱每三年到村东的沙岗子下祭祀泰山老母(称为"发驾"),然后会餐。有趣的是,这笔钱往往被用来作为钱会资金而贷给其成员,到"发驾"之时再由贷款人归还。③

无论村庄大小,这些自愿的宗教组织都往往与经济利益相关,它们或者拥有地产,或者形成钱会,使这类组织成为村中具有共同利益的小集团。当然,这些组织或集团尽管对乡村政治会产生某种影响,但总的来说,除其宗教职能外,其主要作用在于经济方面,而非政治方面。

第二种类型:超村界的自愿组织

自愿参加但联系范围超出村界的一个事例来自河北省栾城县,该组织不是纵向发展,而是像孔飞力所谓的"走街串巷式"的松散的横向联合。据栾城县一位科长讲,该县有许多由一村或

---

① 《惯调》第 1 卷,第 193 页。
② 甘博:《华北农村》,第 163 页;《翟城村志》,第 45 页;《惯调》第 2 卷,第 27、351 页。
③ 《惯调》第 4 卷,第 413—415 页。

两三村居民自愿组成的朝香及供奉苍岩山神的"朝山会"。① 该地区最大的庙会（集市）于每年三月十五日在苍岩山下举行。

这类香社有点像桑高仁所称的"包容式"组织，它往往跨越宗族和村界，会员多为信佛的妇女，而且与当地的神灵有关。桑高仁将此与有等级关系的地方守护神（有点类似我所区分的第三种类型）相区别，后者往往敬奉故去的封疆大吏，因此与国家承认的守护神相关。香社的成员有贫有富，不仅包括大量妇女，而且妇女在会中往往起组织和管理作用。这些乡社向途经本地的邻县进香者免费提供饮食，从而扩大了其联系范围。不难看出，其结社原则与流行的正统思想是有区别的。②

但是，尽管这类会社是非地域性和非正统的自愿组织，它们之中也有上下级统属关系，我们在河北省发现的 3 个事例即是如此。这 3 个组织皆属在理教，这是白莲教的一个分支，直到解放时在华北地区仍有活动。这 3 个组织结构与集市结构相符合，其组织中心位于市镇之中。③ 其他上下级组合虽然不以市场结构为基础，但是极像王斯福（Stephan Feuchtwang）所描述的台湾那种"分香"组织。④ 侯家营有 2 个此类组织，村人均称之为

123

---

① 《惯调》第 3 卷，第 355 页；孔飞力：《中华帝国晚期的叛乱及其敌人》，前言。

② 《惯调》第 3 卷，第 355 页；桑高仁：《中国宗教偶像中的女性》。

③ 关于这一类型的最详细的材料来自天津附近的一个村庄。据被调查者言，这一教派的教徒散布于全县以及天津城中。该村名为上沽村，属于天津县第七区，该村保长承认村中数人加入了该会。该会总堂（称"松柏堂"）设于具有约 1 万人口的大镇——小站。堂主住于圣仲庙（又称"松柏堂"）之中。周围约 20 个村庄的信徒于庙中各神圣诞（每年四次）时聚集庙中会餐并举行各种仪式。信徒在生病之时也向堂主（俗称"当家的"）求医，由他给"神茶"治疗。在入会或治病之时，信徒按其所能而捐赠钱文（《惯调》第 6 卷，第 226—227 页）。沙井村的在理教组织与集市中心亦有相似的联系（《惯调》第 1 卷，第 104、194 页）。第三个事例来自寺北柴，下面再论。

④ 王斯福：《文庙与城隍》，第 590 页。

"香火会"。其中一个与桥上(本区的一个村庄,并不是集市中心)龙王庙相关。另一组织到昌黎县北的水岩寺朝香。县城是全县的集市中心,但距侯家营较远,该村之人并不常到县城赶集。[1]

一些第二种类型的宗教组织虽然不是结社反叛朝廷,但是参与了地方上的日常政治活动。在20世纪30年代初期的寺北柴,有一人叫李严林,人称他为"土豪"。有一年当村长外出时,李严林到县衙谎称村民选他为村长,其实根本就没有举行过选举。李是一个在理教中很有影响的头目,而作为集市中心的县城中有不少理教信徒,这使李严林得以凭借宗教势力为所欲为,强迫村民多交捐税;当村民稍有违抗时,他便将村民捆绑起来送往县衙。在忍无可忍的情况下,邻闾长们代表村民到县衙控告李严林,县衙将其革职究办。[2]

最后一个事例来自沙井村。20世纪30年代末期,由于地方不靖,匪患成灾,先天道在顺义县传播开来,信徒不断增加。它的宗旨是自卫家园,并声称信教后则刀枪不入。县政府对这一组织深怀疑惧,但也无可奈何。1939年,顺义县政府禁种高粱,先天道却鼓励沙井村民(该村有10余人加入了先天道,主要是小自耕农)种植高粱,并保护收获,他们说到做到。[3] 如前一事例那样,这种带有练武性质的组织对其成员可提供跨村界的保护和援助。其武124力可用来竞争村政权,保卫乡里,甚至向国家权威发难。

这类组织中一个复杂而特殊的组织是基督教,其基层组织一般以村(以村教堂为中心)为单位,但在传教士的联络下,基督徒往往可以联合起来形成更大的力量与村中其他势力相抗衡

---

①《惯调》第5卷,第31、33页。
②《惯调》第3卷,第51页。
③《惯调》第1卷,第225页。

（这样的民教冲突屡见不鲜）。[①]由于其特殊地位和联系，以村为单位结成的基督教徒小集团能够像第二种类型的宗教组织那样，对乡村政权内部结构产生影响。

第三种类型：以村为单位的非自愿性组织

这种组织与前两类的明显区别在于，它不是采取自愿参加的原则，而是包括所有的本村人。这就是说，尽管有人可能未意识到这一点，但事实上每个村民都被卷入该组织的活动，村民成为该组织的必然成员。这类宗教组织往往是村中唯一的全村性组织，负责全村性活动。

在这类村庄，村民们共同供奉村庄的守护神，这些神灵包括土地爷、五道和地藏菩萨等。尽管神灵的名称不同，但作为守护神，其作用以及村民对它们的信仰是一致的。如同在中国其他地区一样，这些神灵是阴间的法官和玉皇大帝的使者。村里死人后，其家属到庙中报丧，然后由庙神转报城隍爷，由城隍爷决定是否将死者的灵魂收留阴间。这样，乡村社会便与官方神祇联系在一起，由各级官员按时酬谢城隍神，而在最高处，则由朝廷代表全国拜祭天地。[②]

按供奉的神祇来区别村民的标准并不严格，不少村庄在不同时期供奉着多个不同的神灵，其中最主要的是关帝、观音和龙王。沙井村便是一典型事例。该村有两个庙，大庙中原供奉观

125

---

① 利辛格：《华北地区庙会团体与村庄文化组合》。
②《惯调》第1卷，第210、214—216页；第3卷，第152页；第4卷，第103、433—434页；第5卷，第35、132、431—432页。又见杨庆堃：《中国社会中的宗教》；武雅士：《鬼、神、祖先》。关于区域神灵与国家神祇之间的关系，见王斯福：《文庙与城隍》，特别是第588—589页。

音,但后来主要供奉的是关帝;另一庙供奉地藏王。两庙及 40
亩庙产归全村所有。①

同顺义县其他村庄一样,沙井村每年举行 5 次祭祀仪式,起
初所有村民都被邀请参加祭祀。正月十五祭所有的神祇,二月
十九日祭观音,四月初八敬佛爷,六月二十四日庆祝关帝圣诞
(其他地方多按官方祭祀日,即五月十三日祭关帝),七月三十日
祭地藏王。祭祀之日,村中自城里请来和尚或道士,村中每户出
一人集齐庙内,由通常称为"香头"的主祭焚香。仪式完毕后举
行会餐。②

祭祀仪式属于全村公务,确认了村民资格后,由每户或一个
院子派一人参加祭祀。③ 寄居在沙井村的人,如李氏,被认为是
"村外人"而不许参加祭祀。④ 同样,村学教师也是外村人,他可
以单独就餐,但不参加烧香敬神的行列。⑤ 与此相反,虽然邢氏
一家并不居住在沙井村,但在沙井村拥有房屋和土地,因此被认
为是沙井村之人,故被邀请参加祭祀。⑥ 为了免祸求福,村里还
举行其他临时祭祀或道场活动。⑦

对土地神所守护的"区域"应格外留意。如前所述,该神管
辖范围涉及住在村里的本村人而不包括住在村里的"外村人"

---

① 《惯调》第 1 卷,第 90、106、143 页。在沙井村,守护神有地藏王、土地和五道。

② 《惯调》第 1 卷,第 130、143、145、187 页。

③ 《惯调》第 1 卷,第 130、136 页。

④ 《惯调》第 1 卷,第 136 页。

⑤ 《惯调》第 1 卷,第 145 页。

⑥ 《惯调》第 1 卷,第 131 页。

⑦ 当天旱之时,全村人(每户出 1 名男人)集体向龙王祈雨。祈雨之时,村长站于人
群之前代表村民向龙王献牲。然后人们抬着龙王像在村中游走,由各户向龙王烧
香。最后,人们还到有龙王塑像的邻村去祭拜龙王(《惯调》第 1 卷,第 104、
220 页)。

（详见第七章）。从这一点来看，其地域区划并不十分严格，它与 *126*
20 世纪 30 年代中期为交纳费款而划定的"死圈"是有区别的（详
见第七章）。

值得注意的是，从理论上讲，所有村民都应该参加这 5 次正
规祭祀（称为"办五会"）。但到了 30 年代，只有半数人家，即 30
户派人参加祭祀。很明显，村中那些较穷的人家既无钱参加会
餐，也无时间参加祭神仪式。① 村中"老道"（老道为尊称，实际上
是看庙的）杨永才持"会帖子"挨户"邀请"，但由于有些人家经常
不参加，他后来也就不再通知他们了。②

在冷水沟村，20 世纪初期宗教活动较为活跃，该村有玉皇
庙、关帝庙、观音堂和三圣堂（三圣指老子、孔子和如来佛，但其
中也供奉财神、牛王和土地神）。据说在民国之前该村庙田甚
广，但因陆续出卖，到 30 年代末期，仅剩 2 亩庙田。该村有 25
块庙碑，记载着自清初以来接受捐纳或购置地产的情况，大部分
地产为关帝庙所有，这与清政府大力宣扬关圣功德相符合。③

在土地、玉皇、关帝的圣诞日都要举行庆典，但冷水沟最重
要的宗教仪式还是集体祈雨。求雨的对象不是龙王，而是中国
人心目中最高神灵——玉皇，为此而设立了各个专门小组，涉及
50 余人，负责不同事务，如管理内账房、修表、升炮等。整整 3 *127*
天，全体村民参加祈雨仪式并会餐。在 30 年代末通货膨胀之
前，如果祈雨后老天果然下雨，该村还要演戏酬神，所需费用由
各户均摊，但至贫者和住在村内的"外村人"则可免纳。④ 修庙及

---

① 《惯调》第 1 卷，第 130 页。
② 《惯调》第 1 卷，第 130—131 页。
③ 《惯调》第 4 卷，第 17、282、390—391 页。
④ 《惯调》第 4 卷，第 17、30—31、30—34、60 页。

维持庙祝的费用亦向村民摊派,如此种种皆表明这一宗教团体是以村庄为整体,宗教活动与村务密不可分。[1]

　　吴店是一个约 50 户人家的小村,有两个庙:关帝庙和五道庙(亦称"土地庙")。两庙共有 6 亩庙田,是村人集资买的,田契上明确地写着"吴店村大家公共"。[2] 每年正月初一、正月十五、关帝圣诞日以及遇有蝗虫等农灾时,均有庙中祭祀,费用向各户摊派。关帝圣诞日的祭祀最为隆重,尽管此村贫穷,但举行仪式后,所有参加人均集齐共餐面条,村中讨论护秋等有关村公务时亦一起吃饭。[3]

　　侯家营有两座庙,一为五道庙(供奉山神、土地爷、小鬼、判官、农神),另一为财神庙,亦称"老爷庙"(即关帝庙,它是由全村各户凑钱修建的)。关帝圣诞(六月二十四日)和财神圣诞(九月十七日)均举行祭祀,但村民是如何辨明两神的"生日"的,就不得而知了。祭祀时村民点灯、烧香,并献上供品。[4] 据村民讲,以前祭祀后全体聚餐,但到 30 年代,已无这种仪式了,只是村办公人(保长、甲长、乡丁等)一起吃饭并代全村行祭祀礼。[5]

　　其他两个"满铁"调查村庄中宗教团体(以村为单位)的意识

128　较弱。寺北柴的 4 个庙都很小,而且没有地产。[6] 该村主要宗教

----

① 《惯调》第 4 卷,第 43 页。
② 《惯调》第 5 卷,第 407、433 页。庙会活动与村公务的关系在此村表现得最为明显:
　　问:什么是"公议会"?
　　答:当庙宇需要修葺时,村民们集于一处讨论此事。他们买各种物料,由于这些物料归公用,故人人都有权用它(《惯调》第 5 卷,第 414、418 页)。
③ 《惯调》第 5 卷,第 407、431、440、457 页。
④ 《惯调》第 5 卷,第 34、36、297 页。
⑤ 《惯调》第 5 卷,第 27、34—35 页。
⑥ 《惯调》第 3 卷,第 31、55 页。

活动是十月十五日到观音庙拜祭,这由各家单独举行,向神灯注油并烧纸①,没有全村统一的祭祀和会餐。但这并不是说该村丝毫没有共同的宗教意识,1869 年立于关帝庙中的一块石碑清楚地刻列着捐款修葺关帝庙的全体村民名单。②

最后谈谈后夏寨的情况,该村有 4 座庙,并有 49 亩庙产③,但两个规模最大的祭祀活动与此 4 庙无关:其一是上面讲过的祭祀泰山老母,另一个与红枪会活动相关,属于第四种类型。

第四种类型:超村界的非自愿性组织

如上所说,第四种类型的组织兼具第二、第三种组织的特征,该组织的中心位于村外,但全村作为一个整体加入。而且,由村首事管理一村相关事务并与上层组织保持联系。20 世纪 20 年代时社会动荡不安,这种以宗教信仰为中心的自卫组织发展很快,它往往采取大会下面分小会的上下级组织结构。

例如,后夏寨修盖了供奉武神的真武庙,据说真武君可以保护村庄不受匪帮扰害。该庙建于 1921 年,很显然,这与当时军阀混战、时局不安相关。每年三月初三,由村长带领全村男子到真武庙烧香。20 年代初期,此日还演戏敬神,费用由各家负担,但富户比穷户出钱为多。④

后夏寨的真武庙和组织只是该地区红枪会的一个分支,这一红枪会的首领(尊称为"老师")来自邻县,在他的策动下,相邻数村 129

---

① 《惯调》第 3 卷,第 33、65、82 页。
② 《惯调》第 3 卷,第 56—57 页。
③ 《惯调》第 4 卷,第 413、478 页。
④ 《惯调》第 4 卷,第 410、413、416 页;关于真武,见杨庆堃:《中国社会中的宗教》,第 152 页。

的组织得以联合起来,故声势更为壮大。① 尽管红枪会的主要目的是练武保村,但其与宗教迷信是分不开的,会员对祖神爷非常崇敬,并坚信打坐练功、遵守戒律可以刀枪不入。② 宗教信仰对召集会员和增加组织凝聚力起到重要作用。

甘博在书中讲述了山东省的一个红枪会组织,该会是1925年由一河南拳师创建的。该村村长兼任红枪会会长,由于几乎所有村民都参加了该组织,故红枪会与村组织几乎没有什么区别。甘博指出,这种联村红枪会在抗击土匪方面功效不大,因为一旦村庄联合起来,各路土匪也迅速互相联络,壮大队伍,以与红枪会相对抗。③

在河北省栾城县的北部和西部,有横跨数村的宗教组织,宣扬佛法,保卫地方。④ 有几个村子在村长的带领下,集体加入了该组织而成为一个分会。这些组织在40年代为保甲自卫团所吸收,因为伪县政权是不允许有独立的民间组织存在的。⑤ 同样,前面提到的两个红枪会组织在30年代也为国民政府所解散,其部分成员被重新编入半军事组织的联庄会,直接受区政府的指挥。⑥

并不是所有的第四类组织都与自卫有关。在有些灌溉地区的水会中,龙王庙归各村"所有",由村长带头祭祀,外村人不得成为该会的会首。⑦ 同时,此类组织可与其他各村的同类组织联合行

---

① 《惯调》第4卷,第418页。
② 《惯调》第4卷,第417—418页。
③ 甘博:《华北农村》,第301—303页。
④ 《惯调》第3卷,第3页。
⑤ 《惯调》第3卷,第3页。
⑥ 《惯调》第5卷,第417页;甘博:《华北农村》,第301—303页。
⑦ 《惯调》第6卷,第265页。

事，以达到共同目的。①

利辛格详细考察了河北省灵寿县某村教民（信基督教者）与 *130*
庙会组织的冲突，从中可以看出宗教组织是如何被网罗进权力
的文化网络的。位于张阜安村的积善寺在 19 世纪 60 年代由属
于阜安牌的 6 个村庄共同所有，该牌采取保护型经纪制，通过乡
保与县衙打交道。但是，这种经纪制融进了宗教色彩。利辛格
发现，除维持积善寺外，阜安牌的全体绅民还到关帝庙进香以祈
丰年。②

阜安牌的领袖们率乡民拿着棍棒向教民挑战，这里我不再
重复斗殴的经过。据教民控告："此次仇教完全是由衙役和各村
生员挑动起来的，他们组织数百人加入一心会，并与平山县水碾
村的摩摩教有勾结。"③尽管官府的调查否认一心会与摩摩教有
牵连，但利辛格认为它们之间有着某种联系。④

可以说，灵寿县阜安牌的文化网络中有 3 个相互关联的组
织方面：属于第四种类型的宗教组织与保护型经纪区划（牌）相
重合，同时，它可能与属于第二种组织类型的秘密宗教相关。这
3 个方面对构成权力文化网络均有作用，下层绅士与乡保构成地
方保护经纪体制；第四种类型的宗教组织——"一心会"可以动
员村民团结对外；而与秘密宗教的联系则壮大了自己的力量。3
种力量相互作用使阜安牌敢于向教民"开战"，但他们没有料到
的是教民会从崇洋媚外的官府那里得到保护。

我将宗教组织分为 4 种类型，是为了更好地理解宗教在乡

---

① 《惯调》第 6 卷，第 256、266 页。
② 利辛格：《华北地区庙会团体与村庄文化组合》，第 20、124—126、179 页。
③ 利辛格：《华北地区庙会团体与村庄文化组合》，第 124 页。
④ 利辛格：《华北地区庙会团体与村庄文化组合》，第 216 页。

村社会权力的文化网络中的作用。第一类型的组织影响力量
小，它由村中信仰相同者自愿组成，与外界没有什么关系；它们
在村中成为特殊的小团体，可能具有自己的经济利益，但在政治
上，它们免不了要遭受其他强大势力的欺凌。不过，基督教小团
体则是例外，它们的特殊组织及信仰使其具有第二、第三种类型
的某些特征。从第二种类型的组织中可以看出它们如何与村外
组织，特别是秘密宗教相联系，从而有效地影响乡村政治结构。
在第四类组织中，村民借用外部势力，来壮大自己的自卫力量，
有时甚至与国家政权相对抗。尽管清末民初乡村政权得到加
强，但它还是无法完全控制这种与外部力量相连的宗教势力。

后两种类型的宗教组织的活动大体上规定了村公务的范
围，但是，两者之间还是有所差别的。在第三种类型中，全村有
共同的守护神，它是官封城隍爷的"下属"，具有正统"身份"，而
第四种类型的组织与外村组织相联系，有时被国家政权认为是
"异端"而加以禁止。不过，如下面所示，所有这两类组织都操纵
在乡村精英手中，他们通过这些组织来实现自己对乡村社会的
领导。

对全村性非自愿组织的研究还揭示出，其组织规模与村公
务范围基本相符，即"公务范围"基本上与"村落社会"是同义词，
因为"社会"是一个空洞的概念，只有当村民共同参加（非本村人
则不能参加）一个仪式时才体现出他们属于同一个集体（社会）。
但在现实社会中，由于经济状况所限，有些村民不参加或者不能
平等地参加所有活动。如果说村落社会还代表了超然存在的特
殊利益，那么这些仪式则无法，也不必完全体现它们。例如，在
沙井村，祭祀仪式的内部结构反映出该村贫富的分化，尽管早先
时所有村民参加祭祀，但后来那些贫穷而无力捐钱者则被排斥

131

132

在外。在侯家营,过去祭祀关帝和财神圣诞之后全村人会餐,但到了 30 年代,只有村首事们一块吃饭。甘博也发现其他村庄的首事们在祭祀和会餐方面与普通村民有别。①

以上现象可能与 20 世纪时宗教势力衰落有关(见下文),但我并不同意将宗教仪式视为乡村共同体是否牢固的唯一标准。宗教范围有多层的含义,尽管共同的守护神及其他信仰和活动将地缘聚落连为一体,但宗教组织的内容千差万别。总之,不论是历史原因还是其他原因,宗教组织在一定程度上将封闭式的自然村落与由乡绅操纵的"公务社会"区别开来,或者说它促使了从前者向后者的转变。

正统宇宙观与乡村宗教领袖

宗教活动与公务活动范围的重合为乡绅们提供了施展其领导职能的舞台。在儒家思想占统治地位的中国,参与宗教活动,如敬神、修庙和补庙,是乡绅们"义不容辞"的"责任"。祭祀诸神是封建官吏的一项职责,这在各种著作中均有详细记载。② 我所查阅过的一些河北和山东省方志的传记中记载着不少这样的事例,不仅官员,而且有科举功名及无功名的乡绅均捐款兴建或修葺庙宇。

孔教社会中乡绅的正常职责在 1905 年撰修的直隶(望都县志)人物传中得到反映,该传记记载了各位乡绅的"善举",他们大多居住在乡村之中。在清朝 41 位传主(45 宗"善举")中,有 133

① 甘博:《华北农村》,第 152—153、203、288—289 页。
② 杨庆堃:《中国社会中的宗教》,第 10—11 章;王斯福:《文庙与城隍》。

10 人取得了科举功名。下面将 45 宗善举作一分类①：

兴建或修葺庙宇	9
调解争端	8
灾荒时散粮赈济	6
修桥补路	5
建学	4
组织武装自卫	4
治病救人	3
其他	6

从以上数字可以看出，与庙宇相关的宗教活动是乡绅的第一"要务"。但到了 20 世纪初期，修庙的"善事"减少，而更多的是从事兴办学校等"现代化"事业，这与清末破除迷信运动是相符合的。这些数字并不能告诉我们乡村一级乡绅卷入宗教活动的实际程度，但这些活动无疑是得到官府和正统文化所赞同的。

武雅士和弗里德曼曾争论过在中国有一种还是两种宗教②，即受儒家思想教育的社会精英与人民大众是否有共同的信仰？现在再争论这个问题可能已无什么意义，但我们不能回避这个问题，因为我认为宗教意识在将中国乡村纳入儒教政体方面起着重要作用。

我很难赞同中国有两种宗教的观点。清末社会十分复杂，不能简单地将其分为士绅和劳动大众两部分。实际上，中央集权和儒家思想在整个社会中起着凝聚力的作用，有少许财产并

---

① 《望都县志》卷六，第 85—91 页。此县志十分有用，因为它对县中各村有详细描述，见该书后附录《望都县乡土附志》。

② 武雅士：《中国社会中的宗教和宗教仪式》，前言；弗里德曼：《中国社会研究》，第 351—369 页。

略受教育的人都希望科举入仕,这些人处于社会的各阶层,他们所处的特殊地位(介乎大众和儒家精英之间)使其充当了沟通大众文化和儒家思想的媒体。正如杨庆堃所说的那样,这类尚未取得科举功名的乡绅在融合儒家和大众宗教思想方面起着重要作用。①

　　如果真要问中国的宗教状况,则应该问中国是"单一宗教还是多种宗教"? 要回答这个问题,首先应弄清各人对宗教的定义。例如,以祭祀形式还是以祭祀目的作为划分宗教的标准,便会得出不同的结论。同样,如果从表面的信仰来看,我们可以说中国是一个多宗教国家,也可以说中国国民有共同的宇宙观,而从中又派生出不同的信仰。

　　这里,我先辨明一下中国人心目中天界和俗世之间的关系,它是中国许多宗教信仰的源泉。我不用"内在性"这一概念,因为虽然它与此问题相关,但统治人民的权力系统不是源于上界或俗世,而是源于天人合一的官僚体系。不然,我们无法理解杨庆堃一再强调的一点,即除苍天和某些天神外,皇帝统率俗世和阴间一切事物。② 而且,众所周知,中国人按俗世官僚结构创造了阴间的大小鬼神,华北亦不例外。③ 政府官员可以支派下层神鬼,并且只祭祀与自己同级或上级的神灵。④ 这表明,阴阳二界的官僚体系是浑然一体的,或称天人合一,而不是两个独立的互不相关的系统。

---

① 杨庆堃:《中国社会中的宗教》,第 276 页。
② 杨庆堃:《中国社会中的宗教》,第 181—183 页。
③ 侯家营的被调查者为我们详细地描述了玉帝统治天下的"天界"官僚体系,见《惯调》第 5 卷,第 297—298 页。关于台湾的情况,见武雅士:《中国社会中的宗教和宗教仪式》一书。
④ 杨庆堃:《中国社会中的宗教》,第 181 页。

这种阴阳两界的互通性使中国许多神灵人性化，如县太爷可以鞭挞失职的城隍爷①，而愤怒的村民有时则暴晒久求不雨的龙王爷。② 同样，在天人合一的信念下，对地方或整个国家有贡献的英雄亦被神圣化，这种现象在社会各阶层极为普遍。正如沈雅礼(Gary Seaman)所说："神位如同官位，只是由那些已故去的文臣武将充任而已。"③从这些神灵的起源可以看出，为什么对同一神祇有不同的解释和信仰。下面我们将分析对神灵的不同解释如何反映了不同的社会利益。

首先，必须牢记，中国历史上大众信仰中的天国体系并不是某个朝代创造出来欺骗全民的。事实上，一些官员对神鬼曾表示过怀疑。天人合一的宇宙观不仅塑造了俗世的生活，而且规定了另一世界的权威体系。如同皇帝自比天子，号称"替天行道"一样，各层官员也在阴阳合一的官僚体系中找到自己合适的位置。

我们应当重视王斯福的警告，他认为封建国家以及科举文人的祭祀活动与大众庙会的祭祀活动是不同的。他指出："对普通民众来讲，他们缺乏祭祀知识，故大的祭祀都请官员或僧道来主持。"④但二者(指官方祭祀和民间祭祀)并不完全不同，20 年代时冷水沟的祭祀仪式与官方祭祀有许多相似之处。

在冷水沟村，向玉帝求雨前 3 天，村民禁食鱼、肉、韭菜、花

---

① 杨庆堃：《中国社会中的宗教》，第 182 页。
② 《惯调》第 5 卷，第 442 页。一个村民讲述了他对龙王庙的态度："如果老天降雨，我们重绘龙王塑像并为他清扫垢尘；如果久旱不雨(祈求不应)，我们不再理它(即不为龙王'洒扫庭除')；如果久求不应，村民们则认为此龙王'不灵'，便向它发泄愤怒。"
③ 沈雅礼：《一个中国村庄的庙会组织》，第 56 页。
④ 王斯福：《文庙与城隍》，第 598 页。

椒、葱、蒜,并不与妻子同房。仪式之始,由 4 个人抬着玉帝到纸
房庄,从百泉用瓶子汲水并捉一尾鲫鱼(取"急雨"之意),然后又
抬回村庄。接着,由全村最有学问和名望的 5 个人起草祈愿文
(称为"修表"),他们"洁体"(沐浴)后穿着长袍,跪于神坛之前,
向玉帝呈写祈雨之文(实际上该文是由小学校长执笔写就的),
他们向玉帝报告久旱无雨使村民痛苦不堪,请求玉帝普降甘露 ^136^
以纾民困。然后,在住庙道士的祈祷声中,村长跪烧表文(称为
"升表")。最后,由围观的村民向玉帝行礼并抽签以求预知天气
变化。①

下面有选择地摘引一段王斯福对 19 世纪中期台湾某地官
府祈雨仪式的描述,从中可以看出,冷水沟祈雨仪式与其并无大
的差异。

> 求雨同其他仪式大同小异,只是多一个"求雨"手
> 续……官员身穿朝服到神坛前宣读祈雨之文,读完后
> 即换上便服……除斋戒外,屠宰牲畜也有讲究,平民百
> 姓也是如此。……如果官员求雨失败(指仍未下雨),
> 则命令道士和僧侣按他们的方式再次祈雨。②

再看看以上仪式与朝廷祭祀是何等相似:"每次到太庙祭祖之前
要斋戒 3 天。在这 3 天里,整个宫廷之内不许饮酒、食肉、吃蒜
或其他有异味的东西。"③

当然,尽管有以上模仿之处,但地方领袖并没有照搬每一个

---

① 《惯调》第 4 卷,第 30—33、60 页。
② 王斯福:《文庙与城隍》,第 603 页。
③ 威廉姆斯:《清代的国家宗教》,第 11—45 页。

祭祀细节，从而使自己加入天人合一的宇宙体系。与庙寺相关的活动往往由香头们主持，他们捐钱也最多，这足以表明他们与神灵最为接近。例如，在沙井村，人们认为香头会受到神灵的特殊护佑。[①] 无疑，乡村精英们担负起管理庙务的责任有多种原因，但官府对官方神灵的庇护以及士绅对官方和非官方神灵的庇护在其中起着重要作用。上述的天人合一体系为乡村精英提供了理论依据，使其在乡村中建立起自己的政治权威。

137　　宗教领袖与村庄领袖之间的关系如何？顺义县沙井村又一次为我们提供了具体事例。共同的宗教活动和庙产由香头们负责管理，在每年 5 次祭祀中他们带领村民行礼并点香。香头是受村民们尊敬的职位，在祭祀或修葺庙宇中多捐钱文的人才能充当香头。[②]

在 1900 年之前，香头们还处理与村庄相关的其他村务，但他们还不是一个正式的政务机构。[③] 由于村庄集体活动的经费从庙田收入中支出，香头们实际上便兼管着村财务。[④] 1900年清政府实行新政之后，从香头中选出数人组成更为正式的青苗会，香头改称"会首"，来推行新政并负责与此俱来的捐税征收。[⑤]

值得注意的是，虽然领导机构迅速变迁，但其中的核心人物保持不变或由其子孙继承。30 年代时沙井村 9 个会首之中有 5

---

① 《惯调》第 1 卷，第 172 页。
② "以前我们所说的会，总是指'善会'。"（《惯调》第 1 卷，第 175 页）又"村中之会除烧香拜佛之外再无其他职能……'会首'是指宗教社的首领，当时并无村公会。"（《惯调》第 1 卷，第 187 页）香头与善会有关。
③ 《惯调》第 1 卷，第 187 页。
④ 《惯调》第 1 卷，第 174 页。
⑤ 《惯调》第 1 卷，第 171—172 页。

人的直系祖先曾列名于 1886 年香头之中,不少香头占地百亩以上,其中一家有地 500 余亩。① 这样由富有者担任领袖的情况在第三种类型的宗教组织中最为普遍,在乡村社会各阶层中亦是如此。例如在县城中,掌管庙产和宗教仪式者往往是捐款最多的人。②

吴店村领导集团的变化与沙井村相似。1900 年以前,只有香头存在,再无其他全村性的组织,香头们负责关帝和土地爷圣诞日的祭祀,这是当时唯一的全村性活动。③ 到了 30 年代,村领袖们仍然负责祭祀,但此时他们还要处理其他村务。④ 冷水村 ¹³⁸ 25 块碑记反映了当时乡村精英组织在宗教活动方面十分活跃,直到 30 年代,村领袖们还募款修葺庙宇,当时负责祈雨的重要机构——管理内账房,由村中最为富有和最有威望的人物组成。⑤

人们认为,村庙是赏善惩恶的最高权威,这也是世俗组织借助宗教势力的一个原因。吴店村一土地庙内总写着 4 个字:"你也来了"。而且年年更新,村民们认为其含义是指人人都逃不脱神灵的最后审判。⑥ 在侯家营,逮住犯法分子(如小偷)后,人人可以捶打他,但将其带到庙中神像之前时,只有村庄首事们才能鞭打小偷,村民只能围观,以此使世俗权力神圣化。⑦

---

① 《惯调》第 1 卷,第 125、174 页。
② 《惯调》第 2 卷,第 500—502 页。
③ 《惯调》第 5 卷,第 418 页。
④ 《惯调》第 5 卷,第 407 页。
⑤ 《惯调》第 4 卷,第 31、43、56—57、390 页。
⑥ 《惯调》第 5 卷,第 432 页。
⑦ 《惯调》第 5 卷,第 15 页。

加入天人合一的官僚体系（参与领导宗教活动，特别是各种祭祀）是乡村精英进入世俗政治结构的一条重要途径，参加乡村宗教活动是精英们表现其领导地位的大好时机，这在华北地区更是如此，因为在农村别无其他表现途径。

乡村领袖在体现其权威方面的种种相似并不等于他们对神灵的信仰完全相同，但是封建皇帝将自己凌驾于诸神之上，竭力使大众信仰统一化，下节将讨论这一企图及其后果。

139 华北地区的保护神——关帝

关羽是被神化了的一位三国时代的英雄。在后来的 1000 余年中，小说、戏剧、官方和民间的塑像以及秘密宗教之中的传说，使关羽的神话家喻户晓。他可能是华北乡村中供奉最多的神灵，被调查村庄中众多的关帝庙及庙碑即是证明。

据明恩溥称，在华北地区最常见的神位是关帝和土地爷。[①]虽然村民往往将二神相提并论，但二者的地位和职责是完全不同的。在村民们看来，土地爷是城隍爷的下属，专管一村事务，而关帝则在众神之上，受到全国各地的崇拜。顺义县的村民对此有如下回答：

> 问：土地庙和关帝庙有什么不同？
> 答：土地爷只管一村事务，而关帝爷的神灵则护佑全国。
> 问：外村人向（你村）土地庙进香吗？

————————————

① 明恩溥：《中国乡村生活》，第 140 页。

　　答：不，即使进香，也不灵验。

　　问：向关帝庙进香吗？

　　答：不论来自何方，任何人都可以向任何一座关帝庙进香求签。①

在吴店村，也进行了如下的问答：

　　问：土地庙和关帝庙哪一个更神通广大？

　　答：关帝庙更有神力。土地爷只照管一村之事，但关帝爷是大圣，他不只是一村之神。②

　　与桑高仁所研究的秘密宗教和团体不同，社区神祇与国家神祇、官方宗教间接相关，它是传播正统思想的一条重要途径。当然，有时大众宗教思想也反映了一种复杂的政治意识。土地 140 和城隍之类的保护神被归入官僚模式的官方宗教体系，土地爷代表着村庄，他们是一个不可分割的整体，但必须置于官僚体系之下。与此不同，关帝似乎超乎官僚体系，与皇帝不相上下，因而被冠以"帝"的称号。所以，关帝的神威与职权无地域限制，他象征着村庄与外界的联系。尽管在清朝时，关帝被奉为阴间的最高神灵，但他在村民心目中的作用五花八门，这是由历史原因造成的。

　　最令人吃惊的是，人们从关羽的故事中引申出不同的传说和解释。关羽的传记最早出现于《三国志》之中，该书修成于关

---

① 《惯调》第 1 卷，第 213 页。
② 《惯调》第 5 卷，第 431 页。

羽死后 50 年。① 他最初是个亡命之徒，后来投靠汉室宗室刘备，与张飞一起在桃园结义，成为"同生死共患难"的兄弟。三国争霸之中，他是刘备的大将兼都督，尽管曹操以封侯相诱，但关羽不为所动，一直忠于刘备。公元 220 年，关羽为孙吴俘杀。

数百年以来，关羽的故事经说书和戏剧一再夸张，以至神化。他不仅被尊为忠义之神，而且成为财神、文神、佛寺护法神、梨园及秘密结社等的守护神。② 从关羽的神化的历史社会学过程中可以看出，社会各阶层从关羽的事迹中不断地引申出符合自己愿望的神力，尽管各社会集团对关羽这一神化人物的解释不尽相同，有时甚至互相抵触，最特殊的是清帝国的态度，但日久天长，这些神话互相融合，使关帝成为无所不能的万能之神。

为关羽建庙始于 8 世纪初期，那时他被视为佛寺的护法神，在其后的 200 年中，关羽的神化作用仅止于此。③ 从宋朝开始，关羽的塑像才广为流传，而且被赋予更多的意义。宋朝有一个关羽显灵的故事：在山西解县某盐池新建一座道观，其中供奉关羽，据说当时蚩尤之灵为害此地，关羽指挥阴兵与之战斗，保护了地方。井上以智为认为关羽被神化（道教式的神化），主要是由于元剧将这一传说搬上戏台，广为传播。④

黄华洁则认为，关羽被神化并为大众所接受，应归功于宋元之际的话本，特别是《三国志平话》和后来的《三国演义》。清朝

---

① 陈寿：《三国志》卷三十六，第 939—942 页；又见倭纳：《中国神话辞典》，第 227—230 页；《三国志通俗演义》，第 6 回，第 1—4 页。关于其在通俗文学中的角色，见于儒伯：《中国通俗小说中的传统英雄》。

② 于儒伯：《中国通俗小说中的传统英雄》，第 174 页；又见井上以智为：《关羽庙的由来与变迁》。

③ 井上以智为：《关羽庙的由来与变迁》，第一部分，第 48 页。

④ 井上以智为：《关羽庙的由来与变迁》，第二部分，第 248、250 页。

时自然经济和血缘团体逐渐解体，多姓村庄开始增加，并且出现了大批客商及游民。因为新生集团无法依靠血缘关系来增强团结并保护共同利益，他们求助于关羽的忠义象征来维持这个来自五湖四海的团体，关羽的形象便被作为交友之道的原则，从而使关帝庙更为普遍。①

不论其原因如何，自宋以来封建国家不断地向关羽及其后代加封晋爵以至尊关羽为武神，这在神化关羽的过程中起了推动作用。1614 年，关帝被尊加"三界伏魔大帝神威远镇天尊关圣帝君"封号。② 在战乱之时，对关羽的祭祀尤为隆重。自宋一直到明末，封建国家一直在神化关羽，但是没有垄断关羽神力的企图，这与清朝有很大的不同。自觉或不自觉的，宋、元、明三朝均默许人们对关羽神力有不同的解释。

采取中央集权制的明朝亦是如此。湖北当阳县玉泉寺是第一个供奉关羽为寺庙护法神的寺院，受过元世祖忽必烈的封赠，而明朝向该寺捐赠也很多。明朝还敕封了北京地区的两座寺庙：一为白马寺，这是供奉关帝的最高官寺；另一为月城庙，其中供奉关羽为财神，这在明朝时即很著名，1614 年，正是在此庙加封关羽帝号。③

关羽的寓意日益丰富，虽还是一种潜在的象征，但并未逃过中央集权的帝国官方注意。如有明一代，官方并不是以破除这种并不直接支持自己的"武圣"关帝的神话来确保安全，而是将其各个方面都置于帝国保护伞下来加以控制。这样它成为庇护者的庇护者。无疑，这种做法一直到 20 世纪还影响到"关

142

---

① 黄华洁：《关帝的人格与神格》，第 100、122、227—229 页。
② 井上以智为：《关羽庙的由来与变迁》，第一部分，第 49 页。
③ 井上以智为：《关羽庙的由来与变迁》，第二部分，第 249、253、257 页。

帝"在大众形象中的复杂"形象"。作为英雄，他是保护者和供给者；作为武士，他既忠于既成权威，又忠于自己的誓言。

清朝采取一系列步骤，力图将对关羽的信仰置于朝廷的控制之下，对某些非官方的解释和传说加以禁止，这在官修史书中即有记载。关帝不断地被加封，1854年太平天国运动时，清朝将对关帝的祀典提高到与孔子并列。① 但早在1725年雍正皇帝改革之时，关帝即被置于朝廷之下，清廷命令各省府州县（于各辖区中）"择庙宇之大者，置［关帝之］主供奉后殿"，而这些官庙则受北京白马寺统辖。②

另一方法是将关帝儒家化，具体体现在《关圣帝君圣迹图志全集》中。关于关羽的生平有许多在儒家看来与"圣君"不甚相符的地方，如他出身贫贱。即使在忠义方面，关羽也有"不足之处"，如他放掉曹操，使曹魏得以继续进攻刘汉。同时，将关羽祀为财神或其他秘密宗教的守护神，也不符合儒家的英雄形象。总之，1693年编成的《关圣帝君圣迹图志全集》（以后又重新修订过4次）力图使关羽更为儒家化。

编辑该书的起缘据说是在关羽故里水井之旧砖壁内发现了他家的宗谱，原来，关羽是颇有名望的忠孝之家关龙逢的后裔。该书序言四开篇即说："域中有二大伦焉，曰忠曰孝……故曰移孝可以作忠，又曰求忠臣于孝子之门。"③在简述了关羽忠义事迹之后，作者慨叹在关羽宗谱发现之前，"夫子之世系缺焉无传，致使祖若父启佑贻谋之德与夫子趋庭缵绪之隐，皆灭没不可考，岂非在天之精灵所耿耿不忘者欤？"从宗谱中"知我夫子深明于春

①《清史》卷八五，第1070页。
②《大清历朝实录》，1725年，卷三十一。
③ 卢湛辑：《关圣帝君圣迹图志全集》，序言四，第1、4页。

秋之大义，渊源实有所自也。……我夫子在天之精灵，必不忍其
先世之德泽而藉以传于后，其纯孝之心不可与生平忠义之性并
足千古哉！"①1725年，清廷"追封关帝三代俱为公爵"，并命地方
官"春秋二次致祭"。②

序文中盛赞关羽熟读儒家经典："盖夫子善读《春秋》，鞍马
之余手不释卷。"③关羽的忠义正是由于他深明《春秋》大义，与学
究式的史家司马迁不同，关羽"守经达权"，堪称万世楷模。④ 最
后，序者将关羽的神灵与皇朝相连："夫子之灵爽在天，庙祀高
堰，鲁显神威，倘默佑余安澜底绩，永远平成，则护国庇民之功，
岂不大哉?!"⑤

当然，使关帝儒家化的努力，并不能完全改变关羽在大众心
目中的形象，他依然被当成财神或社区的守护神，不过，清朝的
措施也不是全无功效。从有清一代关帝庙的石碑中可以看出，
虽然对关羽的解释仍然多种多样，如将他视为财神、护法之神或
忠于誓言的英雄，但最为普遍的乃是赞扬他深明大义和忠于
朝廷。

冷水沟关帝庙中有5块修庙碑，最早的一块是康熙时立的，
碑文曰：

> 闻之古今建祀立祠者，所以表有功于朝廷，有德于
> 百姓，有光于名节者也。……若夫天下分崩，豪杰并

144

---

① 卢湛辑：《关圣帝君圣迹图志全集》，序言四。
②《大清历朝实录》，1725年，卷三十一。
③ 卢湛辑：《关圣帝君圣迹图志全集》，序言二，第5—6页。
④ 卢湛辑：《关圣帝君圣迹图志全集》，序言三。
⑤ 卢湛辑：《关圣帝君圣迹图志全集》，序言二。

起，上下乱，纲纪坠，此时有特起者，二介不取，一名不
苟，使奸臣贼子知名分必不紊，惧大义必不可乱，膺国
家之重任，为一方保障。……[汉寿亭关夫子]不受曹
贼之封而一心为汉室，非有功于朝廷乎？ 除黄巾之害，
诛庞兵之□，非有德于百姓乎？ 千里寻兄，独当一面，
而率杀身成仁，非有光于名节乎？①

这个碑文是由县城一位有功名的文人写的，但并非全部如此，
有些碑文由在乡秀才或根本没有功名的人起草，后者只简单地写
上立碑经过、村首及捐款人姓名，但几乎所有碑文都要颂扬关羽的
忠、孝、节、义。一块记载捐赠土地的石碑虽然没有士绅列名，但也
重复了国家对关羽的连续封诰。② 另一块由村中生员起草，有村
中首事列名的石碑上有如下文字：

泰誓有之曰，吉人为[善]，惟日不足，恶人为不善，
亦惟日不足，因知神道设教，抑亦喜吉人而恶恶人也。
另山西关圣夫子九恶恶之甚严乎？ 即如癸酉之秋九
月十五日，白莲犯关，宫廷受厄，危在旦夕，幸神武圣夫
子大显神威，逆退白莲，伏法受诛，无一漏网。……吾
乡领袖甲午等蓄朴积财，整新庙像。③

1864年，侯家营为修葺财神庙并建立关帝圣像而立有一碑，
全文如下：

---

① 《惯调》第4卷，第390页。
② 《惯调》第4卷，第391页。
③ 《惯调》第4卷，第391页；又见《惯调》第1卷，第192页。此碑与《惯调》中其他各
　碑上既有绅士亦有庶民的列名，见《惯调》第6卷，第251—252页。

重修财神庙并创立关圣帝君碑文

庙貌而塑圣像，绘容而竦神威，此教泽之所重贶，而今昔之所同然也。我侯旗营旧有财神庙一座，怎奈荆辣[棘？]含烟风雨破瓦甍之翳窳楼栋，尘纲封法众之仪，民费经营，祠亏一×，屡次修整，地歉三了。兹当太岁昭阳渊献议阔址基以壮观，心慕圣帝之扶义维纲，公愿馨香乎俎豆且也。①

此碑列有一个生员（撰篆）、一个从九品职员（书写）和几个村首事之名。立碑之日，县令到场以示隆重。这里值得注意的是立碑置牌过程：关帝之神位置于旧有财神之上。但在普通百姓的心目中，关帝和财神常常被混淆。例如，在定县，当问某一商人他为什么供奉关帝时，他回答说关帝就是财神。② 在 19 世纪 60 年代同治中兴之时，各地纷纷为关帝"正名"。即使经济贫穷、文化落后的寺北柴村，于 1869 年也"钦念[关帝]盛德，不忍湮没，捐钱重修[关帝庙]"。③ 直到 20 世纪 30 年代，侯家营除继续供奉财神外，仍然祭祀关帝圣诞。

从历史的角度对关帝庙碑进行研究，可以得出以下结论：

第一，乡村精英通过参与修建或修葺关帝庙，使关帝越来越摆脱社区守护神的形象，而成为国家、皇朝和正统的象征，士绅（不论来自本村或外村）的参与更加说明了这一点。而且，在某些大村，成为香头可以使那些非士绅的乡村精英与官府发生联系。这表明，关帝圣像不仅将乡村与更大一级社会（或官府）在

146

---

① 《惯调》第 5 卷，第 377 页。
② 黄华洁：《关帝的人格与神格》，第 229 页。
③ 《惯调》第 3 卷，第 55 页。

教义上，而且在组织上联结起来。[1]

147　　第二，乡村领袖力图使自己与儒家文化保持一政，在一定程度上使他们与劳动大众区别开来，其差异表现在普通村民与乡村精英对关帝信仰上的不同。

　　不同的社会群体对关帝有不同的信仰，这在沙井村得到证实。据调查，在沙井村，富裕之户信仰关帝，而贫民则供奉南海大士。[2] 吴店村民将关帝视为万能之神，甚至向关帝乞求神药。[3] 这种现象在华北比较普遍，人们将关帝看成是救世和守护之神。李景汉在定县调查中发现，一般乡民信奉关帝是为了"求福免祸"。[4] 虽然这种大众信仰与封建国家对关羽的孔教化并不明显冲突，但与庙碑中对关羽的颂扬和解释亦不完全相符。

　　华琛（James Watson）在对天后神话的研究中指出：在对天后的解释中应将象征和信仰区别开来。虽然都是供奉天后，但不同的社会集团对天后的信仰是不同的。在一个参观者看来，天后是由国家敕封的象征尊严和文明的神灵，但这并不妨碍不同的社会阶层对天后寄予不同的信仰和祈望。[5] 这一观点可借用来理解关帝的神话，不同的人对关帝有不同的看法。但我不赞成将象征与信仰截然分开，二者是紧密相连的。关帝对某一个人的象征内容在某种程度上也是对另一个人的象征内容。重要的是，他的不同方面却在一个语义链（semantic chain）上联系起来：作为既忠于誓言又忠于既成权势的武士，一个保护国家和

---

① 这在阜安牌教案中表现得十分明显，见利辛格：《华北地区庙会团体与村庄文化组合》。
②《惯调》第1卷，第90页。
③《惯调》第5卷，第433页。
④ 李景汉：《定县社会概况调查》，第432页；又见《惯调》第6卷，第84—85页。
⑤ 华琛：《神祇的统一化》。

社区的守护神,转为健康和财富的保证者。特定的解释有赖于这种语义链,并在这种语义链中产生出它的"意动力"(conative strength)。

关帝神化的语义链历史发展过程反映在不同时期,国家和 ¹⁴⁸ 各社会集团对更早的象征寄予不同的信仰和期望。正如同一个汉字在不同的诗词中有不同的含义一样,在不同的历史背景和社会环境之下,对关帝的任何特定修正都要从这含义丰富的深厚背景中吸取力量。所以,在不同的地区,关帝的教化作用也不同。乡绅们之所以信仰关帝,是因为关帝具有这种既是国家又是大众守护之神的多重性。

宗教领域的转化

关于宗教组织如何为乡村社会权力结构提供框架,我可以得出如下3个互相关联的结论:第一,宗教圈构成村庄公务范围,为乡绅们提供了施展领导才能的场所;第二,虽然经济分化,但乡绅们经常以代表全村的身份进行祭祀活动,从而使其地位高于一般村民;第三,通过对关帝等的供奉和信仰,乡绅们在文化意识和价值观念上与国家和上层士绅保持一致。

本节我将考察清末新政对宗教组织的攻击,这是民国时3次(民初、五四运动前后和20年代后期国民政府执政时)大规模破除宗教迷信的先声。① 了解20世纪初宗教领域的变化过程格外重要,在乡村宗教退出权力结构的时刻,才更显出乡村宗教在

_____

① 民国时期最后一次在华北地区大规模地摧毁庙宇,对此文献中有详细记载,见《中国动乱与山东农民》,第80—83页;《"满铁"调查月报》1941年2月号第251、254—255、306—307、328页;又见甘博:《定县》,第405—407页。

过去的权力结构中的历史意义。乡村精英们迅速退出宗教活动而集中精力于新的举措（即从事"新政"事务），恰恰表明他们过去从事宗教活动的兴趣在于宗教外衣下的政治活动。

在那些公共活动集中表现于宗教仪式之中的村庄，宗教圈为新的更为世俗的"公会"提供了成立的基础。在乡绅们通过宗149 教组织领导全村公共活动的地方，乡绅们自然地担当起新的政治组织的领导责任。[①] 新的活动是如此剧烈，它使宗教基础受到威胁：庙宇被用作村公所或学校，庙产（主要是庙田收入）被用来支付新政费用。

不仅"满铁"调查的村庄，而且河北、山东其他各地的县志和报告均提供了有关这一转化的资料。在李景汉等重点调查的河北省定县 62 个村庄中，1900—1915 年，316 个庙宇倒塌或移作他用，保护完好并继续发挥宗教作用的寺庙从 432 个减少到 116 个。其中两个剧变时期分别是 1900 年前后和 1914—1915 年，前者是由于政府下令建立新学和村公所，后者是在孙发绪任县令时，大力破除迷信，将245 个庙宇摧毁或移作他用。[②]

河北省《望都县乡土图说》对庙田移作他用有详细记载，该书是 1905 年前后为响应新政号召而编辑的。为了开辟乡村学款来源，政府下令调查并登记各村公产。在 150 个村庄中，59 个村庄报告拥有庙田，而在这 59 个村庄中，有 30 个村用庙田收入开办村学，23 个村用以支付捐税或其他费用，其余 6 个村仍将其收入用于宗教事业，如用于道士、庙祝的生活开支或祭祀活动。[③]

---

① 《惯调》第 1 卷，第 172 页；第 4 卷，第 56—57 页；第 5 卷，第 15、34、407—418 页。
② 李景汉：《定县社会概况调查》，第 422—423 页。
③ 《望都县乡土图说》。但遗憾的是，本表并不完全，因为该书有 3 页（估计包括 15 个村庄）缺失。

1899 年,直隶总督命令顺义县兴办新学,知县则委派乡绅、各路乡保等广开财源以办学堂。据 1933 年所修县志记载,在 203 所新学中,160 所学校设于以前的庙宇之中。[①]《昌黎县志》分堡(不包括县城)有选择地叙述了庙宇兴废状况,在 42 个有庙田的村庄,17 个村庄将庙田变为村公所财产,17 个村庄将其作为学田,其余 8 个村庄仍归庙宇所有。[②] 尽管该县志将学田和村公田区分开来,实际上,大部分学校及校财政均由村公所掌管。

河北省《良乡县志》亦表明,在 1908—1923 年间,庙宇不断地被开辟为学校。据该县财政局长报告,1911 年全县所有庙产即改归村公会所有。[③] 据栾城县财政科长回忆,1908 年栾城县知事下令将庙产改为学田。

> 问:全国均如此吗?
>
> 答:是的。
>
> 问:是不是人们觉得庙宇无用了?
>
> 答:政府有令,要破除迷信,兴办学校,如同明治维新那样。[④]

其他"满铁"调查村庄中的情况亦是如此。不过,被调查者提供的(毁庙兴学)日期并不可靠,我们应以县志所记载的日期为准。在冷水沟村,部分庙田被改为学田,而其余部分则抵押出去以建新学,所有 3 座大庙均被移作公用,其中 2 座被用作村公

[①]《顺义县志》卷六,第 17、19 页。
[②]《昌黎县志》卷四,第 38—39 页。
[③]《良乡县志》卷二,第 35 页;《惯调》第 5 卷,第 629 页。
[④]《惯调》第 3 卷,第 414 页。

所和乡公所,另一座被改建为初级小学。[①] 在后夏寨村,部分庙产被出售以作学款。[②]

在沙井村,1900 年之前,庙田收入主要用来维持住庙和尚生活并用于祭祀活动。其后,庙田收入归村公会所有,收入由村首事们掌管,收入主要用来开支学款和警款。[③] 甘博在书中也提到,在 20 世纪初期,有 3 个村将庙产收归村有用来支付新的费用。[④]

151　　将庙产移作他用严重地削弱了宗教生活,并使信徒迅速减少。对废庙兴学并不是没有异议的,这从"满铁"调查人员与侯家营村首的对话中可以反映出来:

　　　　问:村民是不是反对毁坏庙宇?

　　　　答:是的。

　　　　问:为在庙中办学而迁移神像(另建小庙),村民是否参加过讨论?

　　　　答:乡长侯全武召集村民开会,他说:"咱村很小,用不着大庙,我们到东北做生意不再顺利便是因为庙的规模与村的大小不相符合。所以,我们应将现在的庙宇改为学校而另建一小庙。"[⑤]

被调查人将这次成功主要归因于村长善于劝说村民,实际

---

① 《惯调》第 4 卷,第 56、264 页。
② 《惯调》第 4 卷,第 478 页。
③ 《惯调》第 1 卷,第 93、171 页。
④ 甘博:《华北农村》,第 149、155、165、181、184 页。
⑤ 《惯调》第 5 卷,第 46 页。

上,这事比较容易,因为侯家营没有庙田,故不牵涉将庙田移作他用的问题。而在大多数村庄,将庙产移作非宗教活动之用并不十分顺利,此举常常遭到思想守旧的村民的反对,其他人也受到不同程度的影响。

最受影响的是庙中道士与和尚,他们依靠庙产维生。尽管长久以来庙宇住持对庙田拥有使用权,但往往没有合法的所有权,因为这些庙田多不缴纳赋税。村民则坚决认为庙田归全村所有,但村民也无地契可凭,一个在县城拥有势力的和尚则会钻空私自卖掉庙产。1931 年国民政府颁布法令,宣布庙田作为公产登记入册,可用作教育或公益事业经费,在此之后,这一问题在法律上才得到澄清。①

一旦庙产归村公会支配,大多数村庄的首事们便可以辞退村庙中的道士或和尚。良乡县一位财政科员声称:"1911 年后,¹⁵²所有庙产成为村'公会地'。其后,村民们要将庙田用于学校建设,他们与庙中住持展开斗争,使后者渐趋消亡。"②据报告,在栾城县,道士和和尚反对变卖庙产,警察则出来威吓他们。③ 在冷水沟,虽然没有留下僧道们公开反抗的记载,但值得注意的是,该村部分庙产被典租给原庙中住持④,使他得以生活下去,可能是靠继续耕种这块土地生活。甘博也发现,在河北某些村庄,为争夺对庙产的控制权,村首事与僧道之间发生争论,结果村首事

---

① 《中华民国法规大全》第 1 卷,第 1166—1167 页。关于僧道企图卖掉庙田,见《惯调》第 1 卷,第 195—198 页;第 2 卷,第 491 页;第 3 卷,第 414 页。

② 《惯调》第 5 卷,第 629 页。

③ 《惯调》第 3 卷,第 414 页。在顺义县,据一位政府官员讲,在民国初年,不少庙中住持僧道因争夺庙产而控告村庄领袖(《惯调》第 2 卷,第 491 页)。

④ 《惯调》第 4 卷,第 286 页。

一方胜讼。①

村庄与僧道间的斗争以顺义县石门村(与沙井为邻)最为有趣和激烈。在 19 世纪末,石门和沙井两村庙中均无住持,如需要时,由村首事们到县城城隍庙中请人到村中主持祭祀,并给其一定的报酬,但不知他是分得庙田租金的一份还是全部。村民们声称,由于城隍庙和尚从未到村主持祭祀,故租金不再归他。②

1940 年后,石门村一个叫樊宝山的无赖称自己是一位很有地位并非常富有的香头的后代,实际上他是一个与县城衙役及城隍庙和尚有关系的讼棍,他与城隍庙住持关系更为密切,这位住持是原来与村民们达成协议的和尚的弟子。据村民讲,城里的和尚都是一些大烟鬼,而住持则是一个杀人犯,他因勾结衙役而当上主持,故村民们对他十分憎恨。③

1938 年,樊宝山通过活动使自己当选为石门乡乡长,县城隍庙住持与樊勾结,要夺回当时已归村公会所有的庙田。住持和尚声称,此田已转交给县城隍庙,他受北京嵩祝寺命令,要"保护庙产"。村民们不愿将此争端告到县衙,因为他们知道自己不是那些地痞恶棍们的对手。沙井村的会首们对此事也十分关注,他们担心城隍庙住持也会向本村"要田"。他们怀着侥幸心理向驻扎该村的"满铁"调查员求救,请他代石门村向县衙疏通。最后,判定土地归石门村所有。④

这一争讼有几点引人注意:第一,它表明在国家宗教(牵涉到城隍庙)中,在一定程度上也有营利型经纪活动;第二,更重要

---

① 甘博:《华北农村》,A 村与 C 村,第 149、181—182、184 页。
②《惯调》第 1 卷,第 195—196、199 页;第 4 卷,第 195 页。
③《惯调》第 1 卷,第 197—198、200 页。
④《惯调》第 1 卷,第 202—203 页。

的是,它表明当村中恶霸与衙门营利型经纪勾结起来将其魔爪伸向村庄权力结构之后,围绕文化网络而建立的村庄权力体系则显得何等的无能为力。虽然争夺庙产之事也可能发生于19世纪,但上引事件则与国家没收庙产直接相关。它进一步说明,在"现代化"过程中,通过多种方式开辟利源,使国家政权进一步深入乡村,它必然会加速村中土豪与衙门恶役的联合。

现在,让我们看看没收庙产对普通村民的影响以及他们是如何反抗的,其反抗程度可以从栾城县一位财政科长的回答中反映出来。他将此举与明治维新做了比较:

> 问:道士和和尚反对没收庙产吗?
>
> 答:不仅他们,普通村民也反对。县政府不得不派警察下乡搬出佛像,而将庙宇改为教室。①

我们已经看到,在侯家营,村长巧妙地瓦解了村民对改庙兴学的反对。在沙井村,由于庙田出卖,宗教活动日益减少,到20年代,干脆完全放弃了每年5次的祭祀活动。其后,有17户中等之家(有10—20亩土地的家庭,但不是村会首)自愿组成一个宗教——"善会",他们声称"善会是我们的佛会,村正副不管,我们自己管理"。②

除全村性的宗教组织及活动外,受没收庙产影响最严重的是村内的那些自愿性宗教组织,即第一类组织,它们常常拥有一些共同财产。由于这些团体势单力薄,其财产往往成为村政权

① 《惯调》第3卷,第414页。
② 《惯调》第1卷,第176页。

夺取的对象。村庄政权的正规化使其(指村政权)没收这些财产并限制其活动的做法合法化。

甘博为我们提供的事例表明,村庄政权的正规化是如何削弱了其他组织的权力。1900年以前,B村(甘博研究之村庄的代号——译者注)有几个庙会组织和一个看青会。[①] 当县衙命令创设村政权机构时,由于任何一个庙会组织都无足够的影响力来担当此任,故由青苗会代行村政职权。它任命自己的两名会首为村长副,青苗会亦改名为村公会。

一个叫"四月会"的庙会组织,由无田的贫民组成并管理,他们向富户收钱以举办集市庙会,故富户对此组织十分不满。由于富户控制着新成立的村公会,故两个组织之间逐渐对立起来。1929年,村公会酝酿状告庙会组织,虽然经人调解未成诉讼,但村公会成功地迫使庙会组织不得再行收钱。

靠近侯家营的集镇——泥井,该村自愿庙会组织的权力亦被剥夺。[②] 该镇的集市是在一块庙地上举行,掌管该庙的庙会组织向小商贩们出租场地以搭盖售货亭。到20世纪初期,新成立的村政权收回出租场地的权力,并决定收费用途。

在号称模范县模范村的定县翟城村,村民们反对没收自愿宗教组织的财产的斗争最富有戏剧性。以下叙述摘自《翟城村志》及其领袖米迪刚的传记。

> 在20世纪最初的10年,翟城村已建立了新学、自卫、卫生及福利组织。当用尽所有公产收入之后,村领

---

① 甘博:《华北农村》,第163—165页。
② 《惯调》第5卷,第352页。

袖们仍感到资金短缺,故在 1905 年,村政权没收了灯
节会、马王会、梨园会等自愿宗教组织的土地和其他收
入,其中某些组织拥有土地高达120 亩。[1]

村领袖们争辩说,以前这些钱没有被很好地利用,举办庙会
等只能是刺激赌博和酗酒。但是,村民们被激怒了,他们奋起保
卫自己的财产和节日,邻近村庄的人也赶来声援他们。为此而
引起一场持久的诉讼,双方精疲力尽。最后,据传记声称,由于
村民们渐渐看到废庙兴学等的好处,这一争端才平息下来。[2]

小　结

将宗教组织分为 4 种类型,对研究 20 世纪时宗教组织职能
的演变很有用处。没收庙产以及限制宗教势力范围对第一、第
三种类型的宗教组织影响尤深,因第三种类型的组织几乎是当
时唯一的全村性公共组织,而控制这一组织的乡村精英们乐于
响应国家没收宗教财产的号召,故这一组织变化最大。由于村　156
务扩大,需费尤多,它诱使村政权进一步没收村中自愿宗教组织
的财产,使其更陷于消亡。

与村外宗教团体有联系的第二、第四种类型宗教组织受转
化的影响不大。事实上,在 20 世纪的动乱年代,它们在乡村中
的势力还有所加强,那些带有军事性质的宗教组织尤其如此。[3]
20 世纪 20 年代以后这类组织激增,因为它为村民们提供了一定

---

[1]《翟城村志》,第 45 页。关于传记,见《翟城附刊》。
[2]《翟城附刊》,第 18—19 页。
[3] 窪德忠:《关于"一贯道"》《"一贯道"补说》。

的安全保证。而且,可以想象,在村庄一级,这些组织有时还利用其上级组织的庇护来抗拒国家改变乡村权力结构的企图。这表明,在困难时期,村庄可能在经济上自我封闭起来,但它与外界的政治联系则一直在加强。如同血缘联系超越市场体系一样,因为有这种超村界联系,在 20 世纪国家政权内卷和社会动荡分裂的情况下,虽然文化网络中一些组织渠道被摧毁,但另一些组织得到保护甚至发展。

反对没收宗教财产和取消村庄中宗教职能的呼声时有所闻,但是,不论结果好坏,这一转变是迅速而成功的,其原因何在? 我想成功的关键在于杨庆堃所谓的中国宗教本身的"多元性或混合性"。[①] 在中国,宗教活动由有别于世俗权力的宗教组织控制,如同婆罗门教以及天主教一样,其组织机构很不发达。而且,宗教散布于社会各阶层,如国家政权和乡村社会。在天人合一的宇宙观的指导下,那些拥有号召力的乡村精英将自己作为一种中介融合进天人合一的官僚体系之中,这种宇宙观不仅使社会精英通过宗教形式控制乡村社会,而且使他们参与到具有神圣性的权力运作之中,且拥有"泛中华"(Pan‐Chinese)的广阔天地。

157　　这种参与使乡村领袖进一步接近封建政权,尤其通过像"关帝"这种庇护形象。在国家政权深入乡村社会的初始阶段,乡村精英们可能,甚至必须在乡村社会中为其权力组织建立双重基础。他们参与宗教活动本身即带有政治色彩,这使其很容易转变活动重心。关帝的"外向化"及各种功能的整合,使乡村精英不仅能在旧的等级秩序中找到合适位置,亦使他们能顺利地进

---

① 杨庆堃:《中国社会中的宗教》,第十二章。

入 20 世纪的政治体制。

必须注意,村庄与国家政权之间的新型政治关系发生于全国范围之内,即使在民国初年,几乎所有下达到村庄一级的名目和活动均来自中央政府。正因为如此,乡村精英执行这些近代化措施似乎十分卖力。特别是建立新学为乡村精英及其子弟提供了上升渠道,他们很快就认识到这一点并加以利用。我对作为新型的"象征资本"的新式教育的讨论比较肤浅,对这一问题还须进一步研究。总之,使乡村精英与旧王朝统治者联系在一起的象征正被转换成一种以新出现的民族国家为目的的初步认同。这种认同关系在民国时期是如何被系统地破坏将是以后几章讨论的主题。

第六章 乡村政权结构及其领袖

　　谁是乡村政权中的真正领袖？财富、地位、影响力等因素在形成个人权威，特别是在 20 世纪艰难的环境之下，在加强乡村政权的过程中起着什么样的作用？本章将回答这些问题。在第八章，我将考察国家政权的深入在多大程度上改变了这些因素与村庄领袖之间的相互关系。

　　由保护人的地位和"面子"而形成的保护体系，能够使个人的财富及影响力转化为自己的政治资本。在权力的文化网络中，保护体系是由职能复杂的非正式小集团构成的，有别于其他的等级结构。所以，在这些体系中的权威教条往往体现为人际间的相互关系，而不一定代表乡村社会中制度化的正统价值。有时，如同秘密宗教网络一样，他们与正统秩序是相对抗的。

　　但是，以乡村领袖为中心的保护体系往往间接地加强权力的文化网络中的正统特征，即加强其与上层官府的联系。通过这些体系，乡村领袖（或称"保护人"）为村中被保护人提供各种服务，而这种保护与被保护的关系又加强了保护人在宗教、宗族，以至在 20 世纪初乡村政权中的领导地位。通过人际关系，这一保护体系又将不同的等级组织（如高层的国家政权和村级的宗族等）联结起来，使其融合进权力和文化的网络之中。

　　1900—1912 年间，就我们的研究阶段而言，村级的正式政权

制度已经定型,其"官员"往往由在宗教或宗族组织中已建立起
自己权威的乡村精英们充任。尽管其宗教或宗族功能已渐失其
往日的显赫作用,但许多精英们仍然发挥着"保护人"的某些社
会职能,以保持其在被保护人中的地位和影响。

到了二三十年代,由于国家和军阀对乡村的勒索加剧,
那种保护人类型的村庄领袖纷纷"引退",村政权落入另一类
型的人物之手,尽管这类人有着不同的社会来源,但他们大
多希望从政治和村公职中捞到物质利益。村公职不再是炫
耀领导才华和赢得公众尊敬的场所而为人追求,相反,村公
职被视为同衙役胥吏、包税人、营利型经纪一样,充任公职是
为了追求实利,甚至不惜牺牲村庄利益。

进入 20 世纪后,村领袖们的主要职能是征收摊款,这是
由村长和村首事们共同执行的。村领袖们还得为区公所或
过往军队下达的各项工程拨派夫役。其另一不言自喻的职
责是为政府或军队的临时摊派先代垫款项①,因为村民手中
常无现钱,只有收获之后,再与其他正税一同从农民中收回,
这是往往由富人充当村长的原因之一。

与乡村集团相关的另一类公务多兴起于1900—1912年,这 *160*
包括看青、管理村学和村庄自卫等。一般情况下,村庄领袖们还
得掌握村庄收支和账务,对此他们是向外保密的。1930 年后,河
北省村长还担当起土地交易中"官中人"的角色,同时,某些村政

---

① 《惯调》第 1 卷,第 131、175 页;第 3 卷,第 44—45 页;第 4 卷,第 20、34、405、
　　407、409 页;第 5 卷,第 9、15 页。关于其正式任命,见《惯调》第 1 卷,第 175、
　　186—187 页;第 3 卷,第 50、414 页;第 5 卷,第 9、41、407、418 页。

权还代收牙税。①

尽管并无严格规定，但往往由村公会决定由谁来执掌村政权，由村公会来选择村长副并接纳和任命村公会新成员。在 20 世纪初期，村公会多由富裕人员组成，而他们又从自己的圈子内挑选新成员。1929 年实行选举法后，一些村庄的村公会仍然把持着对村长副的提名权。村公会是一个代表不同利益的个人集合体，故其所做决定带有明显的妥协性。②

1929 年国民政府统一北方后推行的乡镇和闾邻制，是集行政和自卫于一身的组织。各级长佐层层选出，最下一层为 5 家组成的邻，邻设长，邻长也是选举闾长的代表。③ 但实际上，在 30 年代，只有个别村庄实行了选举制，而闾邻制与过去 10 家连坐的保甲制亦无大的区别。30 年代中期，乡的规模和职能经常变动，直到 1941 年以后，在日伪政权强力推行下，大乡（1000 户）制才基本取代了自然村落制。

村庄领袖群像

下面将结合财产占有和传记文字等资料来分析地产和非地产、宗族、保护关系等因素是如何决定乡村领导层的构成的，我还将探讨进入 20 世纪后这些因素在乡村政治中作用减弱的程度。

161

---

① 《惯调》第 1 卷，第 104、116、121、151—152 页；第 3 卷，第 44—45 页；第 4 卷，第 14、18、29、329、405、412 页；第 5 卷，第 10、37、301 页。

② 《惯调》第 1 卷，第 99—100、123 页；第 3 卷，第 30 页；第 4 卷，第 6、24 页；第 5 卷，第 9 页。

③ 《中华民国法规大全》第 1 卷，第 641—645 页；又见松本善海：《中国村落制度的历史研究》，第 546—547 页；甘博：《华北农村》，第 41 页。关于国民政府时期乡制的建立，见《中华民国法规大全》第 1 卷，第 535、618 页。

沙井村　"满铁"调查人员认为沙井是华北平原一个比较典型的村庄,到 20 世纪 30 年代末,该村有 70 户人家,村中没有拥有许多佃户的大出租地主,但有数家拥有土地 70 亩以上、雇佣长工或短工的经营型地主。土地分配很不平均,占全村总户数60％的农户共占全村 14％的土地,而占总户数 15％的富户却占全村土地的 52％。①

沙井村的领导权掌握在占总户数 15％的富有人家手中,而且,不同于其他"满铁"调查过的村庄,这种富人掌权的状况一直持续到 20 世纪 30 年代。1900 年根据上级命令正式成立了青苗会,会首们的主要职责从宗教方面(即办"五会")转向护秋等事。② 在此之前,护秋是各自进行的。青苗会和会首制不仅是一个保护庄稼的村庄组织,而且,国家政权可以借此有效地征收捐税和摊款。

村公会的性质如何？据 20 世纪 30 年代及更早时期村公会成员占有土地的零星资料表明,拥有财富是进入乡村领导层的关键——这在早期更是如此。沙井村 9 个会首平均占有土地 50 亩,远远高于全村户均土地面积数(15 亩)。③ 从历史资料来看,20 世纪初期的村庄首事比 40 年代的首事更为富有(见表 7)。

---

① 《惯调》第 1 卷,第 76 页;又见马若孟:《中国农民经济》,第 43 页。马若孟画出劳伦斯曲线来表示沙井、吴店、寺北柴、后夏寨 4 村的土地分配状况(该书第 44 页)。吴店村的数字是不能与其他 3 村相比较的,因为吴店村是指各家耕种亩数,而其他村则是指各家拥有土地亩数,这一点是本次玲子提醒我注意的。而且,此曲线并未给我们展示村中财富的实际分配状况,因为制图时未列入无地之佃农。

② 《惯调》第 1 卷,第 174、187 页。

③ 《惯调》第 1 卷,第 76 页;第 2 卷,第 72 页。

表 7　1940 年沙井村首事的土地占有情况(亩)

首事姓名	登记土地	隐瞒地	总计	备　　　注
赵廷魁	18	1	19	香头的后代，其父辈有地 130 亩，早先时他自己有地 70 亩
李儒源	68	4	72	其祖、父两辈曾任会首多年
张永仁	46	2	48	其父未任会首，20 年前他自己家业发达
张　瑞	130	2	132	自创家业，其父未任首事
杜　祥	12	0	12	其上辈曾任会首，民国初年有地 54 亩
李秀芳	35	16	51	其前辈长期充任会首
杨　源	34	8	42	村长，除土地外还有其他产业，其上辈是富有的会首，并曾任村长
杨　泽	31	5	36	杨源的兄弟
杨　正	29	13	42	杨源的兄弟

资料来源：《惯调》第 2 卷，第 524—536 页；第 1 卷，第 124—125、174 页。

　　在 1940 年的 9 位首事中，有 7 位其上辈也任过首事，而且那时更为富有①，另一些村民其先辈富有时曾任过首事，但由于家道中落，便自然而然被淘汰出首事行列。② 不过，在 1940 年重新实行保甲制时，两个并不富有的人被任命为甲长，这表明，到民国晚期，村中财主开始躲避村中行政职务。③

　　对历任村长姓名稍作分析便发现，从清末开始，李氏一族基本上控制着这一职位。清末时李珍任村长，后来其子李振英、其孙李汉源、李洪源继任村长。李振英的兄弟(李振杰)任过村首

---

①《惯调》第 1 卷，第 124—125 页。
②《惯调》第 1 卷，第 124—125 页。
③《惯调》第 1 卷，第 188 页。

事,而表 7 中李儒源便是此首事的儿子。据李振英的儿子讲,其
祖父时家有土地 200 亩,其父亲有地 100 亩,而到自己一辈时则
仅剩下 20 亩地了。① 随着财产锐减,他们不再担任村长,甚至连
首事也当不上了。这表明,只有当儿孙们达到一定的财产要求
(仍是村中的富户)时,他们才能继承父辈的村长或村首事职务。
未受到教育并不阻碍他们担任"公职",许多村首事和村长便是
文盲。

对村中 3 个主要首事稍作调查便会发现他们建立起自己权
威的各种关系。村长杨源是某一富有的村首事的后代,他的两
个兄弟亦任村首事,杨源土地不多,但在县城中有一作坊。与县
城其他工商行业相比,这一作坊显得规模很小,杨源也无加入顺
义县商会的资格,但对村民们来说,该作坊是与县城商界相联系
的唯一窗口。杨源不仅自己向急需钱用的村民贷款,而且利用
自己在县城中的关系向村民介绍放贷之主,并且向城居地主介
绍佃户。②

用某种标准来看,杨源的"公务活动"并不是十全十美的,他
和他的兄弟所隐之田比其他村民为多,而且,他将自己低湿之地
(原为苇地)卖给村里。③ 但这似乎并未影响他在村中的地位,在
村民或村与村之间的争端中,他是一个重要的调解人。他任村
长达 8 年之久,到 1940 年时,他已对此职感到厌烦,急于推脱。
不过,他对"公务"仍有兴趣,他被任命为 4 个村联合建立的小学
校的校长。总之,杨源是一个小村庄中典型的保护人和领袖,他
利用自己与村外的关系,用对村民的"恩惠"和"义务"建立起自

---

① 《惯调》第 1 卷,第 138 页。
② 《惯调》第 2 卷,第 40、195 页。
③ 《惯调》第 1 卷,第 187、189—190 页;第 2 卷,第 488 页。

己在村中的威望。

李儒源可能是村中最受尊敬的人,他任会首时间最久,尽管他的祖、父皆为村庄领袖,但他是靠自己的勤劳发家致富的。民国初年,他只有 20 亩土地,但到了 30 年代,土地已增加到 70 余亩。他是一位中医,"治病救人",这更加强了他的名望,使他拥有大批的拥护者。他声称,在方圆 50 里内,无人不晓他的大名。同杨源一样,他也是村内或村际间争端的一位重要调解人——这是一个人身份高低的重要标志。①

副村长张瑞的祖先较贫,并不是村会首。他经营有方,据传他将土地扩展到 130 亩。张瑞对乡村政务不太热心,但他十分富有,可以交付摊款,所以仍名列村会首之中。② 每年冬天农闲之时,张瑞组织一些村民到北京一作坊做工挣钱,这些村民对张瑞十分感激,在村政上自然拥护张瑞。

侯家营 如前所述,由于不少人到东北做工或从事贸易活动,所以在 20 世纪前 30 年,侯家营显得欣欣向荣。1940 年,全村有 110 户,约 22% 的人家有地 0—10 亩;47% 的人家拥地 10—30 亩;将近 20% 的人家有地 30—60 亩;5.5% 的人家占地 60—100 亩;另有 6 家(亦占约 5.5%)各有地 100 亩以上,在这 6 家中,3 家有地 150 亩以上。尽管该村较为富有,但 70% 有地不到 30 亩的人家不得不向几户有余地的地主租地耕种。③

我已经较详细地分析过该村的政治结构(见第四章),简单地说,会头既是村中的"精英",又代表了各家族门派。会头的选充有两条标准,既要看他是否富有,又要考虑他的宗族出身,即

①《惯调》第 1 卷,第 107、189—190 页;第 2 卷,第 98 页。
②《惯调》第 2 卷,第 92—93、193、195 页。
③《惯调》第 5 卷,《概况》第 5 页。

他必须能代表某一宗族。不过,新会头不是由宗族选举的,而是
由其余会头在相应宗族中提名的。如同其他村庄一样,会头一
职往往是父死子继,但儿子必须仍为富人并具备起码的才能。[165]
表 8 是 1928—1929 年会头制被闾邻制取代之际的状况,8 个会
头之中,两人有地百亩以上,另两人分别有 80 亩和 50 亩,其余 4
位各约有 20 亩土地,其中 3 个是第一次充当会头,约半数会头
财产一般不是出自"会头世家",这是一种新现象。侯家营的长
者侯荫堂说,在民国初年他任村长时,非富有之人是不堪充作会
头的。①

　　"精英"们控制着乡村政治,这从会头们的经济状况可以得
到一些反映,而且,"精英"们还把持着村长副的职位(见表 8,
1914—1942)。民国之前,会头中无"会长",一切决定由集体作
出。1911 年之后根据政府命令才设置了村长副,第一任村长由
会头中人担任。其后村长副不由会头中产生,但他们都是村中
的财主,5 个村副中有 3 个也拥有相当的土地。

　　所以,尽管在 1928 年时 8 个会头中有 4 个"较贫",但仍可
以说在民国时大部分"精英"以会头或村长副身份参与村政。与
其他村庄不同,侯家营的"精英"们尚无意从村政中退出。事实
上,当捐税较轻或比较合理时,担任"公职"是有某种好处的。

　　　问:由土地多的人来担任会头或村长(后期为乡长
　　或保长)对他们是否有好处?
　　　答:是有好处。
　　　问:有什么好处?

----

① 《惯调》第 5 卷,《概况》第 14、42、149 页。

答：如果他人掌权，就有可能得多交村费。如果自己负责，则力图减少开支，从而使自己负担份额减小。[1]

表8 侯家营会头(1928—1929年)及村长、村副 (1914—1942年)的土地占有情况(亩)

姓名	拥有土地	姓名	拥有土地
会头,1928—1929			
父辈曾任过会头的			
侯荫堂	80	侯宝臣	50—60
刘万举	100+	侯凤昌	20
侯显扬	100+		
父辈未任过会头的			
侯绰然	20	侯心一	20
王指升	20		
村长、村副,1914—1942			
村长			
侯荫堂(1914—1917)	80	侯宝臣(1928—1932)	60
侯显扬(1917—1921)	150	侯大生(1932—1936)	80
刘子馨ᵃ(1921)	170	侯全五(1936—1939)	160
侯恩荣(1921—1926?)	70—80	刘子馨(1939—1941)	170
侯宝田(1926—1928)	70	侯元广(1942—)	150
村副			
侯尔臣	30	孔子明	31
侯恩荣	70—80	萧惠升	60
侯永和	70		

资料来源：《惯调》第5卷，第8—9、41—42、56—57页。

a. 对刘子馨第一次任村长的时期记忆不确，见《惯调》第5卷，第41—43、56—57页。

---

[1]《惯调》第5卷，第20页。

在侯家营,村长作为保护人的作用十分明显,村民们向其保护人送有 3 块匾额,其中一块木匾是送给一位会头的,被挂在其子的外屋,表现了村民对他调解争端、救济贫民、代理官司等善举的感激。另一块匾是 1870 年左右送给在县衙粮房当差的一位村民的,感激他常常代人垫封钱粮或请县太爷宽展比限。[1] 第三块匾是在 1937 年送给萧惠升的,他在 40 年代时是村中最有影响的领袖。匾上刻着"热心公益"4 字。此匾是由侯家营发起,以 38 村联合名义送给他的,主要是表彰他成功地调解了一场可能发展为诉讼(这是村民最不愿看到的)的争端。1934—1937 年,萧惠升任电话局长,村民往县城打官司时往往找他协商。当村学款项紧绌之时,他发起募捐,还给侯家营做了许多其他善事,为此村民还送给他另一块匾。当然,这些匾都是送给在世之人的,以此来提高他的"面子"。[2]

萧惠升在侯家营长大,但他并不是出生于此村,他的父亲与一位寄居东北的侯家营人合伙做生意。当生意破产后,萧氏无处可去,便与其合伙人一同回到侯家营。萧惠升在县城上小学,后又进入东北一所大学,毕业后即在县政府得到一职位。据说他精通法律,故在形成诉讼前极力调解争端,而一旦诉诸衙门,他便不再干涉。他朋友众多,联系也广,常常乐于借此为村民办事。例如,他能为村民找到不要担保物的贷款,并且经常亲自充任契约中人。1937 年,他回到侯家营,当时他有 60 亩土地,担任村副并任学校董事。他是全村最有威望之人,而且,他也可能是大乡乡长(一个地痞,我们在后面还要提到这个人)唯一畏惧

---

[1]《惯调》第 5 卷,第 37—38 页。
[2]《惯调》第 5 卷,第 39 页。

的人。①

在第四章，我们已经看到宗族关系如何影响着该村的政体结构，萧氏在村中并无同族，但由于他自己有威望，所以并不需要宗族的支持。其他没有萧氏那样个人威信的村领袖，便要靠宗族关系和庇护体系来发挥自己的权威。刘子馨在20年代初和30年代末两次担任村长，他上过师范学校，并在县城小学中任过老师，家有170亩田地，是全村最富有者之一。他也向外借钱，到了30年代末，由于他不断地将抵押之田收归己有，故田产越来越多。但同时，他也经常充当不要担保物借贷的担保人，在借款人彻底破产之后，他不得不代为还钱。②

作为刘氏宗族的首领，刘子馨被卷进宗族争斗之中。1921年，刘子馨任村长时，侯家营为均平摊款对全村土地进行普查，结果发现刘子馨也隐瞒了不少土地。其他侯姓会头威胁说要将他告到官府，由于不少村民都多少不等地隐瞒了几亩土地，所以并无多少人愿意将此事弄大。结果虽"大事化小，小事化了"，但刘子馨不得不辞去村长一职，到县城去专心教学。1929年，他不再任教，回村居住，但仍充任县教育会董事。③

10年后，刘子馨得到了报复侯氏并重新建立自己威信的机会。30年代初，侯大生任村长，他蔑视村会头们的决定，滥用村款。结果，到30年代中期，村中10个有影响的人联名到县衙告他，侯大生被迫辞职。

问：那10个酝酿状告侯大生的是村中有地位的

---

① 《惯调》第5卷，第5、37、39、41、50、58、131、258页。
② 《惯调》第5卷，第5、11、14、41—43、152、258页。
③ 《惯调》第5卷，第43、56—58、100页。

人吗?

答:他们土地多,是村中有才能有势力的人。由于他们地多,所以,不论村中有什么开销,他们都得拿大头。他们对此十分反感,所以,要告倒侯大生。

问:土地较少的普通村民是否也认为侯大生不好?

答:是的,贫民也不喜欢他。

问:为什么?

答:因为他花钱大手大脚。尽管贫民纳钱相对较少,但绝对数仍是增大了,所以,贫民也反感他。……侯大生浪费村款,一月吃喝达 10 次之多。①

刘子馨是策划、告倒侯大生的主要人物之一,很可能正是他 169 亲自在知县面前告的状,因为他是教育会董事,有接近官府的机会。1939 年,刘子馨重任村长,他担任此职直到 1941 年。② 从这些个人小传及颂扬匾额中可以看出,村领袖常常与 2 个或 3 个纵向组织相关,并以此建立自己的地位和权威,如刘子馨和萧惠升那样。一些村领袖还将其在县城的关系转化成政治资本,带入乡村社会的精英政治之中。

直到 30 年代末期,在侯家营,村庄保护人仍然占据着村中各种"公职",尽管会头中"贫民"的人数在增加,但精英们依然控制着各种重要职位。而且,从萧惠升的事例中可以看出,在乡村政治中,保护人仍在发挥作用。不过,随着国家政权的深入,精英们的影响力已不如从前,他们无法完全阻止政体的转变。

---

① 《惯调》第 5 卷,第 18 页。
② 《惯调》第 5 卷,第 100 页。

1939 年之后，各保甲长已失去了昔日作为"领袖"的权威，而只是保甲"代表"而已。[1] 据时任保长的刘子馨讲，甲长中无人能靠自己的能力和威信充当乡村契约中人，他们太年轻，未受过教育，而且无财力负担任何经济责任。刘的继任者也非常富有，但在老会头们看来，他只是大乡乡长的"走狗"而已。[2] 旧式乡村领袖的"隐退"与新政权中心（大乡政权）的出现有关，这些问题将在第八章中讨论。

冷水沟　冷水沟有 4200 亩土地（此乃大亩，1 大亩等于 2.5 常亩），370 户人家，土地分配比较平均：只有 1 家占地百亩以上，10 家占地 50—100 亩，而大多数（340 户）占地 10 亩（即 25 常亩）左右，约有 20 户为无地之户。10 个居住于济南的地主通过高利贷在冷水沟占有土地，但与全村总亩数相比，其比例甚小。由于此村靠近济南，不少人家可以通过草编业或做苦力等副业来增加收入，补贴家计。所以，虽然此村两极分化不甚严重，而且来自村外的控制力较弱，但我们不应将其视为一个"封闭"的社会。[3]

1929 年国民政府实行间邻制之前，冷水沟村分为 8 段，每段设一"首事人"。据被访问者言，先有首事人而后有段，由首事人的威信高低来决定段的大小。首事人通常是村中富有并受人尊敬之人，他们调解纠纷、管理庙产和祭祀仪式，并组织看青。与其他村庄一样，首事人一职多是父子相继（但继承者必须也很富

---

① 《惯调》第 5 卷，第 47、209 页。
② 《惯调》第 5 卷，第 48、209 页。
③ 《惯调》第 4 卷，《概况》第 9 页。关于另一估计，见马若孟：《中国农民经济》，第 338 页。

有)。① 与"满铁"调查中的其他村庄相比,冷水沟可能是在 20 世纪时领导结构发生变化最为剧烈的村庄。

我们只知道清末首事人中一个人的财产状况,他有 80 亩土地。不过,通过访问调查、碑刻资料以及对 1928 年各位首事人家产的追踪,我们可以得出结论:各首事人皆非常富有并且很有声望。② 值得注意的是 1928—1929 年间的变化。表 9 显示出 1928—1929 年实行间邻制前后首事人及间长的财产状况。

从表 9 中可以看出,20 世纪乡村领导层最显著的变化是村、庄领导人财产的减少。1928 年,首事人平均占有土地为 52.5亩,而 1929—1939 年,间长平均占有土地为 24.1 亩,即使我们只算较为富有的前 8 位间长,其平均土地也只有 35 亩。更引人注目的是,1929 年之前的首事人中无一位充任间长之职。在其他村庄,如寺北柴,村庄首事们财产的减少与整个精英层财富"今不如昔"有关。但冷水沟的状况不是这样,从以上材料中可以看出,富有地主的"公职"由中农或贫农所接任。据此,我们可以得出结论:乡村精英们是有意退出"公职"的,调查人员与村民们的谈话可以印证这一点。

表 9　1928 年前后冷水沟村领袖占地情况(大亩)

1928 年之前首事人	占有土地	1928 年之后间长	占有土地
李相龄	80	王起贵	60
杨翰卿	80	任福增	40
李凤节	70	李喜池	40

①《惯调》第 4 卷,第 8 页。
②《惯调》第 4 卷,第 25、27、34 页。李相龄是首事,有 80 亩地。

续　表

1928年之前首事人	占有土地	1928年之后闾长	占有土地
李文汉	50	李兴长	40
任德轩	50	张增俊	35
王维善	40	李永祥	26
杨立德	30	杜延年	20
李凤贵	20	李忠浦	20
8个首事人总计	420	其他7位闾长共	70
		15位闾长总计	351

资料来源:《惯调》第4卷,第25页。参见马若孟(1970)对此材料的分析,马若孟算得闾长平均占地为28亩(第99页),而我则计算得24.1亩。

问:段与保甲制(1940年后实行,与闾邻制相差不大)有什么不同?

答:保甲制是根据上面命令而建立的,段则是自生组织。

问:同段中各户之间的关系是不是比与段外之户的关系更为密切?

答:是的,肯定比现时甲中各户的关系更为密切。

问:段中各户发生纠纷,首事人是否前去调解?

答:当然去调解。

问:现在的甲长是否也调解甲中争端?

答:不一定,这要看他的能力如何。

显然,领袖与其被领导人之间的关系发生了变化。首事人
172 在各自的段中保持有传统的权威,这与他个人的威信有关,而甲长不完全如此。而且,他们与庄长的关系也发生了变化:原先是

首事人推举庄长,后来则变为由庄长任命闾、甲长。①

在乡村政体发生变化之前夕,军阀张宗昌盘踞山东,大肆搜刮钱财和粮草,一些乡村精英退出村中领导职位可能与此相关。大约也是在此前后,新的庄长就职,他一直任职到 30 年代末。据说,在早些时候,庄长一职由富有之人把持,但在张宗昌的压榨下,原庄长于 1928 年去职,村中一时无合适之人充任庄长。②

1928 年,庄首事们推举杜凤山为庄长。杜凤山声称他自己不愿充任,多次提出辞呈,但不为村庄首事人所接受。杜只有 2 亩地,尽管他养着 200 多只鸭,但在当时他并不被认为是富有之人——此点我在 1986 年访问该村时得到证实。由于那时无人愿充任庄长,村里决定每年给庄长约 100 元的津贴。③

杜凤山的事例在其他村庄中是不多见的。由于乡村精英们退出"官位",乡村政治中出现空缺,"好人"不愿承充,但村中无赖觊觎此位,他们视摊派和征收款项是榨取钱财的大好时机。用一个被访问人的话来说,30 年代自愿充当庄长的只是那些无固定职业的大烟鬼或赌徒,即"土豪"或"无赖"。④

杜凤山并不富有,而且是个文盲,但他并不是土豪或无赖。尽管他要求辞职,但他对担任庄长一职十分自豪,因为,1929 年之后 2/3 的村民拥护并投票选举他连任庄长。杜凤山表现得十分称职,在当时的环境下,他尽力办好各事,并因此赢得了村民的信任和尊敬。无疑,他是村民或村际争端中最受欢迎的调解人。他不仅帮助解决村民纠纷,而且,当地主和佃户发生争执

① 《惯调》第 4 卷,第 20、57 页。
② 《惯调》第 4 卷,第 6 页。
③ 《惯调》第 4 卷,第 6、24、31 页。
④ 《惯调》第 4 卷,第 25 页。

时，人们也往往请他调解。据说，在赎回押出土地、要求借款，甚至在集市上出卖粮食讨价还价之时，只要有杜凤山的"面子"，条件便会从优。① 在三四十年代，很少有人能像杜凤山那样久任庄长并建立起如此的威信。当乡村精英"隐退"之后，普通村民可以利用"公职"来提高自己在村中的地位，但这种情况必须视为例外。

寺北柴 由于居民们的经济状况不同，寺北柴和其他两个"满铁"调查过的村庄（指吴店村和后夏寨——译者注）与前 3 村的领导结构很不相同。寺北柴等 3 个村庄变得非常贫穷，到了20 年代末期，村中再无保护人型、富有和威望较高的人充任"公职"。

寺北柴以棉花为主要作物，与周围其他村庄一样，1910—1930 年间，该村的植棉面积超过谷物种植面积。据 1871 年县志记载，寺北柴村民共有土地 2400—2500 亩。② 20 年代初和 30年代初的几次天灾歉收使寺北柴迅速贫穷。到了 30 年代初期，该村 1600 余亩土地被转入城居地主之手，其中 627 亩土地是被抵押出去的，尚存一线被赎回的可能。实际上，到 30 年代末农产品涨价之时，不少农民即赎回了土地。③

但不论怎样，寺北柴是"满铁"调查过的两个最贫穷的村庄之一，全村户均占有土地不足 10 亩，耕种面积（包括租入土地）不足 15 亩，在当时条件下，一个 5 口之家需有 25 亩土地才能维持生存。④ 村中贫富分化并不严重，全村只有 3 户人家占地

---

① 《惯调》第 4 卷，第 7—8、180、207、265 页。
② 《惯调》第 3 卷，《概况》第 5 页；《栾城县志》卷二，第 23 页。
③ 《惯调》第 3 卷，《概况》第 5—7 页。
④ 《惯调》第 3 卷，第 5—6 页。

30—40 亩。张乐卿是村中的一个"大地主",有 80 亩土地,但他也不得不将其中的 48 亩抵押给城居地主。全村只有 10 户人家 *174* 在一般年景不靠借贷度日。①

控制寺北柴大部分典押土地的 3 个城居地主允许村民继续租种原土地,寺北柴村民共租种 1372 亩土地,其中 723 亩租自这 3 家城居地主。② 抵押佃户与高利贷者之间的关系十分紧张,即使在 1937 年之前,地主就经常捆绑交不起地租的佃民,佃民则纵火报复。日军入侵该地区后,兵匪横行,抢劫时有发生,使得佃民无法及时收割庄稼以交租税。1940 年此区"安定"后,地主向佃农追要欠租。"满铁"调查员安藤镇正在与高利贷地主的长谈中发现,这些地主不仅以未交清欠租为由不许村民赎回押出土地,而且强迫村民按战后上涨物价交纳欠租,他们声称上涨部分是他们应得的"利息"。而且,地主们的无理要求得到伪县政权的支持。在这种情况下,佃农们有时团结起来一致要求减租。③

在第四章中,我从政治与宗族组织关系的角度分析过寺北柴的政治体系。为了使认识更为全面,下面我将从此村与外界相依赖的角度进一步分析其政治体系。该村政体中最突出的特点是:到了 30 年代末期,村长副中无一人被认为是乡村中有地位的领袖。事实上,全村中几乎没有一个人能够靠自己的财富和关系来树立威信以得到村民的拥戴。

零散资料表明,在早些时候,寺北柴的村领袖也是出自较为富有的人家。1908 年之前,村中有 12 位董事,他们代表不同的

---

① 《惯调》第 3 卷,《概况》第 5—6 页。
② 《惯调》第 3 卷,第 6—7 页。
③ 《惯调》第 3 卷,第 163—164、173—174、193、215、226 页。

宗门，其中有的董事占地达二三百亩。[①] 1869年立的一块关帝庙碑记载，张乐卿的祖父曾任村董事，他一人向关帝庙捐钱九千五百文（相当于3亩地的价值）。[②] 而且，据村民们讲，董事一职多是世袭的。

从前面土地占有及贫富差别的叙述中可以看出，富有村民的数目在减少，其在村"公职"人员中的比例亦在减少。而且，因为过于贫穷，对村长副们来说，征收摊款十分困难（见下）。随着30年代时摊款增加，村公职——特别是村长一职——更换频繁。例如：1930—1934年有3位村长，而1939—1941年村长一职则四易其人。[③]

村领袖中唯一一个靠个人保护力赢得村民拥戴的是张乐卿。他是富有董事的后代，任村长达14年之久。但到了30年代后期，他在村中的地位亦急剧下降。1930年之前，他有80亩土地。据他自己讲，由于他的兄弟经营饭馆、酒店亏本，加之20年代后期国民政府的苛捐杂税，他不得不将48亩土地抵押出去。他为全村垫付摊款，但贫穷的村民无力向他归还垫款，他不久便辞去公职。但在1934年，他又一次出任村长。1937年日军入侵之后，土匪在乡村横行，他们的手段之一便是绑架财主或村长以向其亲属或全村勒索赎金。张乐卿家遭到抢劫，他本人也差点被杀，从此之后他再也不当村长了。[④]

尽管财富不如昔年，但张乐卿竭力保持其作为村庄领袖的地位，他声称自己是全村唯一的一个被邀请参加所有婚丧大事

---

① 《惯调》第3卷，《概况》第6页；《惯调》第3卷，第41、50页。
② 《惯调》第3卷，第41、56页。
③ 《惯调》第3卷，第50、59页。
④ 《惯调》第3卷，第50—51、53、56、63、170页。

的人。而且，由于他有"面子"，在借贷中他是村中最有说服力的中人。虽然他被村务缠身，但他仍以中医身份免费为村民治病。[176]1931年后，他在家中开办小学，讲授《论语》和《孟子》，同时，他还是丈地的能手。[①] 虽然他的话可能有点夸张，但无疑他是村中最有地位的人，无人能超过他。

但是，不能否认，张乐卿不仅财产减少，其威望亦在降低。随着高利贷地主对村庄控制力的加强，张在村中的影响力越来越小，他自己将48亩土地抵押给最大的高利贷地主林凤楼（原书中作王赞周——Wang zanjou，查《惯调》第 4 卷应为林凤楼——译者注），而且由于1937年时张未及时完租，林不许他赎回土地。张乐卿在村中激烈抨击这种抵押制度，并且是争取押佃人赎回权的积极鼓动者，对此人们不必诧异。[②]

张乐卿的威信在下降，但另一种有影响的人物——那些与城居地主有关系的人，在村中逐渐崛起。村民们不仅将土地押给城居地主，而且仍作为佃户继续耕种押出之地。在田地涨价时提高押金、增加借贷或延长付款期限等问题上，村民都得乞求城居地主的"开恩"。随着城居地主控制力的加强，原先那些向村民介绍低利借贷和高价帮工雇主的村庄保护人的作用下降，村民们不得不转向依赖那些与城居地主有关系的人，而这些人则不一定完全替村民着想。

寺北柴的赵老有和郝老振即是后一种有"威望"的人。他们自己只有数亩土地，在宗族中的地位和威信亦不高，但他们是与3 个城居地主打交道的唯一中人。据传，他们是城居地主在村中

①《惯调》第 3 卷，第 53、250、275、278—279、348 页。
②《惯调》第 3 卷，第 164、170—172 页。

的"代理人"，他们每说合一宗租佃或借贷关系，便从中私自收取佣金。同时，他们暗中监视押佃土地的村民不得将押出土地卖与他人。他们从地主那里得到优惠条件，分别租种 80 和 60 亩土地，他们还能弄到无息贷款。村民们为从地主那里得到较优

177 条件而经常请赵、郝二人喝酒吃饭。但事实表明，此二人从未站在村民一边，他们总是竭力保护和扩大其主子的利益。[①]

吴店村　吴店村是另一个"依赖型"村庄，清末时吴店村有 2000 亩土地，到 1941 年，该村仅剩 1100 亩地，而其中 600 亩归村外地主所有。该村个别财主在二三十年代移居县城，但土地减少的主要原因在于，20 年代初期以后，连年天灾，加之兵荒马乱和苛捐杂税，村民不得不将大片土地卖给城居地主。良乡县位于北京之南，如县志所说，每有争战，良乡首受其害。[②]

正因为如此，全村(57 户)77％的人家占有土地不到 20 亩(请注意，要维持一家 5 口温饱至少应有 25 亩土地)。[③] 大部分村民靠佃种或佣工来增加收入。尽管如此，他们中的大多数仍不得不年终借贷，从而陷入无力偿还、抵押土地的恶性循环之中。3 个有地 1000 至 3000 亩不等的大城居地主在吴店村共有 200 亩土地，其余 400 亩为中、小城居地主所有。[④]

与寺北柴一样，清末时吴店村也有由村中精英(称为"会首"或"会头")组成的"公会"，负责村庙祭祀和看青等公共事务，这是负责征收摊款的"公会"的雏形。但是，据村民们讲，在前清时

---

①《惯调》第 3 卷，第 263、269、277、281—282、300、304、353 页。
②《惯调》第 5 卷，《概况》第 6 页；《良乡县志》卷三，第 6 页。
③《惯调》第 5 卷，《概况》第 6 页。一般民户占地不到 10 亩。
④《惯调》第 5 卷，《概况》第 6—7 页。

捐税很轻,首事们往往自己交纳而不向村民征收。① "满铁"调查
时曾问及此事:

> 问:现在还有代完捐税的人吗?
>
> 答:如今都自顾不暇,哪里还有这种慷慨之人!

　　吴店村的富人从"公职"中隐退比其他村的早。从 1919 年
开始,军阀们便在北京周围展开争夺,20 年代初的直皖战争和后
来的 3 次直奉战争对这一地区毁害尤烈。军队勒索无限,使许
多富裕领袖辞职并逃离农村。1937 年,最后两个家业较好的人
也离开了吴店。② 从此,村公职特别是村长一职往往由那些鲁莽
之徒担任,他们企图从中榨出油水。吴店村的事例清楚地表明
乡村权力基础在发生变化。

　　20 年代初期任村正的禹信三有 100 亩以上的土地。当时军
阀混战,摊派特多,他差点因此而破产。不久禹信三故去,他家
人从此拒任村长。③ 郭宽在 30 年代中期任村正,他可能是村中
最富有的人。但到了 30 年代末,他辞去村正一职,移居县城。④
较为富有、受过教育、颇具影响的赵权很受村民的尊敬,他是一
位保护人型村庄领袖,发生争端时人们常常请他调解。民国初
年他曾任村正,但在整个 20 年代和 30 年代前期,他再也不出任
此职,他于 1937 年离开村庄。⑤

---

① 《惯调》第 5 卷,第 420、426—427、532 页。
② 《惯调》第 5 卷,第 420、426、430 页。关于战争,见谢里登:《分裂的中国》,第 60—
　　64 页。
③ 《惯调》第 5 卷,第 430 页。
④ 《惯调》第 5 卷,第 430、509、553、574 页。
⑤ 《惯调》第 5 卷,《概况》第 6 页;《惯调》第 5 卷,第 412、431、445、520 页。

此后的村长与前期的村庄领袖有很大的不同，他们不仅将担任公职视为捞油水的机会，而且他们只能在传统的权力的文化网络之外寻求支持，特别是勾结县衙中的营利型国家经纪作威作福。1942年起任参议（村长）的张启伦曾是一名警察，他担任村长不久，上级便发现他有侵吞公款的劣行。传讯到县之后，他设法交还赃款，又回到村内。村民曾开会讨论此事，但由于无人愿充任村长，张启伦道歉之后仍继续留任。无独有偶的是，张启伦之前任村长（赵凤林）也因贪污亩捐而被拘留，但此人被放出后，又到长辛店当了警备队员。[1]

后夏寨 后夏寨是个较穷的村庄，1942年时有130户人家。该村1911年时为100户左右，但全村土地数远远高于30年代末的土地数。向村外出售土地，加之人户增加，使户均土地面积减少到20亩左右。据村民讲，维持6口之家需30亩地。所以，不少村民不得不靠租入土地、出外做佣工或挑货贩卖来增加收入。[2]

村中土地占有差别并不很大，3个最大的地主各占地约50亩。将近一半的人家占地20—50亩，而略微高于半数的人家拥地不足20亩。[3] 该村政权结构以3个大宗族为基础，采取"代表制"，这种体制在1937年以后为保甲制所取代。这一变化十分巨大，此前只有3个牌长和1个首事，但实行保甲制后，除村长副外，又设了13个甲长。3个牌长来自村中最富有的人家，而且往往是父子相承。到1937年，3个人均财力大减。[4] 当然，众甲长户均土地面

---

① 《惯调》第5卷，第421—422页。

② 《惯调》第4卷，《概况》第10页。

③ 《惯调》第4卷，《概况》第10页。

④ 《惯调》第4卷，第408页。

积比原牌长户均土地面积要小得多。遗憾的是,由于资料不足,我们无法断定这些甲长是来自村中上层还是下层人家。

我们略知一些关于庄长的情况。在日军侵入之前,村政比较稳定。一个比较富有的人(李僕)在1922—1929年间一直担任庄长。继任庄长的是村中最大的地主王保垣,他有70亩土地,任庄长达8年之久。[1] 1937年后,由于摊款频繁,无人再愿充任此职,4年之间有6任庄长。为了制止这种走马灯似的更换,县政府规定庄长辞职需向区公所和县公安局提出申请。[2]

对村中领导权力基础的研究,可能得出以下结论:第一,在早先时期,父子相继担任乡村公职的现象较为普遍。其他研究也得出这一结论。[3] 当然,"继承"是有条件的,即儿辈们必须仍是富有之人。这表明,在中国乡村,血缘和经济状况是选择领导人的主要标准。第二,有"面子"的乡村领袖将其权威建立在发挥某些社会职能的基础之上,匾额及访问资料均表明,威信和地位并不完全取决于财富的多寡。当然,权力本身是可以产生威望的。掌权人往往出自富裕之家,富有几乎成为掌权人的先决条件。但是,作为一个保护人,除富有外,他必须担当起下列某种社会责任:像乡村郎中那样治病救人、向村中宗教活动捐款、调解争端、介绍村民与外界经济和政治中心联系等。[4]

──────────

① 《惯调》第4卷,《概况》第404、561页。

② 《惯调》第4卷,第404—405页。

③ 甘博:《华北农村》,第51页。

④ 《惯调》第4卷,第401页。这种奇特的职能的结合似乎也是其他地区乡村领袖的共同特征,见斯特劳斯:《马来西亚邦国中的华人农村政治》,第164—165页。斯特劳斯强调外界联系在塑造村庄领袖过程中的作用,这在他研究的多民族的社会中更为重要。我自己的研究表明,即使在单一民族的社会之内,外界联系也是一个重要的因素。参见许舒:《香港地区》,第128、175—176页。应该提及的是,我的研究也得出与许舒重要论点相同的结论,即在村庄一级的共同组织中,多是由庶民担任领袖。

直到 20 年代初期,这种精英保护人在乡村领袖中仍十分普遍。此后,乡村权力基础发生明显变化,另一类人开始充任乡村公职。在不同的村庄,这一变化的起始时间不同,但在 6 个"满铁"调查村庄中,有 3 个村庄的变化发生于日军侵入之前。甘博对 1932 年前后的乡村研究为我们提供了更为充实的证据,他分析了 8 个村庄中村领袖的有关资料,其中 5 个村的精英在 30 年代初已退出乡村政权。[①] 在其他 3 个"满铁"调查村庄,这一变化发生于日伪政权进一步强化对乡村控制之后,我在第八章中将讨论国家政权的深入如何加剧了这一过程。这里先讨论经济强人在乡村政权中的作用,让我们看看国家政权在多大程度上吸引传统的乡村领袖加入新的乡村政权。

¹⁸¹

保护人和中间人:习惯法中的权威结构

农业经济必然需要一定的组织或权威,这便是习惯法产生的基础。习惯法即村民们在劳动和生活中达成的一种默契或共识,是一种公认的行为规范或惯例。为了使契约有效,签约时要有中人,而这一中人往往由村中的保护人充任。在土地买卖和借贷关系中,因保护人联系广泛,他可以将普通村民与外界之人联系起来。在"当面"关系为主的农业社会中,保护人所拥有的

---

① 相关的村庄为甘博所称的 B 村、D 村、H 村、I 村、K 村(见《华北农村》)。尽管村庄对离村地主的依赖十分明显,但我对这些社区领袖的概括并不是根据社区束缚作用如何,从这一点来说,我的研究角度与黄宗智不同,他用"封闭""团结"和"分裂"来概括村庄的变化(见《华北的小农经济与社会变迁》)。这两个观点并不是完全不相容的,因为,我注重的是领导体系而不是社区行为,不过,两者还是得出不尽相同的结论。黄宗智将后夏寨、冷水沟归入在外界威胁下自我封闭而达到内部团结的类型,但我的研究显示出,冷水沟的领导模式经历了巨大变化。而且,到 30 年代末期时,后夏寨也开始进入领导层的极不稳定时期。

关系网对促进非个人的商业活动便极为重要。同时，保护人也逐渐建立起自己的拥护网，可在文化网络中为政治或名望目的而加以应用。

我将集中讨论乡村中的 3 种契约关系：借贷、租佃和买卖土地。在日益商品化的华北乡村社会生活中，这 3 种契约类型都至为重要，且都离不开中人。中人起着各种作用：第一，经常是中人将供需双方介绍到一起；第三，他是签约的见证人，在发生诉讼时，往往要传中人到堂作证；第二，在某些契约，如借贷契约中，中人又常常兼作保人，以保证归还借款。

此外，在发生争议和悔约时，中人有权利和义务进行调解。这是中人最有趣的方面。让我们看看中人如何发挥其重要作用：买卖双方很可能互不相识，但他们都认识中人，通过中人这一第三者，使商业关系个人化，从而降低了违约的风险。当中人地位较高或很有"面子"时，便使这种"个人关系或义务"更为强化，从而加重了违约者的心理负担。当发生争议时，中人的地位越高，调解成功的希望就越大。在村民与比自己更强一方（如城居之人等）打交道时，中人的作用尤其重要。在这种两人地位不平等的交易中，中人的"面子"越大，他为"弱者"争取较优条件的能力也就越大。当然，他争取的优惠条件越多，知名度便越高，他的"面子"也就越大。 ^182

从以上叙述可以清楚地看出，中人不完全是非常富有或很有威望之人（要求有担保人的契约例外），但对村民来讲，特别是在与村外人打交道时，找一个有"面子"的中人非常重要，这在以下的讨论中会显得更为明显。村民们经常向村中有威望的人物求助，这本身即表明，他们不仅仅是交易中人，而且是乡村社会的保护人。

习惯法中权威结构的中心是"面子"，而对这一重要的文化因素尚缺乏系统的研究。杨懋春在研究村庄冲突的一章中曾涉及这一概念，他将"面子"与"荣誉和羞辱"联系起来。[①] 他认为面子是名人的潜在标志，面子的增失有赖于具体事件的社会环境，这一环境是由当事人双方的相互地位以及与各当事人相关的人物因素决定。例如，当一个年长之人正要教训触犯了自己的少年时，人们便会劝他"照顾一下孩子父亲的面子"，这一劝说往往见效。

但是，面子并不仅仅是一种潜在的心理意识，而且还是某些人的外在特征。通常情况下，富有和有影响的人有面子，但获得面子必须有一个过程，即将自己的物质财富转化为人们所承认的精神财富，如威信、地位和信任，其中信任是面子的重要因素，一个"满铁"调查人员曾将信任和面子等同起来。在经济交往中，一个人的可信度很难与他的贫富状况及在社会中的地位分开。从实际效果来看，面子实为一种有具体用处的"工具"。

183　在经济契约中，中人的面子起着两种不同的作用。第一，面子可以直接影响交易中的几个因素。例如，在借贷关系中，中人的面子几乎与市场一样重要，可以决定贷款的数目、期限甚至利率。造成这种现象也可能出于纯经济上的考虑。让我们举例说明：假设甲、乙、丙分别是贷款人、借款人和中人，甲对乙的信誉并不了解，为了降低风险，甲可能只同意向乙下放小额、短期、高利贷款。但如果中人（丙）信誉较高，则情况就会大不一样。

面子的第二个作用并不直接与经济利益相关。这里，中人的面子对交易的一方（经常是更有势力的一方）可带来社会压

---

① 杨懋春：《一个中国村庄》，第167页。

力。例如,如果一个农民想提前赎回自己押出去的土地,其成功的可能主要依赖于中人面子的大小。造成这种现象有两个社会条件,或称前提:其一,在乡村社会中,市场状况并未能操纵所有经济交易;其二,国家立法并未能很好地保护交易双方的权益。

在市场规律和国家政权皆未能完全左右经济关系的乡村社会,农民及其家庭往往依赖地方强人,或者称保护人来实现契约,在交易中求得平等待遇并免遭贪官污吏的敲诈勒索。① 作为回报,保护人得到农民的感激和忠诚,他以此作为自己的政治资本。由此,保护人与被保护人之间结成一种"互惠"关系,但不要误会,这种关系并不是完全平等的。② 事实上,被保护人往往受保护人的支配,前者对后者是既爱又恨。

下面我将考察在华北乡村的经济活动中保护人的权威程度,并且考虑这一权威作用是否与村政权相连。换句话说,我将考察乡村社会中经济权威与政治领导之间的关系。

让我们首先看看"满铁"调查村庄中中人在借贷契约中的作用。获取贷款有3种方式:典押家产、抵押土地和寻找保人。在最后一种方式中,中人往往兼任保人,风险最大,我先考察这类情况。

很难确切估计涉保借贷的频率和比例,但在侯家营,据说这是最常见的一种借贷方式。它常常是一种同村外人签订的短期借贷,在这种借贷中,中保人(中人兼保人)的责任最重。据说,在侯家营,5个最受尊敬而且最有权威的村领袖经常充任此职,

184

---

① 艾森施塔特、罗尼杰:《社会交换中的保护人与被保护人关系》;又见盖尔纳、沃特伯里编:《中世纪社会中的保护人和被保护者》;施密特等编:《朋友、追随者及宗派》。
② 古尔德纳:《互惠关系简说》。

其中刘子馨、萧惠升等 4 人是村中有面子的财主，完全适合作村庄的保护人。① 中保人中的另一个人为孔子明，他并不富有，只有 20 亩地，但他路子很广。1940 年，他从一日本公司那里租得 50 亩肥沃田地，雇佣两个人来耕种。孔因为受过教育而极受村民尊敬，他经常引经据典，而且，因为他在奉天经商多年，故口才极佳，非常热心于担任公职。他不仅在各种契约中担任中保人，而且还是一个很有手腕的调解人，他自己调解了刘、侯二姓的冲突，并且领头为萧惠升送匾。1940 年，他被举为村副。②

　　孔的事例表明，中保人并不都很富有；他之所以被请为中人，是因为他的技巧和声誉，这暗示保人可能很少代替自己所保之人偿债。但在沙井村，情况并非完全如此，两个人因作保而遭受了财产损失，这一现象值得注意。杜祥是一位村会首③，他的父亲亦任过会首，其伯（叔）父是有名的大地主，有地 700 亩。在民国初年，杜祥有 54 亩地。那时，他热心于为村民安排借贷和租赁土地。有一次，他为一位亲戚作保借钱，该亲戚无力归还，他因此而失去了 10 亩地。由于各种原因，他的土地不断减少。到了 30 年代，虽然他还充任中人，但据传他的面子已不如以前。赵廷魁也有同样的经历，他为某人作保，而此人死去后其家无力归还，赵只得代还。④

　　在有些地方，粮仓老板或粮食投机者放贷粮食时也要求有保人，沙井村的情况即是如此。其有威望的村长杨源因在集市

---

① 《惯调》第 5 卷，第 258、260 页。
② 《惯调》第 5 卷，第 17、24、32、39、42、50、95、206、258 页。孔子明首次当村副时拥有 31 亩土地，但到"满铁"调查时，他剩下不到 20 亩地（《惯调》第 5 卷，第 42 页）。
③ 《惯调》第 1 卷，第 124 页；第 2 卷，第 32、41、44、77、107—108、260、311 页。
④ 《惯调》第 1 卷，第 124、138—139 页；第 2 卷，第 238—239 页。

上人缘很广,故常常充当保人。[1] 在寺北柴和吴店村,到 30 年代时由于村庄十分贫穷,往往难于找到合适的中保人。在村民经济极不稳定的状况下,为其担任中人是极危险的。自然,当借贷者破产时,此类保人亦往往无力代还,最后形成诉讼。很明显,县衙常常偏袒借贷人及保人,而将其开释。[2]

在冷水沟和后夏寨,保人代还的原则被严格执行。由于被押出土地往往由田主暗中卖掉,所以钱庄和商行在放贷时都要求借贷者提供保人;如果保人去世,其儿子得继承其父作保的责任。这样一来,只有非常亲近的亲戚或朋友才愿出来作保,当然,保人必须是有丰厚财产的人。[3]

在有抵押物的借贷关系中,中人的主要职责是作为见证人,证实契约的内容,特别是证明被抵押财产确实归借贷人所有,并且在必要时作为调解人。中人有责任在借贷双方之间来回传话,商讨延期还债,或催促借贷人交纳利息。

为了执行以上职责,中人必须能说会道并对借贷双方的情况了如指掌。但从借贷人的角度来看,特别是对一个贫民来说,[186] 找一个有面子的人作中人非常重要。一个有威望的人往往与村外的富人有交情,所以能得到较优条件。如低利息、长时间或延期,有时还可以说服放贷者免除部分利息。据说,如果中人威望极高,借贷时甚至不必签订契约。[4]

虽然找一个有面子的中人很有好处,但不是每一个村民都能找到这样的保护人,而且,并不是所有的有威望的人都愿意出

---

[1]《惯调》第 2 卷,第 40、194—195 页。

[2]《惯调》第 3 卷,第 13—14 页;第 5 卷,第 435、579—580 页。

[3]《惯调》第 4 卷,第 220—221、225—226、262、479、506、511 页。

[4]《惯调》第 3 卷,第 275 页;第 4 卷,第 221 页;第 5 卷,第 578 页。

任中人以负责任。以上所举侯家营 3 个中人之中，2 个是财主，而所有 3 人都是受人尊敬的村公职人员，他们"免费"提供此项服务（不收佣金），但受惠村民为了向他们表示感谢，常常给他们的小孩一点小礼物。① 在沙井村，村长杨源和村首事杜祥常常被请为中人，在村民与村外人签约时更是如此。② 但到了 30 年代，另一种类型的中人悄然崛起。

20 世纪 30 年代初期，身无分文的小贩傅菊随母亲来到沙井村中，他有时亦做点零工。虽然贫穷，但他联系广泛，这可能与他挑货游走各村有关。到了 30 年代末期，他成为一位很有势力的城居地主的佃户，并以此为"靠山"经常出任中人，特别是介绍村民将土地抵押给城居地主。与村中的保护人和村领袖不同，他在介绍中是收取佣金的，但他不愿公开承认。③

在寺北柴，获得借款的主要方式是抵押土地（指地借钱）。如上所述，村中很大一部分土地已抵押给城中的高利贷者了。村民只能通过村中的两个人与高利贷者打交道。同傅菊一样，此二人也是贫民。据说他们是城居地主的"代理人"，并且从中得到好处。由于他们与村外操纵借贷市场的高利贷主有着特殊关系，村民们常常向他们求助。但他们并不是独立的保护人，并不能靠自己的面子为村民争取有利条件；相反，他们是作为中人出现的城居地主的"代理人"，或者说是"准经纪"，并因此而向村民收取费用。张乐卿是寺北柴前村长，其财产在逐渐减少，他对上类中人与保护人作了如下的区别："如果承典人（押入土地者）觉得贷出款项已为数不小而不愿再加钱时，他将此意告诉中人，

187

① 《惯调》第 5 卷，第 268 页。
② 《惯调》第 2 卷，第 107、195 页。
③ 《惯调》第 2 卷，第 20、169、211、229—230 页。

中人则将此话转达给出典人（押出土地的农民）。但如果我是中人，就不会只作简单的传话筒（即要为出典人多争取一点钱），那样的话，我会觉得脸上无光。"①

在河北，租佃土地大多不需要保人，因为在许多村庄，租期仅为一年（如沙井）或者并不确定（如吴店）。② 在这种情况下，不按时交纳地租就意味着被立即夺佃并且很难再租到土地。

在沙井村，土地租佃中最活跃的中人是傅菊。③ 不是向城居地主，而是向邻村地主租种土地时，则往往请自己的亲戚为中人。④ 在吴店和寺北柴，租种土地较多，往往是由城居地主自己选择中人，由中人弄清候选佃农的生产能力，如劳力、牲畜、农具等状况，以及佃农自己有多少土地，是否能全力耕作佃地等，弄清情况后才决定是否出租土地。中人也有责任催促佃农及时交租，并且在必要时为地主作证。⑤ 在这些村庄，几乎无人能说服这些城居大地主，他们中不少人在县政府中任官。

在山东的两个村庄，那里租佃时期较长，往往需要保人，在佃户欠租时由保人代交。在冷水沟，不是由村领袖，而是由有一定财产的亲友担任保人。在后夏寨，城居地主开始要求村长副担任保人，但由于村长副并不都很富有，所以大多数保人仍是普通农民。

在土地交易中，中人有几个职能，常常是卖主请中人寻求买主并讨个好价。中人必须对土地质量（肥瘠）和大小等负责，更

①《惯调》第 3 卷，第 275 页。

②《惯调》第 2 卷，第 56 页；第 5 卷，第 438 页。

③《惯调》第 2 卷，第 143 页。

④《惯调》第 2 卷，第 40、44、46 页。

⑤《惯调》第 3 卷，第 179、206 页；第 4 卷，第 154、158、463—464、470—471 页；第 5 卷，第 525 页。

为重要的是,他还必须调查卖主的邻居及同族之人,以保证卖主对该地具有毫无争议的所有权,他还得监证银钱的交付并调解争端。

村民们认为找到一有面子的中人非常有利,因为他可以向买主要到较高的售价,而且,中人的面子可以减少毁约。例如在侯家营,一卖主想以 40 元的价格将已典出去的一块沙地卖给承典人,他请来有面子的孔子明为中间人。虽然买主同意了卖主的要价,但是他说:"我之所以同意此价是因为照顾到中间人的面子,我知道中人难作,如果我嫌价高而不买此地,便会伤了中人的面子。"[1]在寺北柴,已经很少被请来担任中人的张乐卿感叹地说:

> 如果卖主反悔而改变主意(不卖土地)要退回预付金,在这种情况下,如果中人是一个贫民,则买主绝无答应的可能。但如果我是中人,我将用自己的面子说服买主收回预付金。而在这种情况下,买主常常要求对预付金收取利息,但若中人善于说和,则此利息亦可免掉。[2]

在侯家营,所有有脸面的村首事们都充作中人[3],他们见识广、熟人多,故可以在讨价还价中争取一个好价钱。但在其他

---

[1]《惯调》第 5 卷,第 206 页。
[2]《惯调》第 3 卷,第 278—279 页。
[3]《惯调》第 5 卷,第 204 页。

"满铁"调查村庄中,土地交易中的中人很少是有威望之人。[1] 在吴店村,据说来自普通人家的中人与来自村首事人家的中人一样多;在沙井,充任中人的往往是自己的亲友或神通广大的傅菊。在寺北柴,由于土地多为城居地主所买,故村民往往先找同族中一人,由他再找那两个"代理人"中的一个,最后找到买主。[189] 后夏寨和冷水沟的中人均不是有名望之人。

从以上的研究中可以发现,在华北乡村中,中人、保护人以及村庄领袖之间存在着复杂的联系。概括地说,在中国契约中有3种类型的中人。第一种类型是很有面子的保护人,他通常很有财产,与村外特别是与集市的联系广泛。同时,他极有可能是村领导成员,不仅主持村政,而且照看村民的一般事务。作为中人,他可以经常为村民争取好的条件,他并未期望由此而得到实物报酬。第二种类型的中人往往是交易中一方的亲戚或朋友,而交易对方对中人也不陌生。由于他与交易一方关系更为密切,所以他竭力为其争取有利条件;但除非他与另一方的关系也不错,他的成功率比保护人为低。在交易双方属于市场体系中不同的村庄时往往采用这种方式,而中人则是一方交易人住于另一村庄的亲戚。在20世纪30年代后期经济秩序混乱、村庄与市场中心联系减弱的条件下,这种亲戚关系的作用更为普遍。第三种类型的中人既不是村庄中很有地位的保护人,又不是寻求交易的一方的亲友,他可能是城居地主的代理人、村中强人或者是一个职业经纪人,他在介绍过程中收取一定的佣金。由于他既无面子而与交易人又无特殊关系,所以他很少为村民

---

[1]《惯调》第2卷,第20页;第3卷,第247、249页;第4卷,第26、479、502页;第5卷,第436页。

争取到好的条件。

当然，这种类型的区分并不是绝对的，他们常常互相重叠。不过，从分析角度来看，我认为这一区分是有用的，它可以帮助我们看清不同村庄的变化趋势。在一定程度上，寻找什么样的中人是由契约类型所决定的。在要求有保人的借贷中，借贷人往往得找一个不仅富有而且与自己有密切关系的人作保。与此不同，如果一个农民想从另一村中租种土地，则他往往请居住于该村的亲友作中人，如果他想向城居地主租赁土地，则可能请有广泛联系的有威望的保护人为中人。

190

但更为普遍的是，随着村庄环境的变化，村人所寻找的中人类型亦随之变化。换句话说，村民可能找不出自己理想的中人。当然，这是一特殊的历史时期，那些在 30 年代时没有富有保护人的村庄，在早些时期情况可能并不如此。所以，对不同村庄中不同类型中人的研究必须与前述乡村领袖的历史变迁相联系。

在侯家营，直到 1940 年重新推行保甲制时，富裕而有声望的地主仍然担任村庄公职，他们常常被请为各种契约中的中人。甚至在 1940 年以后，他们仍然充作中人，因为他们虽然离开公职，但未离村。不过，这已足以表明，村政权已与传统的保护人的一般职责分离开来。

在沙井村，富裕财主也一直掌握着村政权，但他们并不经常充任中人。村中 3 个最为活跃的中人是：与市场有广泛联系的且受人尊敬的村长杨源，财富和面子都在减弱但仍热心说事的村领袖杜祥，原为小贩但后来建立起自己关系网的傅菊。另外，亲戚和朋友也常常互为中人。所以，可以说沙井村 3 种类型的中人皆有。但到了 30 年代后期，在租佃和抵押土地的契约中，傅菊成为主要的中人。从 30 年代村政权执掌者很少充任中人这一事实可以断定,村领袖和村民之间的关系在减弱。

在寺北柴和侯家营,村领袖的变化发生较早,在这里,村领袖与中人类型的变化几乎同时发生。在寺北柴,从 20 年代开始,村庄渐渐贫困。特别是进入 30 年代以后,贫困加剧,村领袖也由强变弱,很少有富人担当起保护人的责任。经济状况的恶化伴随着城居地主对该村操纵的加强,这一变化从前任村长张乐卿的经历中可以反映出来。早些时候,张乐卿不仅是村长,而且是村民的保护人,他很痛心地发现自己的职位由两个城居地主的代理人所接替。到了 30 年代末期,村民们几乎完全依靠这两个代理人充任中人。

在吴店村,早在 20 年代初期,由于军阀混战,勒索无度,富有的乡村领袖不是卖掉土地便是逃离村庄。战后,局势仍然动荡不安,他们再也未返回村中。所以,村中几乎找不到富有之人,故也无人承担起保护人之责。而且,与寺北柴一样,村中资源(土地)越来越多地陷入城居地主的控制。在这种情况下,只能由亲友们勉力充任交易之中人。

关于山东两个村的人事资料十分零碎,这使我无法肯定其中人所属类型,但资料显示出两村(特别是在冷水沟村)领导层基础的显著变化。到了 20 年代末期,有势力的乡村领袖不是逃离村庄,便是躲避公职,只有一个很有声望的村领袖常常被请出来充任中人,此人便是冷水沟村长杜凤山。他面子如此之大,以至人们在集市上出售粮食时也请他讨价还价。但这是一个例外,大多数中人只是交易一方的亲友而已。

小　结

所有类型的中人及其关系网络都便利了习惯法的施行,马

192 若孟和陈张馥梅认为习惯法在商品化的中国农业经济中起着重要作用。[1] 尽管中人并不能直接再生这一社会秩序的政治价值，但他确实再造了这一秩序赖以存在的必要条件。无疑，围绕保护人以及亲友等发展起来的各种关系构成了权力的文化网络的组成部分，在这方面，保护人的作用尤其突出。保护人利用他自己同外界的联系，不仅建立起自己的村际威信，而且建立起自己的支持体系。这种围绕保护人而形成的感激与责任关系（亲友关系亦是如此，只是程度较轻而已），成为他在其他组织中建立自己权威的资本。

在国家权力的深入、战乱以及经济状况恶化等因素联合作用下，有声望的乡村精英不是逃离村庄，便是由富变穷，那种名副其实的保护人在逐渐减少。到了20世纪30年代，富有而有声望的人在经济中的领导作用日渐减弱，其在政治中的作用更是如此。

失去地方保护人的权威调节，习惯法如何发挥作用？失去这些保护人给乡村社会的职能会带来多大的损失？自然，村民们仍然按习惯法来签订各种契约，从事各种活动，这可能是因为中国习惯法固有的特性，即离开地方权威它仍可以在更低层次上发挥作用。如果毁约，则毁约人以后再也难以找到保人，这就使所有村庄在无保护人权威的情况下可以照常运转。不过，村庄为此是要付出代价的，它的村民在集市或政治中心中很难得到"优待"。

另一些村庄则直到20世纪40年代尚有自己的精英保护人，在这样的社会，文化网络中经济关系的权威仍然比较稳定。

---

[1] 马若孟、陈张馥梅：《清朝时的习惯法与经济增长》。

但从 20 年代开始,特别是到了 30 年代后期,这种经济权威越来越与乡村政权相分离,从而使乡村政府的地位和力量降低。保护人退出乡村政治领导层对民国政权尤为不利。在国家政权深入乡村并推行新政之时,它特别需要乡村精英们的密切合作。[193]当国家政权企图自上而下地恢复被战争破坏的社会秩序时,特别是在加强控制和推行现代化举措方面,它更离不开乡村精英们的支持。

第七章　国家与乡村社会的重组

国家政策不仅有计划地改造了乡村社会,而且,伴随着这些政策的执行,国家内卷化力量也影响着乡村社会的变迁。本章将分析国家政权是如何加强国家力量并强化农村作为政府的最基层单位,探讨这一政策所引起的与国家设想并不完全相符的控制结构与乡村社区内聚力的变化。

埃里克·沃尔夫(Eric Wolf)描述了殖民地时代中美洲和爪哇乡村的变迁过程,这一过程与 20 世纪中国乡村的变迁有共同之处。[①] 在这些社会中,殖民主义和殖民政权的影响表现得最为突出,它将一个相对开放的农民社会转化为一个封闭的且有很强集体认同的合作社区。国家赋予村庄以征收赋税的责任是这一变化的主要动力。这些村庄经历了由非政治性聚落到征收赋税的实体,而后发展成为明确的统治区域,最后成为一个具有很大权力的合作实体的过程。

从具有征税权力的正式村政权的产生,我们可以看出华北乡村经历了同样的发展过程。这里,我将分析国家权力如何渗透到农村,并建立一个旨在强化农村成为一个行政单位以稳定国家税源的行政区划。在这一过程中,农村社区的界线被变更,

195

---

① 沃尔夫:《中美洲与爪哇的封闭式农民合作体》。

186

但 20 世纪初的华北乡村十分复杂,建立农村合作实体并非易事。[1]

摊款和农村

清末乡村在文化网络中尽管不是唯一的或者说是起决定作用的单位,但它是其中重要的一环。很久以来,乡村从事着各种社区活动,而最重要的是集体宗教仪式,如前所述,"村外人"是不允许参加的。[2] 只有"村内人"才有资格租种或购买村公有土地。[3] 乡村还拥有某些公用场所,如墓地、打谷场、堆粪场、砖瓦窑等,只有"村内人"才可以使用这些土地。[4] 在村中还有各种各样的自愿组织,如钱会、互助组等,"村外人"一般也被拒之门外。[5]

随着清末新政的推行,村庄越来越成为上述各种组织与活动的中心。同时,随着村公会的成立,一个农民属于哪个村庄显得越来越重要。属于哪个村公会在选举会首时表现得最为突出:只有"村内人"才有资格选举或竞选会首。[6] 村公会被赋予管理村学等新式机构的权力,但更重要的是村庄成为一个征税和被征税的单位。村庄不得不负担的摊款不仅繁重而且具有强制性。各村摊款差异很大,摊款比率和方式各不相同,所以农民属

---

① 乡村社区是指一社会集团,如同城市社区和市场社区一样。我并不像沃尔夫那样认为村庄有很强的凝聚力,也不同意日本学者用"村落共同体"一词,这点下面还要论及。

②《惯调》第 1 卷,第 130—131、173 页;第 4 卷,第 34 页。

③《惯调》第 1 卷,第 104 页;第 2 卷,第 97 页。

④《惯调》第 1 卷,第 142—143、157 页;第 4 卷,第 21 页。

⑤《惯调》第 4 卷,第 424 页。

⑥《惯调》第 1 卷,第 128 页;又见甘博:《华北农村》,第 201 页。

于不同的村庄便有不同的负担。1935 年对河北 3 县 4 个村庄的调查显示出如下之不同：[1]

表 10　河北四村的摊款情况（1935 年）

所属县	村名	摊款（元）	耕地面积（亩）	户数	平均每户摊款（元）
平谷县	小辛寨	650	2820	170	3.8
平谷县	胡庄	574	2400	218	2.6
密云县	小营村	1168	3025	100	11.7
遵化县	胡家寨	726	2442	92	7.9

我特意选择这一时期的 4 个村庄是为了说明乱摊税款并不一定与民国时期的战争有关，因为 20 世纪 30 年代中期军阀混战停息，国民党统一全国，日本尚未发动全面侵华战争，对于河北这是较为平静的时期。

新的摊款比率对农村政体的影响将在下章讨论。这里我先探讨一下各村不同的摊款比率与征收方式对特定村庄的农民来说是何等重要。引起这些不同的原因有二：第一，摊款不像田赋那样定期征收，而是临时摊派[2]；第二，尽管每一个村庄在一县或一区中所占摊款百分比有定，但这一比例的划分相当专横随意，并没有衡量一村可承担摊款份额的客观标准。因为征收田赋红薄是按花户编造的，它并不能反映一村中所有居户实际的耕地亩数。据栾城县一位前任警务局局长透露，在许多地区，各警察

---

① 《冀东地区农村调查报告书》第一卷，第 81、98—100、115—116、129 页（关于小辛寨）；第一卷，第 137—138 页（关于胡庄）；第一卷，第 60、78—79 页（关于小营村）；第一卷，第 242、249 页（关于胡家寨）。

② 《惯调》第 4 卷，第 307 页。

分所按保甲册中人口统计向各村派夫摊款。[1] 这种与一村贫富毫不相干的摊款为20世纪30年代中期天野元之助在河北涿县某区的调查所证实。该区按人口将所辖村庄分为8类,每类内的各村庄负担一定比例的摊款,并不考虑该村拥有多少耕地。其结果是第一类(占摊款的10股)中的2个村庄拥有的土地比第七类(占摊款的四股)中的2个村庄的土地为少。天野认为这种拥有土地多的村庄反比拥有土地少的村庄少纳税的情况并非极个别现象。[2]

　　上级摊款的数额决定了一个村庄的征收比率。另两个因素也很重要:其一是该村本身开支的大小,这与其新办事业多少有关;其二是该村纳粮地亩数与该村纳税人总数的比例,因为摊款可能按固定的区域也可能按可变的区域摊派,可能按地主人数,也可能按耕种者人数摊派,所以摊派比例相差很大。比如,甲村纳粮地随着本村住户土地的增减而变化,因为分配摊款的比例(股份)常常固定不变,所以甲村中如果有人将土地卖与外村之人则该村耕地面积减少,但承担的摊款并未相应减少。所以,甲村的住户不得不在耕地减少的情况下交纳同样的摊款。另一原来与甲村负担同样摊款但未出卖土地的村庄此时每亩地所摊款额便会比甲村为少。

　　乙村与甲村不同,该村纳粮地亩数固定不变,继续向地主或耕者摊派而不论其居住何处。在这种情况下,因为该村控制的纳粮地与纳税人比例不变,所以每亩所摊款项亦不会变化。即一个出售土地的村民其所应承担的摊款份额马上由另一农民

---

[1]《惯调》第3卷,第508页。
[2] 天野元之助:《苛捐杂税下的河北农村》,第40—41页;又见冯华德:《农民田赋负担的一个实例》,第1117页。

（买主）所承担。

下面再看另一种变化：在丙村摊款全部由地主（指土地拥有者，而不是阶级斗争意义上的"地主"——译者注）交纳，而丁村摊款则由耕者承担。尽管纳粮地固定未变，但不同的摊派方式对纳款者来说具有很大的不同。丙村中将土地租给佃户的大地主当然希望自己的土地属于丁村，他可能卖掉现有土地而在摊款比率较低或摊款由耕者交纳的地方购买土地。

这样，国家权力的渗透不仅迫使村庄建立起自己的财政体系，使它成为村政的中心，而且创造出不同的摊款方式，使属于哪个村庄对农民来讲具有切身的利害关系。随着时间推移，这种趋势必然导致村民关系的变化并影响到村际关系。

看青、村界与乡村社区

奇怪的是，最能反映国家权力对乡村社区影响的组织是青苗会。这一组织引起了甘博和"满铁"调查员的极大兴趣。看青是与市场体系毫不相干的村内活动的主体，其重要性并不在于其护秋功能，而在于其在村财政中的作用。在许多村庄，青苗会不仅决定每亩看青费的多少，而且决定摊款的分配方式。另外，为了明确村与村之间财政权与管辖权的界线，青圈亦成为村界，使村庄在历史上第一次成为一个拥有一定"领土"的实体。

关于青苗会的建立，缺乏历史资料，但顺义县农民声称该会按县政府命令成立于 1900 年至 1907 年之间。① 另一说法是省

①《惯调》第 1 卷，第 154、204 页。

政府命令各县为了便于警款和学款的征收而建立青苗会。[1]　而在河北和山东的某些地区，早在 1900 年之前便有青苗会。[2]　虽然不能肯定青苗会是依省、县命令而建，但青苗会的组织结构使它在 20 世纪初成为国家征收摊款的理想工具。顺便说一下，建立青苗会是为了保护庄稼不受小人偷窃，而不是抵抗军队骚扰或土匪劫掠。实际上，在不少地方那些小偷便是村中的贫民和无业者。[3]　而看青人则经常是村中的贫民无赖，或甚是村中的"惯偷"。[4]　任命这样的人看青既是为了防止他人偷窃，又是为了使他本人不"故技重施"。所以，青苗会也是村内互相监视的一种机制。

　　青苗会之所以重要，是因为它使编制全村基本预算和确定看青范围成为必要。青圈内的土地大多属于看青者同村之人，但也有属于村外居民者。同时，也可能因村民有的土地距村太远，而且十分零散，使看青员很难甚至无法巡看，因而不在该村"青圈"之内，而由土地就近村庄的看青人看护。*199*

　　"青圈"或称"本村地"中有不少部分属于村外之人，这说明华北地区土地交易较为频繁。例如，在吴店村，青圈中土地一半属于外村人。[5]　据甘博领导的小组对 7 个村庄青苗会土地登记的调查，青苗会中 4%—46%的农户不是该村居民。在另 8 个村庄中，非本村居民占入会农民的 36%—90%。[6]

①《惯调》第 1 卷，第 174 页。

②《惯调》第 3 卷，第 42 页；第 4 卷，第 35 页。甘博：《华北农村》，第 85—96、163 页。

③ 旗田巍：《中国村落与共同体理论》，第 66—67 页。关于本节中讨论的问题，旗田巍曾做过研究（见该书第 53—166 页）。

④《惯调》第 1 卷，第 187 页。

⑤《惯调》第 5 卷，《概况》第 6 页。

⑥ 甘博：《华北农村》，第 20—25 页。

为了确保青苗钱按时收齐,看青者制定出一套完整的协商与转费制度。看青人与相邻数村的同行就互相巡看对方散处于本村青圈之内庄稼及代征看青费达成协议,他将属于自己看护的青圈但不居住于本村之人交纳的看青费转给相应的看青人,并接纳对方转交的"代征"看青费。由于村民的土地大多散布在方圆一二里之内,这种"交换看青"制度基本上可以顾及所有庄稼。在有些地方,村民称这种"代征"为"联圈"制,它成为其他代征税款的基础。

200

并不是所有的看青制以及青圈都成为一村的村界和摊派一村其他款项的基础。特别是在山东,青苗会只负责征收和交换看青费而不管其他事情。[①]即使如此,在 20 世纪 30 年代末期,也出现了村中其他摊款按青苗钱摊派的趋势。例如,在历城县路家庄,与山东其他村庄一样,其青苗圈的划分,最初也只是为了征收看青费,所有其他费用都是由地主交给所在村庄。但到了"满铁"人员调查时,已出现了一种新的体制:在路家庄青圈内早已拥有土地的外村农民仍然向所在村交纳摊款,但此后如果他在路家庄青圈内置买新的土地,那么他不但要交纳青苗钱,而且要承担路家庄的摊款。[②] 路家庄显然企图保持变化无定,甚至

[①] 的确,一些会社可能与村政毫无关系,冷水沟即有这样的事例。看青者自己向冷水沟青圈之内的种地者收取报酬,但外村耕种者不向冷水沟交纳摊款。相邻 5 村(方圆二里)的看青者有转交看青费的协议,所以,看青者从耕种本村青圈之内土地的所有人(本村人和外村人)那里得到报酬(《惯调》第 4 卷,第 35、48、337—338 页)。在甘博的研究中(《华北农村》,第 294、300 页),山东某个村庄的青苗会的主要职责是护秋,但收取看青费与其他村庄开支毫无关系,这是一个例外。此外,尚有一种根据田赋来摊派摊款的方式。另一种看青方式是数家自愿联合起来看青,而不是村庄统一组织,如此一来,便没有划定村界与外村人打交道的必要。在我接触的资料中有 3 个这样的事例:其一在山东,另两个在河北。见《惯调》第 3 卷,第 42 页;《惯调》第 4 卷,第 398 页;甘博:《华北农村》,第 279 页。
[②]《惯调》第 4 卷,第 354—355 页。

在减少可摊款的地亩。彻底划定村界并要求农民以不同比率向路家庄纳款必然会引起这一地区原有制度的变革。这种新制度明显地是一种妥协的结果，它保持原来的纳税户不变，但通过划定其摊款区域而使该村未来的纳税地亩不变。同样，冷水沟也面临着征税地亩减少的问题，但它采取的措施不同，它要求村民尽量将出售的土地卖给本村之人。①

在摊款以看青制为基础的村庄，青苗会成为村政中重要的组成部分。所有这种例子都来自河北，除冀南植棉区外，那里小偷不屑于偷窃微少棉花②，我们没有理由不相信这是该省的普遍现象。

因为各村可摊款地亩有不固定和固定之不同，青苗会采取了两种不同的摊款方法。在有些地方，前者先于后者，另一些地方则各种方式并存。可摊款地亩从不固定到固定，标志着在解决村间纷争上迈出了一大步。在这两种体制中，看青费和摊款均交给土地所在青圈的村庄，其比率由该村确定。但其中亦有不同，一种是经过联圈内的协商和交换，部分青苗钱（由代征者）转交给地主或耕者居住的村庄，另一种则是一村收纳其青圈内所有可征地亩应交纳的青苗钱，并据为本村实际收入。因为不少村民在外村拥有土地，所以，这是一个现实而重大的问题。在第一种情况下，看青制提供了摊款和征收的机制；在第二种情况下，村庄对其"青圈"内的土地拥有绝对的征税权。

201

①《惯调》第 4 卷，第 48 页。
② 相对来讲，在河北南部和中部，全村性的看青组织较少，这可能与该地区大量种植棉花有关。看青主要是防止小偷偷窃，而小偷多是村中的贫民，他们偷点粮食来充饥。青夫并不能抵抗大规模的盗匪和军队的抢劫，后者只能由村民自卫组织来对付。

甘博认识到青苗会的重要，但他并没有觉察到这一区别。他已指出在位于大运河沿岸的 H 村有两种摊款，一是向本村居民摊款，另一是向耕种本村青圈之内土地的外村人摊款。因为青苗钱被用来支付村中各项活动的费用，所以，外村居民只交纳本村居民应纳费额的一半。甘博评论道："这种本村和外村耕者按不同的比率交纳摊款是极少见的，事实上，我们仅在 H 村看到这种情况。一般来说，一村对青圈内所有耕者——本村人和外村人——按同一比率征收摊款。"[1]其中，甘博掌握着充分的资料，但他并没有区分从青圈内所有土地征收的费款是归一村所有还是将部分款项转交他村。

"满铁"人员在河北（冀南除外）的调查表明，直到 1936 年，在那些青圈固定的村庄，非本村农民按同样比例交纳看青费，但由青苗会将这笔钱转交给耕者或地主所在的村庄。1936 年之前沙井村和侯家营即是如此。[2] 在寺北柴，那里最先没有固定的青圈，1936 年官方命令各村划定界线，所有按亩征收的摊款由各村处理。[3] 这一命令的内容和实施具有重要的意义。

在顺义县，青苗会不仅被用来征收看青费和其他村费，而且，最迟在 1915 年，向非本村（但在同一"联圈"）农民征收的看青费都如实转交给原居住村。[4] 但是，并不是所有的村庄都属于同一联圈，比如，与沙井村相邻的北法信，户多地广，并不在乎索

---

① 甘博：《华北农村》，第 234—235 页。

② 《惯调》第 1 卷，第 206—207 页。

③ 《惯调》第 3 卷，第 515 页。

④ 《惯调》第 1 卷，第 6、206—207 页。应该提醒一下，上级政权向村庄征收的劳役钱并不是按看青组织来摊派的，该项费用由村庄向其居民摊派，而不论其土地坐落何方。至少在有些地方，也按这种方式征收"白地摊款"。在民国时期，随着"白地摊款"的增加，那种一年两次按春、秋看青费一起征收摊款的制度有点过时了。所以，这些摊款也渐渐演化为按人头征收了。

取本村居民在外村土地的青苗钱，它也不向其青圈之内沙井村民拥有的土地摊款。沙井村首们直接同北法信看青人议定，向他交纳一定费用，而由他看护沙井村民之庄稼。如果这些土地上的庄稼被偷，村首们不负责任，而由联圈负责赔偿。①

由这种摊派和转交所引起的村际争端，沙井村的事例可作充分说明。1936 年以前，沙井村属于由沙井、石门、南法信和望泉寺组成的"联圈"，在该联圈内，各种摊款先交给土地所在的村庄，然后由该村转交给农民所居住村的青苗会。由于各种原因这种制度的运作并不流畅。第一，因为各村摊款数额与可征地总亩数之比不同，所以每亩应纳摊款数额亦不相同，这不可避免地使转交数额出现差异。沙井村摊款比率较石门为低，所以同样亩数的外村地而转交的税款不同，这种差异诱使拥有大量土地的地主迁居到摊款比率较低的村庄。1936 年一个叫景德福的人正是出于这种考虑而由石门迁居到沙井。② 沙井村当然欢迎他的迁入，因为随他而加入该村的土地使沙井村可征亩数大量增加，但是，石门镇首事人仍坚持景德福应该向石门交款，因为那一年顺义县摊款有了新规定。这一争端弄到区派出所，该所断定景应继续向石门镇交款，但按沙井村规定应力役。③

也许比转交数额不均更容易引起争端的是各村赋税收入的 *203* 易变性。当一个村民卖掉或迁离一村后，该村的可征亩数减少但摊款总额并未相应减少，这就是石门镇反对景德福迁往沙井的原因，因此而引起的争端和诉讼在顺义县及河北其他地方并

①《惯调》第 1 卷，第 207 页。
②《惯调》第 1 卷，第 181 页。
③《惯调》第 1 卷，第 181 页。

非罕见。① 这种因地亩减少而引起的征款困难不仅使贫困村难以承受，而且影响到国家税源，使国家亦难以容忍。1936年11月顺义县县长发布布告：

> 为布告事：查县属各村青苗会旧日习惯有"活圈""死圈"之分，习惯不同，弊窦丛生，往往因圈地之纠纷，经年累月，缠讼不休，耗财废业，为害实深，殊非整理村政之道。本县长下车以来，详为考察，境内活圈之地固有，死圈之地究属多数，兹为遵照法令，并从多数划一村政起见，规定为属地主义（例如甲村之地卖与乙村，将来此地之一切摊款，仍向甲村交纳，看护费暨学警一切花费，乙村不得争收。反之，乙村之地出卖与甲村，亦仍向乙村交纳），即乡俗所谓死圈也。自布告之日起一律实行，乡款既可固定，彼此亦免纷争，其有已经完纳者，不得再行追究。今行布告，即仰商民人等一体遵照勿违。切切此布。②

所谓"活圈"，即一村按青圈之内所有地亩摊派并征税，而后将相应款项转交给外村地主所在的村庄。顺义县的命令旨在变活圈为死圈，使村有定地，而将青圈之内所有税收归村所有，这种"属地主义"也为其他各县所采用。即使在看青制并不普遍的栾城县亦是如此。

但实行"属地主义"又引起了一些新的不和和争讼。其一，

204

---

① 《惯调》第1卷，第128、174、185、204页；第3卷，第515页。
② 《惯调》第6卷，第380页。

根源是确定或重新划定村界。原来没有青圈或青圈与旧村界不符的村庄要求扩展村界，这点当然遇到邻村的反对。下属官员不断向县署抱怨不少村庄仍实行活圈，而不愿采取一次定界的死圈，以免纷争。有这样一个事例：某3个村庄组成一共同的看青组织，他们同意将各自的土地簿给另两村查阅，但一村突然变卦，声称各村历有村界，并宣布一大片合圈内之地为自己的村所有。无怪乎另两村认为这是一种讹诈吞并土地的企图。①

其他纷争是因为一些村庄认为过去从外村转来的各项杂费较本村收取外村人在本村青圈之内土地上的杂费为多。某区官报告一个村庄的首事们拔掉原作为村界的界标而移栽到更远的地方，因为该村在旧村界外拥有不少土地。② 另一警务分局兼理局长寻求关于3村协同划界的方法，其中一村拒绝接受新分界，因为该村原来只欠另一村9元，现在得转交14元。③ 另一些争端是由于大而强的村庄欺压小而弱的村庄，不允许后者收回原来转交给大村的那笔钱。④

也许反对"属地主义"或死圈的多是在村界外拥有大量土地的村庄，而欢迎此举的则是其民不断地卖出或失去土地的村庄。1936年的法令对稳定贫弱村庄的收入有进步意义，但我们并不能因此而断定政府的这一法令是出于主持正义的动机，因为它并未减轻农村中贫民的负担。该法令对谁应负担税款——是地主还是耕者未作任何规定，而留给各村自行解决。到底谁来付款，取决于村中佃农和地主的力量对比。

---

① 《惯调》第6卷，第388页。
② 《惯调》第6卷，第382页。
③ 《惯调》第6卷，第383页。
④ 《惯调》第6卷，第383—386页。

在一些村庄，地主拒绝将土地租给那些主张由地主交纳摊款的佃农；而在另一些地方，地主干脆通过增加地租而仍将摊款转嫁到佃农身上。[①] 随着摊款增加，原来不承担摊款的佃农也被迫交纳部分款额。[②] 有时那些"富人"也同样遭到摊款比例的压榨。在一个以拥地不足 5 亩的自耕农为多的村庄，几个有地四五十亩的地主抱怨说，因为 5 亩以下的农户不纳杂捐，摊款几乎全部落到他们头上，使他们也日益贫穷。[③] 在冀东北的昌黎县，那些富有之家竭力反对将地按肥瘠分为 3 等而制定出不同摊款率的合理主张。[④]

很显然，固定村界的首要目的是稳定国家收入。"村有定地"不仅便利于征收摊款（不论以何种方式）的短期目标，而且有利于加强国家权力的长远规划。向村界内所有耕地征税可以减轻户口众多而比较贫穷村庄的压力，在一定程度上也缓和了不顾一村承受能力而摊款所引起的矛盾。

"村有定界"的"属地主义"使执政者能确切查清所有耕地的归属。清丈土地（下章将详论）不仅可以矫正历史上遗留的偷税漏税现象，而且是清理税收制度的必要条件。[⑤] 如果村无定界或属地主张遭到破坏，当一家土地十分分散之时就无法确认其征税归属。如果由一村负责其界内所有土地的征税之事，农民就难以偷税漏税。换言之，从国家的观点来看，实行"属地主义"有利于在土地买卖频繁中使村有定地，稳定税源。

---

① 《惯调》第 5 卷，第 198、512 页。
② 《惯调》第 3 卷，第 192、236 页；第 4 卷，第 187 页。
③ 《惯调》第 3 卷，第 512—513 页。
④ 《惯调》第 5 卷，第 55 页。
⑤ 《惯调》第 6 卷，第 387 页。

　　毫无疑问,国家亦期望村有定界能促使村组织成为一村活动的核心,因为20世纪初摊款和其他各项新政设施使村庄成为一财政实体,所以,这一期待顺理成章。但事实上,虽然村庄被赋予许多责任,但它并不一定得到加强。村界的划定改变了村庄征税权力的性质,摊款给予村首们向村民征税的权力,从而使原来对村民的控制转化为控制一定的地理区域。从村首们的观点来看,这造成了村庄居民(他们原来属于自己管辖之下,但现在不必向所在村交纳摊款)和外村人(他们在新划定的本村村界之内拥有土地)之间的隔层。虽然一村有权力和责任向外村人的土地摊款,但不一定有足够的力量迫使他们交纳。

　　在一定程度上,"属地主义"是对历史遗留问题的传统反应,它与明末"一条鞭法"有相似之处,只不过那时是为了征收田赋而非摊款。明末随着商品经济的发展,劳役渐渐并入田赋,即实行"一条鞭法"。原来110户为一里的里甲负责劳役制亦转而负责征收田赋。里甲中的"里"渐渐变为一征赋地域而非派出劳役的单位。同时,由于土地买卖频繁、城居地主增多等原因,原来负责一村劳役的村级里甲头目无力催促地主交纳赋税,结果造成里甲制与明末实际社会结构极不相符。[①]

　　明末趋势在20世纪因摊款而在华北重现,特别是在栾城和良乡那种城居地主控制大量乡村土地的地方,这种重现表现得更为明显。[②] 不过,随着20年代至40年代的动荡不安,富人纷纷逃离农村,这一问题变得更加严重,摊款越来越多地落到那些日益无力交纳的贫民头上。虽然"属地主义"对卖出土地的村庄

────────────

① 孔飞力:《民国时期的地方税收与财政》,第104页。
②《惯调》第1卷,第225、240、340页;第5卷,第416、418、654页。

较为有利，使他们可以向在本村拥有土地的外村人征税，但这一体制往往减弱了村首事们催征税款的权力。

华北乡村是一个"共同体"吗？

华北乡村内聚性本质是什么？赋予村政府以新的征税权力以及确定管辖区域（村界）是否像在世界其他地方那样促进了封闭的合作实体的产生？尽管在 20 世纪上半叶华北各村相差无几，但村民在参与公共活动、在权利和义务、在对公共资源的利用方面仍存在着差异。

乡村中有两种"排外"现象。其一，某些农户和个人无权利用村有资源；其二，有些人被剥夺平等地参加公共活动的权利。让我们先考察后一现象：习惯于个人主义的思维，我们曾设想在没有贵族的社会中，在公共活动中人人都是平等的。但事实上，在华北乡村，不论是参加宗教仪式还是公共会议，都是以家庭为单位，由家长作为代表参加，而非个人行动。当然，其他家庭成员并不是被剥夺了接近村产的权利，他们所缺乏的是以个人身份参与或影响集体行动。在其他活动中个人与家庭的关系亦是如此，例如，对于财产的占有权，杨懋春和费孝通都指出，除家长外，其他家庭成员无权处理家庭财产。① 直到 20 世纪 40 年代，即使在县、区官员的监督下进行选举，这种"家长和代表制"仍然存在。②

---

① 费孝通：《中国之农家生活》，第 61—62 页；杨懋春：《一个中国村庄》，第 78—79 页。
② 没有成年男子的家庭不能参加村公务活动，与村务相关的事情由丈夫家族最亲近的男性亲属代理（《惯调》第 3 卷，第 73 页）。

　　此外,有一类人不仅在村集体活动中没有代表权,甚至事实上,他们并不被认为是村中一员。费孝通曾描述了长江三角洲的这些"非本村人",他们被吸收入村的过程十分缓慢。① 在华北,这类人被冠以不同的称呼,如"浮户""寄居""落户""浮主";而其余住户则被称为"本村人""老户"或"世居"。② 一些在某村已居住10年的人家,在保甲册中仍被称为"寄居",而那些赁房居住的人家,甚至未被登记入册。③ 一般情况下,这些人无权参加集体活动,有时甚至无权拥有房屋和土地等不动产。④

　　了解这一时期本村人和非本村人的关系是掌握华北乡村合作性质的关键。不过,分析在何种程度上"非本村人"被排斥在外之前,我们首先应该明确"乡村共同体"这一概念产生的背景。

　　长期以来,对乡村社区的定义五花八门。一方面,乡村被说成是具有高度集体认同感的内聚团体,即日本学者所谓的"共同体"。詹姆斯·斯科特(James C. Scott)在小农的"道义经济"模型中重新划定了"共同体"的要素。按他的观点,在共同体中,全体农民的安危高于个人利益,村规通过重新分配富人财产来保护集体生存。⑤ 与此相反,以塞缪尔·波普金(Samuel Popkin)的"理性小农"为代表的观点认为,村庄是一个松散的开放体,各农户相互竞争以达到最高利益。尽管波普金也同意有时农民顾及邻里或本村的利益,但他坚持认为一般情况下各户为了私利

209

---

① 费孝通:《中国之农家生活》,第22—23页。
② 《惯调》第1卷,第214页;第4卷,第19、400—401页;第5卷,第412、449页;第6卷,第87页。
③ 《惯调》第1卷,第214页。
④ 《惯调》第1卷,第130—132、173页;第4卷,第21页。
⑤ 斯科特:《小农的道义经济》。

而自行其是以增加收入。[1]

在对中国历史的研究中，日本学者引入"乡村共同体"这一概念。为了驳斥这种理论，有必要追溯一下这一概念的起源。如旗田巍指出的那样，"共同体"一词源于卡尔·魏特夫（Karl Wittfogel），在"二战"以前已为日本学者所采用。在战争期间，这一概念又被融化进所谓的"大东亚共荣圈"设想，他们从"共同体"理论中摘取有用的词句来描述所谓中国农民中未被西方资本主义思潮腐蚀的原始的亚细亚式的"合作共荣"价值。[2]

当自由派和左派日本学者在华北调查中并未找到理想的农村"共同体"后，他们对将"共同体"概念强加于中国乡村的做法提出了严厉的批评，这一批评无疑与他们的战时思想有关，但客观上也有助于那些坚持"共同体"理论的人进行反思。现今研究中国乡村的日本学者仍然分为赞成与反对"共同体"理论的两大阵营。[3]

在西方，随着施坚雅市场体系理论的出现，人们一时轻视对村庄一级的研究。施坚雅的最基层研究单位不是村庄而是集市区，但最近人们又开始重视对乡村的研究了。黄宗智通过对"满铁"调查村庄的研究，认为华北乡村比施坚雅通过对四川的研究总结出的乡村模式更为封闭、内聚、紧密。在20世纪20年代政治动乱之前，乡村情形确实如黄宗智所述，其后，乡村为一较为

210

---

[1] 波普金：《理性的小农》。

[2] 旗田巍：《中国村落与共同体理论》，第10—15页。

[3] 战前，竭力将共同体理论应用于中国的学者是平野义太郎（见《会、会首、村长》）、清水盛光（见《中国社会研究》）、今堀诚二（见《中国封建社会结构》）。战后，对这一观点进行透彻反驳的是内山雅生（见《华北乡村社会研究的主题与成果》《近代中国之"共同体"：卓见与偏见》）。但近来关于"共同体"的问题又由古岛和雄（见《中国近代社会史研究》）和石田浩（见《解放前华北乡村社会之特征》）旧话重提，前者将"共同体"概念应用于笼统的市场之上，后者则提出"生活共同体"。

稳定的中农集团所控制。① 虽然黄宗智从不同的角度出发,但他
关于华北乡村合作程度的论断与旗田巍在研究村民资格时取得
的结论大体一致。② 二者对乡村社区的分析都注意到亲族关系
和村庄内的分化。

旗田巍和黄宗智各分析了 6 个村庄,其中 5 个相同,而所有
村庄都是"满铁"调查村。旗田巍将 6 个村庄分为两类③:第一类
中包括沙井和吴店,到 30 年代,这两个村庄内部的合作遭到极
大的破坏,而取得村民的资格较易,他只需要由一人引见给村
长,如果村首们认为该申请人没有什么劣迹,他便可以住到村
内。④ 不过,沙井村还要求该申请者必须有自己的房屋以独立生
火做饭。⑤

这一入村条件说明,任何一个新来者只要表示愿在村中
居住一段时间便可成为村民,他并不一定要在村中拥有土地
或坟茔便可以参加村中选举或宗教仪式,甚至被冠以准亲属
关系的称谓。⑥ 同样,一个村民带着其家属离开村庄,便不再
被认为是同村之人。⑦ 但是,即使在沙井村,也有个别人赁房
或以其他方式表示他不愿长期居住该村,村学教师即是这样
的人。这些人仍被认为是"村外人",不参加全村活动。⑧

其他 4 村属第二类,它们对获取村民资格的要求甚严。其
中一村是冀南的寺北柴,其余 3 村在山东省。历城县的冷水沟, *211*

---

① 黄宗智:《华北的小农经济与社会变迁》,第 249—274 页。

② 旗田巍:《中国村落与共同体理论》,第 57—174 页。

③ 旗田巍:《中国村落与共同体理论》,第 153—154 页。

④《惯调》第 1 卷,第 214 页;第 5 卷,第 422 页。

⑤《惯调》第 1 卷,第 214 页。

⑥《惯调》第 1 卷,第 214—215、219、259 页。

⑦《惯调》第 1 卷,第 31、136 页。

⑧《惯调》第 1 卷,第 214—215 页。

要求新来者拥有土地和房屋。在该村中有不少寄庄户，他们没有土地，租房居住，其中大多数是佃户，由地主担保他们遵纪守法，如果有不轨行为，其担保者受罚。[1] 但是，在某些情况下，如果一个人在该村居住达 10 年之久，并且没有什么过错，即使没有土地和房屋，也可以成为村中一员。[2]

另外 3 个村庄，即历城县路家庄、恩县后夏寨以及河北省栾城县的寺北柴都有其他的入村要求：在该村拥有坟地。[3] 事实上，在寺北柴，只有当一个人其祖先三代都居住在该村，才会被认为具有完全的村民资格。[4] 但在实际执行中，对那些迁入村中未及三代的人是否区别对待还值得怀疑。

但不论怎样，这些条件说明，属于村中任一氏族的重要性，因为祖坟（宗祖之坟）是其祖先居住该村的最好证明。而且，要求是过世的祖先三代，这一条也甚为关键，它表明同一氏族尚在五服之内。同样，因为其祖坟仍在，即使一个人失去了所有土地并搬迁出村，但仍被认为是同村人。如果他在过年过节时不再回来扫墓祭祖，他才不再为村人所认同。[5]

根据旗田巍的观点，对村民资格不同的要求条件反映了不同的乡村社会结构。他认为第一类中的两个村庄比第二类中的村庄分化得更为严重。第一类村庄对新入村者无土地和房屋要求，是因为这些村中有不少人本身已穷得一无所有。

---

[1]《惯调》第 4 卷，第 22—23 页。
[2]《惯调》第 4 卷，第 23 页。
[3]《惯调》第 3 卷，第 46 页；第 4 卷，第 355、401—405 页。
[4]《惯调》第 3 卷，第 39、56 页。
[5]《惯调》第 3 卷，第 35、46 页。科大卫《〈中国乡村社会结构〉》已令人信服地证明，在新界，取得定居地家族成员资格是获得村中特权的先决条件。

进入第二类村庄的高要求反映出这些村庄中各户生活水平较为平均。根据旗田巍的研究,第二类村庄中多是小自耕农,财产分配较第一类村庄平均,而且,血缘关系也更为紧密,在寺北柴村尤其如此。这些因素使他们具有较强的集体认同感,难于取得该村村民资格便是明证。最后,旗田巍指出,由于第二类村庄不可能保持永不分化,所以存在着向第一类村庄过渡的趋势。①

尽管旗田巍的研究成功地揭示了许多关系,但仍有严重的缺陷。第一,他将寺北柴说成是一个土地较为平均的村庄,事实上,该村一半以上的土地已抵押或卖给城居商人。② 从寺北柴土地关系紧张这一点来看,很难说它没有第一类村庄(如吴店村)那样严重的阶级分化。③ 第二,冷水沟的血缘关系与第一类村庄十分相似。第三,尽管贫富不均尚不十分严重,但仍有许多无地之户。④ 第四,没有足够的历史资料证明从一种结构向另一种结构转变。

黄宗智将 6 个村庄分为 3 类。后夏寨和冷水沟(旗田巍将其归入第二类)为"紧密"的村庄,它们的共同体特性不仅表现为以自耕农为主和有较强的氏族组织(至少在冷水沟村如此),而且体现在进入 20 世纪后,他们以"自我封闭"来应付外部的威胁。它们以红枪会和其他自卫组织来抵抗外部骚扰,体现了很强的内聚力。第二类村庄为沙井村和寺北柴,它们开始时也是紧密的共同体,但随着越来越多的土地被村外人买走,共同体受

① 旗田巍:《中国村落与共同体理论》,第 153—154 页。
②《惯调》第 3 卷,第 5 页。
③《惯调》第 3 卷,第 193、207、225—226 页。
④《惯调》第 4 卷,第 4 页。

到侵蚀,氏族和村庄组织开始衰弱。黄宗智将吴店和侯家营归为第三类,称之为"分裂了的村庄",因为这些村庄高度分化,并且缺乏强有力的氏族和村组织。[1]

213 　黄宗智的分析较旗田的分析更为细致,也较为正确,但也有不足之处。如前文所述,冷水沟亦有严重的分化现象。而且,并不能完全肯定寺北柴和侯家营的氏族势力在衰落或者完全失势。不应忽视的还有,沙井村有很强的全村性看青组织。而最重要的是,不应将后夏寨的红枪会和冷水沟的自卫组织看作"自我封闭"的表现。与黄宗智的观点相反,我认为这些自卫组织是联庄组织的一部分,是文化网络上村庄联合为更大组织中的一环。

以上两个研究的一个共同结论,即主要由自耕农组成的村庄对新入村者要求条件较高,而且具有较强的村组织,从广义上说这一结论基本上符合事实。显然,这类村庄的权力结构因划定村界而得到加强,因为该村中大部分土地归其村民所有。但是,如果进一步推论其为自我封闭的共同体便会忽视文化网络中那些村民之间以及村庄与外村人之间千变万化的组织及人际间的关系。而且,从典章制度中也很难抽象概括集体意识的性质。一个社区的集体意识是一个十分复杂而且矛盾的现象,乡村社区也是如此。在同一机体或行为中,合作与竞争往往并存。请看下面"满铁"调查资料。

粗略一瞥,共同体似乎体现在村庄的宗教仪式之上,特别是体现在集体祭神祈雨之中。[2] 它也体现在所有村庄成员以准亲戚的称谓相互称呼。有人可能还举出购买土地中的优先权——

---

[1] 黄宗智:《华北小农经济与社会变迁》,第 260—274 页。关于后夏寨,见《惯调》第 4 卷,第 418 页;关于冷水沟,见《惯调》第 4 卷,第 34 页。
[2] 《惯调》第 4 卷,第 48 页。

先让同族,次让同村,最后再卖与村外之人。"共同体"也许还表现在许多村庄对其实际耕地亩数严守秘密,不让外人知道这一事例上。①

但是,细一分析便会发现,这些现象中有不少成分也可以被视为村中分化和竞争的表现。集体的宗教仪式不仅体现了社区关系,也体现了社会和政治地位的分差高下。准亲戚关系的称谓也表现出关系的亲疏,一个居住于村中的"村外人"在被纳入准亲戚称谓时往往被降低辈分。② 尽管许多村庄中出售土地先向同族人询问,但实际上仍有不少土地售与同村或外村之人。保守同村秘密,正如冯华德指出的那样,它并不意味着内部一律平均或毫无争斗。③

无可争议,大多数社会组织在其实践中都包含着合作和竞争的因素。这些实践恰恰反映出参加者们的双重动机,他们以合作和竞争来应付变化不定的周围世界。我们并无充分的根据来断定以自耕农为主的社区比更为分化的社区缺乏竞争性;我经常提及社会和祭祀仪式的双重性,正是有鉴于此。除非我们注意到同一问题的另一方面,否则简单地概括农村为"封闭""紧密"等往往会引起误解。

小　结

将乡村或概括为具有紧密关系的乡村共同体,或概括为具

---

① 《惯调》第 2 卷,第 513、527—536 页;甘博:《华北农村》,第 169 页;冯华德:《旅涿见闻杂记》。

② 《惯调》第 6 卷,第 87 页。

③ 冯华德:《旅涿见闻杂记》;又见冯华德:《农民田赋负担的一个实例》,第1113—1119 页;另可参见本书第四章对侯家营的讨论。

有多种重要活动功能的实体,这种区分十分重要。进入 20 世纪后,村庄越来越成为下层社会合作的中心,从经济利益出发,属215于哪个村庄具有十分重要的意义,所有"满铁"调查村庄的资料都证明了这一点。但这一变化并未引起、也未伴随着村庄内部内聚力加强的出现。

撇开我上面提到的有关合作实体的概念和定义不谈,强大的社会和历史因素也阻碍着这一实体的增长。在许多事例中,华北活跃的土地市场使不少村庄很难在村有定界的基础上进一步加强村庄权力,因为它们无法控制身居村外的地主。所以,虽然村庄成为一明确的组织单位,但它渐渐失去了运用其权威的部分能力。

更为严重的是,村政权的正规化,其与乡村社会文化网络的脱节,以及来自政权内卷化的压力,使村政权落入那些贪求名利的"政客"手中。内聚的社会组织要求有一个道义上的权威中心,但与此相反,民国时期这种道义权威没有被加强,反而被削弱了。例如,在较为难以获取村民资格的华北某些村庄,其难度亦不如埃里克·沃尔夫讨论的那样大。而且,历史上没有在动乱时期村庄可以成功地"自我封闭"的先例。山县干树的研究揭示了相反的事例:明清交替的动乱时期,华北出现了乡村社会变化和多姓村庄。①

划定村界、稳定税源,可能会加强村落内部保护型经纪关系,但我们已经看到,即使领袖来自村落内部,他也很难说服村外人交纳税款。如果村政由营利型经纪把持,则加强公共组织及关系的效果会更差。在这种情况下,村领袖与村社会脱节,其

---

① 山县干树:《村落起源》,第 26 页。

权威性不会因划定村界、稳定税源而加强。村庄一级代表国家
权力的营利型经纪不会比村庄内生领袖更具权威来催促村外地
主交纳税款。可能是在 1940—1941 年实行大乡制以后，村级组
织的政治地位又降到无足轻重的地步。至此，乡村政治组织的
发展又回到原起点上。

第八章 国家政权的现代化与地方领导

在晚清时期,为了保护社区利益,乡村领导与国家政权及其代理人进行了长期而艰苦的讨价还价。但即使在受到财政和行政双重压力之时,他们与正统秩序仍保持一致,因为,在文化网络之中,他们作为地方社会领袖的法统与帝国政权是分不开的。20世纪的国家政权现代化运动迫使乡村领袖与传统文化网络逐渐脱离关系而越来越依赖于正规的行政机构。但是,国家政权的深入所产生的正式和非正式压力是如此繁重,除个别人为捞取油水而追逐职权外,大部分乡村精英都竭力逃避担任乡村公职。本章将探讨国家政权的深入如何导致了这一现象。

当国家政权正需要稳定而热心的政治领袖之时,传统的乡村领袖却纷纷躲避公职,是国家政权的深入还是战争或动乱应对此负责任?无疑,战争和由此而引起的匪乱是造成这种现象的一个不容忽视的因素,但通过考察国家政权不断侵犯乡村领袖的固有特权,我将揭示出国家政策和国家政权内卷化是造成乡绅"退位"的主要原因。在此之前的战乱中,乡村精英们存活

下来,他们对重振声威和再次充任社区领袖充满热望和信心。到了20世纪,那些不断地向乡村领袖勒索摊款以及使乡绅日益失去传统地位的政策,让乡村精英们对"公职"畏惧如虎,唯恐躲避不及。而且,国家政权的建设与战争并不矛盾,在欧洲历史

上,二者是紧密相连的。在中国,因为军队的编制与文职机构一样,存在着内卷化的倾向,故战争并未起到加强国家政权的作用。在民国时期,雇佣兵越来越多,对他们来讲,战争只是一种谋生和求利的手段,并无为国家服务的意识。①

乡村精英逃离村中公职的主要原因在于,他得自这一公职的精神和物质报酬越来越少,而这一公职所带来的麻烦越来越多,这主要表现在分派和征收摊款之上。如前所述,按规定,摊款每年征收两次,均在收获之后,那时农民手中可能有点现钱,但实际上,县、区及过往军队常常随意向村中临时摊派,有时一年竟达 10 次之多(在一些村庄中,摊款栏目中的最大开支是招待县、区派往村中的催款警察,美其名曰"招待费")。

---

① 李友华:《军阀之兵》,特别是第 42—48、74—78 页。在少数村庄,1929 年国民政府推行选举制以后,一些传统的精英领袖被排斥于权力层之外,甘博研究之中的某一大村(307 户人家,靠近北京,属于宛平县)即是一例(《华北农村》,第 165—166 页)。该村前街居民较贫,后街居民较富,后街控制着村庄政权,很久以来,两街居民相互对立。在第五章中我曾提到,围绕着由前街贫民发起的一起宗教事件导致了两街固有矛盾的激化。1929 年推行选举制以后,前街可以推举自己的代表进入村公会,在其"初战告捷"的鼓舞下,前街居民要求为其子弟建立一所独立的学校,并掌握从前街居民中收起的那部分经费,该村的分裂已不可避免。

甘博研究中的 H 村位于河北省东部,拥有 375 户人家,是一个大村,在 1929 年之前,由村中 6 户有势力的人家控制着村政权。1922 年,一些农户联合起来企图迫使这小集团扩大代表人数。这一企图失败之后,他们建立起自己的组织,并开始征收费用。作为对这一企图的反击,原村庄权威们与县政府沟通,联合命令那些人解散其组织。1928 年,国民政府统一北方之后,"争取民权之声到处可闻",村中的反对派借此机会吸收 6 名新会员。但是,在 1929 年的选举中,原先的村领袖凭借其号召力仍然当选(甘博:《华北农村》,第 229—231 页)。

一般来讲,选举并不是权力基础发生变化的主要原因。在一些地方,如河北省定县翟城村,人们曾希望通过选举来削弱富豪之家对村政的控制,但即使在这一模范村中,村中的行政权仍然操纵在原领导集团手中(甘博:《定县》,第 150 页)。我认为,在大多数村庄,选举并无实际意义,至少在 30 年代情况如此。在多数情况下,是原村庄领袖自愿放弃领导权,或者像吴店村,特别是寺北柴那样,村庄的贫困化使村庄中没有富裕之人来控制村政。

我这里将着重说明摊款对乡村领袖与村民之间关系的影响，从分析这一问题的角度来看，摊派方式比摊款的多少更为重要（那些关心摊款大小与国家收入增长率、通货膨胀率、交易条件等因素之间的关系的读者可参看第三章）。[①] 尽管我们无法弄到有关摊款的各项精确数据，但总的趋势表明，农民负担的增长率远远超过其收入的增长率。

219 两个普通村庄的资料可以说明农民负担的加重程度，甘博为我们提供了日军侵入前华北农村的财政状况的绝好事例。甘博记载了 1907—1932 年河北中部新庄的财政支出，该数字包括村庄一级开支和军事摊款，而未包括县、区以及吏役的勒索。从村庄开支的实际增长来看（用南开经济指数计算而得，1926 年为100），若不包括军队摊派，则民国初年开支约为 373 元，到 20 世纪 30 年代初开支为 670 元，增长了 80％；若将军事摊派计算在内，则增长率为 200％。若与 1905 年前后的开支相比，增长率则会更高，因为那时开始推行各项新政，在此之前，村庄公共开支甚微。[②] 另一事例来自侯家营，据一位"满铁"调查员计算，在 20 世纪 40 年代初期，该村 60％的现金开支用于支付各种摊款。[③]

让我们回过头来看看乡村领袖在征收摊款中的作用。最值得注意的是，由于临时摊款并无定时，村民手中往往无钱，故常常需由富裕的乡村领袖先行垫付，而由村民在秋后归还。不用

[①] 杜赞奇：《国家政权内卷化》。

[②] 甘博：《新庄》。

[③] 小沼正：《华北农村田赋征收机构考察》，第 29 页。对于这一问题的其他认识，见杜赞奇：《国家政权内卷化》；天野元之助：《苛捐杂税下的河北农村》；易劳逸：《流产的革命》，第 181—244 页；甘博：《定县》，第 166—184 页；又见《河北省各县概况一见》评论。《地政月刊》(1936 年)第 4 卷第 2、3 期（合期）集中讨论了 30 年代初期的田赋问题，请特别注意万国鼎、庄强华和翁之镛的文章。

说,向贫穷的村民收回垫付之款并非易事。在冷水沟,村长杜凤
山声称,在军阀张宗昌统治时期(1923—1928),摊款最繁,他因
垫款而蒙受损失。① 在寺北柴,前村长张乐卿也抱怨因垫款而受
损。② 在吴店村,村保甲长们因不能及时交纳摊款而受到警察的
殴打。③

村领袖们不仅得向国家负责征收摊款,而且因此而与村民
的关系趋于紧张,这使其两面受气,村长处境更为困难。寺北柴
村长对此认识颇深。

问:村长认为,最难对付的是县衙吏役还是村民? 220

答:都不好对付⋯⋯我整天公务缠身,无法顾及自
己的事情。

问:与村民的关系怎样?

答:当我向他们征集摊款时,他们很不愿意交纳,
好像这些钱都将归我自己使用。④

村长和其他负责征收摊款的村领袖被拖入困境,在这一困
境中,任何一个有声望的保护人都无法继续保持自己在村民心
目中的地位。冷水沟的村长杜凤山是一个受人尊敬的村领袖,
但据他声称,因摊款之事,其他有影响的村民都不愿充当村长
副,摊款是村务中最烦人的事情。⑤ 对村长来说,摆脱困境的一

① 《惯调》第4卷,第6页。
② 《惯调》第3卷,第55、63页。
③ 《惯调》第5卷,第421页。
④ 《惯调》第3卷,第59页。
⑤ 《惯调》第4卷,第6页。

条途径是彻底投身于国家政权之中而与村民作对。例如，后夏寨村长将未交摊款的户主姓名报告给警察，由警察殴打被报告之人。①

在"满铁"调查的各县中，均发现村民认为村长及村首事摊款不公从而引起争议，其争斗激烈程度不同，但它曾导致后夏寨和侯家营正、副村长的辞职。② 在吴店，因摊款之事，富有的村领袖不仅辞职而且迁出村庄。③ 在河北省顺义县和栾城县，村民和村领袖因摊款而发生争执，不得不捅到区公所，在这种情况下，区公所往往支持村领袖们的决定。④ 甘博在书中提到，在北京附近的某村，村民在一些反对派村首事的带领下，状告村长和其他村领导摊款不公，此次诉讼极大地削弱了原村长在村中的权力和地位。⑤

在栾城县也有几宗十分有趣的摊款纠纷案。20 世纪 30 年代，不少普通村民向县衙状告村领袖摊款不公，其中一个状子指控村庄首事"不遵乡规，私改新章"，其中声称："民村多年乡规，杂派九十两银子，按六十两派款，以体恤贫民，不料今年村长合甲长公议杂派按九十两派款，当出地亩向当主要钱……如此以往，贫户谁堪负担……"⑥

该县的另两宗案件亦值得转引，因为它一直状告到设于天津的高等法院。与寺北柴相邻的岗头村由一条道路分为前街和后街两部分，分别住着 70 户和 40 户人家。但是，村领袖们按传

---

① 《惯调》第 4 卷，第 407 页。
② 《惯调》第 4 卷，第 407 页；第 5 卷，第 18 页。
③ 《惯调》第 5 卷，第 420、430 页。
④ 《惯调》第 2 卷，第 345 页；第 3 卷，第 47 页。
⑤ 甘博：《华北农村》，第 199 页。
⑥ 《惯调》第 3 卷，第 512—513 页。

统的平分(50∶50)方式征收摊款。到了 20 世纪 20 年代末期，随着摊款的增加，居民较少的后街起而反对这种分配方式。此案一直弄到高等法院，法庭决定将该村分为两个财政独立的单位。① 另一村庄名为乏马铺，分为前后两牌，两牌土地差异较大，但村庄领袖们决定两牌平均摊款，愤怒的村民提出上诉。② 此案在调查时尚未审理完结，故不知作何判决。

摊款增加是 20 世纪的特有现象，它是导致村庄领袖与村民暗中或公开对立的主要因素，但不是唯一原因。为了取缔或减小营利型国家经纪的作用，民国时期，特别是国民政府和日伪政权时期的国家政权力图利用乡村领袖，特别是正、副村长推行自己的政策。但这些政策都在不断地加深村庄领袖与乡村利益的分化，特别是在村庄的传统习俗与法律文件相抵触之时，有声望的村领袖对担任公职更为畏惧。这在征收契税方面表现得十分明显，它使村长在公务上更加难有作为。

清末之时(以前很可能也是如此)，华北的大部分地契为未盖官府红印的"白契"，买主必须交纳契税，这是一项省税。民国之时，按规定契税为土地售价的 6％，但到民国后期，加上各种附加，契税高达售价的 12％。③ 故村民们千方百计地逃避契税。 ²²²

①《惯调》第 3 卷，第 48 页。
②《惯调》第 3 卷，第 48 页。当然，反对漫无边际的摊款不只是河北省才有的事。田中忠夫从当时报纸(1932—1934 年，此时较为安定，即无军阀大战时期)上搜集了中国各地 100 余起群众反对苛捐杂税的事件。例如，在 1934 年 2 月，河北省邢台县 2000 余农民在县城游行抗议过度摊款。1932 年 8 月，北平近郊 800 余农民要求取消向青苗会征收的"公益捐"，他们在北平市国民党党部前集会，最后达成妥协，捐额大减，将部分款项退还给村庄。另外，村庄土地若有变更(指村民卖出或买入土地)，在向政府报告之后，应摊负的捐额要作相应的调整。参见田中忠夫：《近代中国农村之解体与农民之斗争》，第 379、427 页。
③《惯调》第 3 卷，第 369 页；又见天野元之助：《苛捐杂税下的河北农村》，第15—19 页。

因为田赋经征处与契税征收科相互之间缺乏配合,所以有无红契并不会影响到田赋交纳。但发生地权纠纷时,在法庭上有无红契对确定地权十分重要,所以只有当农民预料到可能发生纠纷时,他才交纳契税以获得红契。

国民政府统一华北之前,在许多集镇,有一官府任命的监证契约人,称"官中人",他有时也包交契税。1930 年,国民政府下令取消带有经纪性质的官中人,指令由村长监证村民交纳契税。从此以后,所有田地买卖都得填写官府颁发的"草契",此契由村长自县衙购回,然后略加提价售予村中买地之人,其差价各县不同,但悉归村长所有。村长被称为官方"监证人",他得按期将草契存根送交县衙,县衙由此可知土地买卖实况。[①]

官府认为村长比原官中人对村中土地交易更悉其详,故决定取消官中人而将其职责由村长代之。村长确实知悉全村土地占有情况,但实际上,他比其他村民更为费尽心机地保守这一秘密。从冯华德、甘博以及"满铁"调查人员的报告中可以看出,20 世纪 30 年代时,华北的许多乡村均有两套土地册[②],一个供外人阅看,其与县衙所存册籍相符,另一归村中"私用"。1941 年的田地调查揭示出,在一些村庄半数土地未登记入任何官册,但这些土地大多记入村庄第二套册簿,此册只有村人知悉,用来分配摊款和其他村费用。从这一点来看,村庄是一个封闭的"共同体",它们有自己共同的秘密。一个热心于靠拢官府、企图告发所有土地交易状况的村长,对"共同体"来说是一个威胁。(因为存在

223

①《惯调》第 3 卷,第 161 页;第 5 卷,第 200、660 页。《华北地券契约制度研究》,第 158—159 页。
② 冯华德:《旅涿见闻杂记》;《惯调》第 2 卷,第 513、527—536 页;甘博:《华北农村》,第 169 页。

两个账簿,故对农家经济进行微观研究的学者在引用农户面积的资料时必须谨慎。)

对村民和其村领袖来说,值得庆幸的是,县政府很少能弄到其他资料来检验官方监证人报告的可信程度,这可能部分地因为契税归省财政收入而非县收入,所以县政府催征不力。据顺义县一位职员报告,村长担任官方监证人之后,更多的人开始交纳契税,但仍有大部分人不纳契税,村长对此则佯装不知。[1] 不过,在另一些村庄,村长所受上级压力很重。在山东省历城县路家庄,警察根据村长的报告,进村催征契税并鞭笞那些匿不交税的人。[2]

民国后期出现的新型村长不得不从文化网络之外寻找其权力基础。个别村长纯粹靠自己的暴力来统治村庄,一些地方恶棍即是如此。不过,大部分新领导还是依靠与县、区的国家经纪的联系来获得权威的。这不仅从前章所举事例中得到证实,而且第五章讨论宗教问题时亦曾提及,如顺义县石门村樊宝山与县城僧侣以及衙役勾结即是一例。

1941 年推行大乡制,取消自然村的管理职能,这为新型乡村领导创造了一个新的获取和施展权威的环境。如前所述,以 1000 户编为一乡的乡制是 1931—1935 年提出推行的,所有村庄政务都集中在乡一级,原自然村成为乡下一个单位,由乡副负责。从理论上来说自然村不再具有征收摊款、财政预决算、自卫和看青等自主权力。但实际上,在新乡制推行的最初几年,自然村依然保存着其原有功能。在一些村庄,虽然自卫和教育事务

²²⁴

---

[1]《惯调》第 2 卷,第 378、427 页。
[2]《惯调》第 4 卷,第 369 页。

归乡政权处理,但自然村仍然按其旧有原则征收款项。①

直到 1941 年,日伪省、县政权强力推行之后,大乡制才成为现实。他们企图以此来划定其控制的最基层单位,并使地方精英与原所在社区相分离,从而使基层政权更有效地服务于国家利益。昌黎县伪县长的一项告示表明,实行大乡制是为了使该层政权集权化和官僚化。②

一方面,此告示规定了正、副"乡长"选举的具体程序,并指明其责任和所得薪金待遇,同时它援引法令要求征收摊款要发给收据。另一方面,该告示规定,"乡镇公所职员办事权限如有争议时由乡镇长决定之"。但与国民政府《乡镇自治法》不同,此告示并未规定由何人监督"乡(镇)长"的所作所为。③ 此告示将权威授予一人,但又要求"乡镇公所职员:灭私奉公,勤慎耐劳,忠于职守,勇于服务"。

从各个方面来看,推行乡镇制表明国家政权企图使下层机构正规化,从而克服村民偷税漏税以及拒交摊款等积弊,这是与村庄利益相关的传统领袖与地方恶棍无法完成的任务。更为重要的是,大乡制可以使政府更有效地清丈土地。但是,推行以上各项措施必须有一个强有力的领导团体,它不仅与旧有的职能及乡村利益无关,而且能有效地反击来自乡村精英和普通村民对这些新举措的反抗。

1942 年调查过的两个村庄——侯家营和吴店村,为我们提供了大乡制具体运作的一些情况。从村民的观点来看,推行大

---

① 《惯调》第 4 卷,第 6 页;又见旗田巍:《中国村落与共同体理论》,第 249 页。
② 《惯调》第 5 卷,第 354—355 页。
③ 《中华民国法规大全》第 1 卷,第 644 页。

乡制只能使基层政权内卷化进一步恶化。因为,第一,各村不得 ²²⁵不为新一层领薪人员筹集款项;第二,乡公所装置了更为先进的通信设施——电话,村民们认为这只是为了更有效地控制乡村而已。若村民拖欠税款,乡政府通过电话告知警察,他们便迅速来到村中强力征取。①

作为一个较大的基层单位,人们预想乡公所应举办一些公共事业,但我们找到的唯一成效是吴店村所在之乡公所动员村民打了一些井眼用来灌溉农田。不过,所有这些井眼都打在城居地主的地里,而这些人多在伪县政府中供职。据乡公所职员讲,打井的命令直接来自伪县长。②

侯家营所属之镇的镇公所在泥井,这里是集市和区政府所在地,该镇伪镇长是一个臭名昭著的大恶棍。此人姓齐,他的父亲曾为军队采办粮草,通过这层关系,他成为泥井镇中的强人,并因此而积累了一些钱财,据传此人曾杀死自己的长子。齐某步其父后尘,成为地方一霸,他不仅富有,而且与伪县长有交情。成立镇公所之后,他贿赂一些保长从而推举他为"镇长"。

任职之后,齐对下属各村实行恐怖统治。他将全部公有财产攫为己有,并取消各种合理的摊款分配方式。他对各村保长进行威胁,从而向他们无限勒索款项。齐某唯一不敢惹的人是远近闻名的萧惠升,萧因各种义举而得到 38 村的联合赠匾。不过,这两个人是"井水不犯河水",各行其道。1941 年,人们再也难以忍受齐的胡作非为,3 个人代表 3 个村庄向法庭控诉齐"会账不清,人格卑劣",但齐在城中的后台颇硬,从而赢得了这场诉 ²²⁶

---

① 《惯调》第 5 卷,第 52、610 页。
② 《惯调》第 5 卷,第 515—516 页。

讼。3 个上诉之人惧怕齐的报复,只得远走他乡。齐却得寸进尺,以补偿其诉讼损失为名,向各村加派 5000 元钱。[①]

在这种环境下,有声望和地位的乡绅再也不屑于充任"公职"了,据说侯家营的保长只是齐某的"走狗"而已,其他保甲长也大多如此。据前村长刘子馨讲,像齐某那样的"乡(镇)长"并不少见。将政治权力集于"乡(镇)长"一身,加之管辖范围扩大而且乡(镇)公所所在地又是集市中心,这使"乡(镇)长"一职对地方恶棍更具有吸引力,他们与上级官员勾结,甚至与伪县长亦有关系,而后者(伪县长)则依靠前者进贡以饱私囊。[②] 这些恶霸有钱有势有后台,这使他们不同于过去的营利型经纪,他们将旧有乡村领袖挤出村政权,即使在地方领袖根基较深的侯家营亦是如此。

从国家政权建设的角度来看,推行大乡制是成功还是失败了呢? 此举确实达到了国家的某些目的,如催征钱粮、清丈土地,使国家行政机构得到加强。但同时,为完成这一任务而往往迫使乡村领袖与村民对立,结果使正直之人"退位",地痞恶棍充斥于乡村政权,这使国家政权在民众中的威信更为降低,实际上这是一种"内卷化"的政权扩张。

清理财政:书手与土地丈量

政权建设的一个重要任务是将搜集和转达田赋信息的旧有机制正规化。直到 40 年代日伪政权采用强硬措施之后,才将代

---

① 《惯调》第 5 卷,第 48、50—51、273 页。
② 《惯调》第 5 卷,第 52 页。

表地方利益的精英集团与地方政权结构分离开来,并摆脱了书手等国家经纪对地方财源的垄断,从此国家政权对地方的赋税负担实力才有较为真实的了解。本节我将分析村庄、正式和非正式国家机构三方对控制财源的争夺以及对乡村社会命运的影响。

民国初年,不论哪派军阀执政,当时的学者和财政官员都认为国家应该摸清地方财政实力,他们认为这不仅可以减少贪污中饱,增加财政收入,而且对合理分配税收负担极为重要。1936年,《地政月刊》发表了一期论田赋改革问题的专号,万国鼎撰文认为富者常常逃税而贫民负担加重,他提议按田地等级制定不同的税率;但他同时指出,要实现上述目的,必须先成功地进行土地清丈,这是各朝代均想办而未办成的事。[1]

以前土地清丈失败的一个主要原因是各政权在清丈时仍然依靠旧有机构以及职员(特别是里书或社书)提供资料。这些职员"清丈"自己所辖财政区划(社、里、图)的土地,从国家的角度来看,书手们的主要职责在于登记土地买卖、编制土地清册,从而为征收田赋以及附加提供依据。这种体制起源于明代[2],但20世纪时书手们的作用可追溯到19世纪中期清廷财政崩溃之时。此时,书手们兼行里甲和保甲的一些职责,如田地登记、传催,甚至征收田赋。19世纪中期社会动乱之后,鱼鳞册和黄册散失殆尽,国家不得不完全依靠这批书吏的过割底册来征收田

---

[1] 万国鼎:《中国田赋鸟瞰及其改革前途》,第160页。关于16世纪80年代那次土地清查的复杂结果,见黄锐:《田赋与明朝财政》,特别是第300—301、329—330页。

[2] 李陵:《河北省静海县之田赋及其征收制度》;又见天野元之助:《苛捐杂税下的河北农村》,第30—33页;小沼正:《华北农村田赋征收机构考察》,第21页。

赋了。

书手们的过割底册，以户口为主，载明其旧管新收开除实在之数。就其内容言，实即旧日之黄册，唯黄册每年编造一次，过割底册之重造年期，则向无一定。事实上，由于它仅靠书手个人能力调查各户土地过割，其可信度（指与实际土地占有情况是否相符）是值得怀疑的。[①] 尽管有这些弊端，但在旧有编审制度崩

228

溃、田赋需求增长缓慢的情况下，这种书吏体制似乎也能很好地为国家完成田赋征收任务。栾城县财政局长认为里、社等田赋征收区划是一种自愿组织，而书手则是该区划的专门代表，其最初职责是帮助农民申报并登记土地。[②]

最初的书手们可以被视为国家经纪，他们对社区既有保护作用又从中捞取好处（即营利型经纪），与负责治安与其他政务的"地方"一样，书手与乡村社会相连，甚至受社区控制，这使他的"榨取"受到一定的限制，从而使他的作用呈现出两面性。到了 19 世纪末期，乡村领袖对"地方"一职滥用职权、损公肥己仍起着监督和控制作用，但对书手们的控制力在减弱，这可能是因为书手与"地方"不同，他们越来越得到国家政权的信任和依赖。在官府看来，书手们可以无偿（不用为书手付薪）为国家登记土地、编册造簿；而且，由于书手多是当地人，他比其他人更熟悉土地交易情况，从而可以查出"黑地"，将其登记入簿。[③]

除了为官府编制田赋征册，书手们还登记土地过户分割等，

---

① 万国鼎：《中国田赋鸟瞰及其改革前途》，第 133 页；李陵：《河北省静海县之田赋及其征收制度》；天野元之助：《苛捐杂税下的河北农村》，第 33 页；《惯调》第 3 卷，第 367 页。

②《惯调》第 4 卷，第 403 页。

③ 据说新官上任之后，一切安置费用由书手们提供（《惯调》第 6 卷，第 23 页）。又见小沼正：《华北农村田赋征收机构考察》，第 28 页。

如田地买卖或分析家产,对此他常常收取小费,由买方交纳。这
种田主转换往往发生于同里或同社之中,书手只需将其册簿中
田主姓名更换一下即可,一般不费什么事情。但有时田地亦售
往其他里、社,为了保证该地的田赋征收,书手定期聚会、登记割
让的土地。小沼正发现,书手们经常在集市上碰头,不少村民则
在周围等待着登记其新买的田地。①

　　在华北许多地区,书手们还负责转交征收的田赋及其附加。
对冀东 7 县的调查表明,70％的农户经书手转交田赋。书手们 *229*
征收田赋的方式与下一节将讨论的包收营业税的体制十分相
似。在昌黎县,财政官员只与总社书打交道,如果想被任命为总
社书,必须有两户商家作保,在总社书之下是各社的社书。按规
定,在征赋期限结束之前,社书得代交未完纳之田赋。当然,此
期一过,这些社书便向各欠户催要垫钱,并加取一定的利息。②

　　由于书手们垄断着田赋资料,他们可以上欺国家,下骗黎
民,从而建立起自己的权威。只要田赋收入缓慢增长,国家政权
也就懒得过问书手们的所作所为。但到了 20 世纪,对财政的需
求急剧增加,国家政权就再也难以容忍由私人垄断至关重要的
田赋资料了。在这种背景下,人们对书手展开了攻击。

　　到了 20 世纪 30 年代,花费 250—500 元才能买到书手的职
位,大约一个中等农民积累数年才能凑齐这笔钱。这是书手一
职在受到舆论抨击之后的"价码",此前求得此职可能花费更高,
当然,其收入必然会远远高于付出。③ 但即使在 20 世纪 30 年
代,谴责书手制弊端的文章仍不断出现。

---

① 小沼正:《华北农村田赋征收机构考察》,第 23 页。
②《惯调》第 5 卷,第 333、362、400、403 页;第 6 卷,第 28 页。
③《惯调》第 3 卷,第 387、404 页;第 4 卷,第 210、538 页。

首先,书手们登记地权转让所收费用(即粮地过割费)并未受到严格的监督和审查。按官府的规定,交割每亩土地收费 1角,书手却收取 1—3 元。书手还利用农民不甚清楚清朝银两和民国银元的兑换比率,从银元折换中牟取暴利。书手还篡改账目,随意增减纳税的田地数目,从中要挟索贿。这里列举的只是时人抨击书手的几条例证而已。①

230 从清末到 20 世纪 30 年代,书手们的敲诈勒索不断升级,使人难以容忍,故不少人向衙门状告书手。在冷水沟,1874 年,历城县知县出示晓谕,详细地规定了里书经办各种事务后收取多少手续费。1892 年,冷水沟合庄与里书公议凡地亩宅基拨粮者悉遵以上告示(交纳手续费),并"勒石以重久远"。直到 20 世纪 30 年代,冷水沟的村民仍团结一致对付书手,由很有威望的村长杜凤山招待里书,报告土地占有及交易实况,代征各种契税。此外,每年送里书二三斗小麦,这份"礼物"由村民按摊款方式分摊负担。②

改革者们猛烈抨击书手,认为他们不仅欺压农民,而且是清丈土地的绊脚石,人们都明白,在乡村中,许多田地未登记入册。历届政府都想彻底弄清应征田地亩数,因为书手从混乱的账簿中易于浑水摸鱼,所以对清丈土地并不热心,甚至暗中阻挠。即使个别书手真心为国家利益服务,但他也无力完成清丈土地的重任。国家力图通过土地清丈来建立更为正规的田赋征收体系。③

---

① 《惯调》第 4 卷,第 210、274 页;第 6 卷,第 23 页。甘博:《华北农村》,第 127 页。石田文次郎:《土地、公租、公课》,第 39、79 页。小沼正:《华北农村田赋征收机构考察》,第 25 页。
② 《惯调》第 3 卷,第 404 页;第 4 卷,第 288、393 页。
③ 《惯调》第 6 卷,第 23 页。

20 世纪 40 年代初较为成功的田地清丈表明,农村中未登记纳赋的"黑地"之多确实惊人,其中一个重要原因是清朝划给八旗子弟、庙宇、书院的免赋田地到民国时仍未登记入册,省、县政府对此缺乏记载。[①]

这些未纳赋田地中的最大部分是圈给八旗子弟的旗地,旗地的形成十分复杂,我们不必在此深究这个问题。18 世纪时,直隶旗地达 2000 万亩,在山东亦有 300 万亩。大部分旗地出租给汉族佃农耕种。但到了 19 世纪,由于不少旗人破落贫穷,部分旗地被售与或抵押给汉族地主,但这些地仍不纳田赋。不过,直到 19 世纪末期,大部分旗地仍由汉人租佃,他们将地租交给庄头,再由庄头转交给内务府。[②]

辛亥革命之后,旗地的免税特权被废除。但在新旧政权的交替过程中,不少庄头携册潜逃,佃农因而成为所种之地的实际主人,但国家对此无从知晓。1914 年,袁世凯政权建立了清查土地的"经界局",次年在良乡县和涿州设立分支机构。由于后来政局动荡,清丈工作被迫中断。与此同时,国家政权企图取消书手,但只有良乡县获得了成功,而其他地区则成效不大。例如,在昌黎县,1914—1926 年动用警察代替书手催征未纳田赋;但1926 年之后又恢复了老样子,由书手催征田赋。[③]

在静海县,县政府企图将书手纳入官僚体系。1917 年,县署

① 庄强华:《一年来各省田赋之兴革》,第 304—305 页。又见《惯调》第 2 卷,第 518 页;第 6 卷,第 1—3 页。
② 《直隶全省财政说明书》,田赋部分,第 23 页;《惯调》第 6 卷,第 1—3 页;马若孟:《中国农民经济》,第 218 页。
③ 万国鼎:《中国田赋鸟瞰及其改革前途》,第 161 页;又见翁子镛:《田赋整理问题》,第 318 页。关于良乡和昌黎的情况,见李廷:《河北省静海县之田赋及其征收制度》;小沼正:《华北农村田赋征收机构考察》,第 33 页;《惯调》第 5 卷,第 622—623 页;《惯调》第 6 卷,第 23 页。

财政科附设粮租征收处,处设主任,为领薪职员。但由于交割田地、发放田赋催单及收据仍由里书照旧办理,其实质仍未改变,征收处主任只是将各书手"收归己用",他们仍靠收取交割费和田赋浮收而谋生求利。[①] 在大部分调查县份均可发现,尽管书手不像以前那样垄断田赋征收,但直到 20 世纪 30 年代,书手一职仍然存在。国家尚无力重建自己的税收体系,它不得不继续依靠书手等人。

232 在 20 世纪 20 年代初期,不少县份陆续建立了经界局(分支),但成效甚微。[②] 在顺义县,为了鼓励田主申报土地,县府下令对申报者免于追究,立即发给田契。[③] 在侯家营,1922 年有数百亩土地被登记入册。但 40 年代的土地清查结果表明,20 年代的申报只是触及事物表面而已。[④]

1928 年国民政府统一北方,标志着清理财政进入一个新的阶段,田赋征收拟由县—区—乡(镇)层层执行,从而使国家权威深入到乡村社会。所以,在 20 年代后期,国民党在打击"土豪劣绅"及破除迷信的同时,对书吏也发动了攻击。[⑤]

1931—1936 年,不少县份取消了书手一职,但我们发现,许多书手仍改头换面地隐伏下来。如在河北一些地方,里书改称"征收员"或"总房",直到 40 年代仍然如此。[⑥] 河北省获鹿县一份指导田赋计算与征收的小册子对这种"改革"成效便流露出怀疑,尽管名义上由乡镇编造田赋征册,但实际上它仍是由旧书手

---

① 李陵:《河北省静海县之田赋及其征收制度》。
② 万国鼎:《中国田赋鸟瞰及其改革前途》,第 161 页。
③《惯调》第 2 卷,第 442 页。
④《惯调》第 5 卷,第 57、362 页。
⑤《河北省获鹿县田赋计算说明书》,第 170 页。
⑥《惯调》第 4 卷,第 290、294 页;第 6 卷,第 23 页。

来完成的。该书编者告诫地方官员提防书手改换名目继续作弊，要求县、区政府对乡镇编造征册要加强监督。由于阻力重重，土地清丈也虎头蛇尾，不了了之。[①]

正如万国鼎指出的那样，国民政府力不从心。要达到清查目的，便必须逐块丈量、绘图标记，而且为根除旧人员从中隐瞒作弊，必须从外区请用丈量专家，这一费用十分昂贵，不少县份因此纷纷泄气，仍然动用旧书手等体制丈量土地。万国鼎建议用飞机空中测量，但似乎未被采纳，直到日本人侵入后此议才成为现实。[②]

233

人们明知任用书手清理财政不会有什么成效，但乡（镇）长们为什么迟迟未编制出新的土地清册？这一疑问并不难回答。如上所述，20世纪30年代时乡镇中的实际组织单位仍是自然村，而村领袖和其他村民一样，都隐瞒有大量土地。而且，据冯华德调查，村领袖们隐瞒土地比他人为多。[③] 清丈土地会导致这一村庄秘密外露，进而可能引发如20世纪20年代初期侯家营那样的宗族争斗（见第四章）。所以不难理解，村领袖们对清丈土地为何并不热心，甚至暗中阻挠。

乡村精英脱离乡村政务，在此状况下，国家政权为什么仍未达到查出隐田的目的？这是因为，即使在乡村政权脱离原文化网络的村庄，一乡利益仍然不能完全取代村庄利益，乡村精英与其他村民仍有共同利益，他们联合起来与新的倾向于政府的乡级政权作对。1940年日伪政权推行的大乡制和保甲制，正是要打破这种以自然村为基础的利益集团而建立新的基层权力

---

① 万国鼎：《中国田赋鸟瞰及其改革前途》，第162页。
② 万国鼎：《中国田赋鸟瞰及其改革前途》，第161—162页。
③ 冯华德：《旅涿见闻杂记》。

体系。

234 建立大乡制是取得清丈土地成功的第一条件,第二个条件是在县政权中建立专门的清丈委员会,其具体步骤可以昌黎县为例说明。1939 年,日本侵略军在该县进行了初步的土地调查,他们下令各乡(小乡)重新登记其青圈内的土地,将结果送报县衙,然后由县衙派 50 名受过训练的专门人员下乡抽样查核。此举可能成效不大,因而中途流产。这一计划的命运与国民政府的一样,随即停止。在以后的两年中,大乡制建立起来,县政权对清丈方案进行了修正。专门清查人员由 50 人减少到 16 人,他们被派往区公所,与区长、大乡乡长共同监督土地清查。1940 年 5 月,这一做法被推广到河北各县。①

这次清查的成效是显著的,在侯家营一村,可税地面积增加了 1000 亩,而昌黎全县则增加了 7700 亩。② 栾城县增加了 3000 亩。据一条材料说,清查之后,整个冀东地区税地面积几乎翻了一番。③

国家政权至此才得以摆脱书手的愚弄而通过政府渠道掌握田赋征收状况,国民政府为此而奋斗了 10 余年。但遗憾的是,这一目的是在日本人手中才得以实现。作为入侵者,日本统治者在建立乡制的过程中,可以毫不留情地摧毁传统的乡村权威结构。大乡乡长直接受上级官僚控制,而很少受旧有乡村领袖或书手们的制约。乡长的权威并不是来自自身的声望、地位或技能(指书手那样的税收知识),他的权力来自县、区政权的"赐

---

① 《惯调》第 5 卷,第 353、362 页。
② 《惯调》第 3 卷,第 417 页。
③ 《惯调》第 6 卷,第 1 页。共产党利用揭露隐地作为一种斗争策略,到抗战后亦是如此,见胡素珊:《中国的内战》,第 261、269、270 页。

予"。但不可忘记的是,在国家政权继续内卷和高赋税的压力下,促使乡长服从于国家目标的根本条件——与乡村社会利益完全分离——也迫使乡长成为最残酷的国家经纪人,他比以往的经纪人更有权威、更具压迫性。

政权建设与商税征收

在国家政权建设的历史进程中,欧洲国家的财政基础由农业税收转向商业税。1919—1935 年,河北省间接税收入急剧增长,山东省也是如此,只是程度不同而已。从这一点来看,中国政权也在重蹈欧洲的先辙。大多数商税是从清末开始征收的,其急剧增长的原因与大量摊款一样,是出于"自强建国"的需要。

同其他领域一样,晚清政权将商税征收转包给私人团体,但对这些团体进行监督控制的机制未相应地发展起来。于是,承包人贪污中饱与高税收同步增长——这是国家政权内卷化的一个典型事例。[1] 本节我将考察 20 世纪时历届政府是如何利用和控制这一非正式的国家经纪机构(包税人)以及如何对乡村社会发挥影响的。

商税中的一项主要内容是向交易中人(牙人)征收的牙税。牙人的最初职能与中国习惯法中"中人"的作用无异。牙人将交易双方介绍到一起,由于当时的市场上并无商业立法保护商人权益,而通过牙人使交易公开(即有见证),从而使交易得到某种保证。牙人还是度量专家,他保存着标准度量器具。最后,对农

235

---

① 冯华德研究表明,19 世纪时直隶牙税收入 5000 余两(约合 3600 元),到 1931 年时,其收入已增长到 300 余万元(《河北省牙税性质之演变》,第 1067、1073 页)。

民来说,一个有能力的牙人还可以为所售产品争取一个较高的价格。①

牙人的职能赋予牙人以某种权力,使他在一定程度上可以左右市场价格,国家政权向牙人颁发执照,借以控制牙人的行为及人数。直到 20 世纪以前,官府颁发牙帖还只是为了稳定市场。但进入 20 世纪以后,财政费用急剧增加,国家对牙人的控制性质亦发生变化,不断地出售牙帖成为官府增加收入的一项重要手段。②

直到 1915 年,河北省才将牙税改为按市场商品交易情况征收营业税,从此以后,牙人的主要职能转向征收商税,这在"满铁"调查资料中时有表现。③ 也正是在这一时期,将税率定为货值的 3%。同时,由县政府拍卖收税权,由投标最高者充任包税人。自此以后,牙税的征收与 20 世纪初期的其他税收,如牲畜交易税、屠宰税、烟酒税等的征收方式趋于一致。早期国民政府企图用这种包税制来加强对市场的控制并增加财政收入。④

在民国大部分时期,名义上县政府截留拍卖包税权所得的10%,而将其余部分报解省财库。在每个财政年度开始之前,县衙邀请各包税人投标,中标者又将征收市场上某种商品税收权

---

① 《惯调》第 5 卷,第 605 页。
② 曼素恩:《县级贸易组织》,第 72 页;冯华德:《河北省牙税性质之演变》,第1067—1068 页;《直隶全省财政说明书》,厘金部分,第 10 页。
③ 冯华德:《河北省牙税性质之演变》,第 1070—1071、1073 页。
④ 关于河北省赋税征收体系的"极大成就"在第三章已讨论过。在山东省,直到 20世纪 30 年代以前,还是征收牙帖税,此后才改为由国家向商人征收营业税。经纪人纳税领取牙帖,有效期 5 年。尽管山东省按年征收其他商税,如牲畜税、屠宰税、烟酒税,但未采取按年征收牙帖税制度(小沼正:《华北农村田赋征收机构考察》,第 233 页)。

转包给中层包税人，后者又转包或雇佣集市甚至农村的商业中人代其征收商税。①

　　尽管这种包税制使国家财政收入增加，但它也带来了不少问题。从省政府的角度来看，问题出于县级挑选包税人体制不当，这些包税人经常不能按时完纳其所包税额。第一，由于包税人多由县政府官员自己内定，故招标在一定程度上徒具形式。这些包税人多是地方上的恶霸，他们贿赂县衙职员甚至知县，而对投标中的竞争者则以暴力威胁。在这种情况下，财力雄厚的商人拒绝为包税人作保。尽管按规定包税人应提供两名保人并预交保证金，但包税人与县衙吏役勾结，往往在这个问题上弄虚作假，蒙混过关。第二，由于中标包税人之下仍是层层承包，若其中任何一人未完纳预定税额，便会影响到整个包税系统，从而不能向县衙完纳所包之额。②

　　这种包税制亦加重了纳税人的负担，其原因在于包税制本身：为了包税余额（归包税人所有），包税人总是千方百计地榨取商民。包税余额的大小大约与包税时期的长短成反比例关系，若包税时期较长，包税人为了保证税收来源，其榨取的程度可能会略微减轻。而且，如韦伯所指出的那样，国家政权保护税源限制征税人短期榨取能力的大小对纳税之人也带来不同的结果。③ 237 而在中国，包税期限一般为一年，而且因与县衙吏役有勾结，这

---

① 《惯调》第 2 卷，第 397 页；第 3 卷，第 399—400 页；第 4 卷，第 274 页。
② 王志信：《河北省之包税制度》，第 1060、1062 页；又见天野元之助：《苛捐杂税下的河北农村》，第 47—48 页；小沼正：《华北集市上的牙行》，第 228 页；《惯调》第 4 卷，第 516 页。某县牲畜屠宰包税商账簿内有"小费"支出一项，达 1000 余元，虽然没有指明交给何人，但可以推测，这笔钱是贿赂给政府官员的（王志信，上引文，第 1063 页）；又见小沼正：《华北集市上的牙行》，第 228 页；《惯调》第 3 卷，第 457—458 页。
③ 韦伯：《经济与社会》，第 965—966 页。

就使限制包税人"竭泽而渔"的内在和外在机制都丧失作用,人们对民国时期的包税制怨声载道。

让我们列举两个事例来说明领帖牙人和包税人是如何增加其收入的:他们蔑视法律,向小商小贩征税(按规定,这些人应该是免税的);为了向买卖双方同时收税(按规定只向一方收税),他们不是把交易双方带到一起而是隔离开来。如此种种,不胜枚举。①

这种体制对市场中的弱者——未组织起来的农民,更为不利。集市上的大粮行往往有自己的领帖牙人,在称量农民粮食的过程中,他们总是偏向其雇主(粮行)一边。大的商人可以用闭门歇业或移往其他市场等手段来对付牙人的过分勒索,而小商小贩则无此能力,只能任人宰割。②

牙人及各分包税人之间的竞争可能会降低税率(以吸引行商),但他们之间达成的瓜分市场协议也使这一机构大为失效。在昌黎,牙纪们组成不同帮派,瓜分市场,而收入平分。在栾城县亦有类似的组织。③

为了逃避包税人的过分榨取,农民们也想出各种对策。如尽可能找出自同村的牙人交易,人们觉得牙人剥削同村之人会使他失"面子",这种看法不一定完全正确。农民还钻空子在市场之外交易,但包税人有自己的眼线,一旦被查知,则罚款很重。④

---

① 《惯调》第 5 卷,第 328—329、341 页;王志信:《河北省之包税制度》,第 1061 页。

② 《惯调》第 4 卷,第 339 页;小沼正:《华北集市上的牙行》,第 222 页;王志信:《河北省之包税制度》,第 1061 页。

③ 《惯调》第 3 卷,第 458 页;第 5 卷,第 342 页。

④ 《惯调》第 2 卷,第 304 页;第 5 卷,第 632 页。

很久以来,村民们反对牙人盘剥的最有效的方法是合村领 ²³⁸
取一个牙帖,代村民交纳各种商税。这是保护乡村共同利益不
受国家经纪人侵犯的又一种联合组织。邢台县东汪村为我们提
供了很好的事例。该村 1900 年立的一块碑文曰:"本村苇草买
卖,道光以前系由乡村保长,并无经纪。自咸丰初年,始有人入
县揭帖,充当经纪,后又续有揭帖之人,至再至三;则赔累不堪
矣,后因赔累不堪,缴帖两张,仅剩吴仁顺一帖。仁顺思念,村中
向来本无经纪,愿复旧规,与村中董事等商议,将帖归入申义堂,
申义堂为之出大钱一十四千文,又花费钱文,将帖交清,每年苇
草买卖典(?)人办理。自今以后,永远不许揭帖,如有私行揭帖
者,男盗女娼,从揭帖人手卖者亦如之。"①1895 年昌黎县泥井镇
屠户推举地方代交牙税亦属此例(见第二章)。以上两例都表
明,集体行动具有明显的保护作用。

进入 20 世纪后,如同摊款征收领域中的保护型组织渐渐向
营利型组织转化一样,征收牙税的机构亦在发生变化。在顺义
的某些村庄,村政权"自动地"担当起征收牙税的责任,但其目的
似乎是为了增加自身(村政权)的收入。20 世纪初村庄开始成为
一个财政实体,但从那时起支出便常常超过收入,不得不时时寻
求新的财源,没收庙宇和其他公产便出自这一动机,征收屠宰税
又为其提供了一个增加收入的机会。不过,某一个村庄也认识
到为营利而征税不仅与保护村民利益的职能不符,而且削弱了
村政权的基础,降低了其在村民中的威信,因为村领袖们并不愿
告发自己未交纳屠宰税的亲友。到了 30 年代后期,该村将收税

①《惯调》第 6 卷,第 370 页。

权转交给一个村民，但此人也抱怨告发同村之人使自己大失面子。①

在山东省历城县和河北省栾城县，20 世纪 30 年代时政府命令村庄负责征收某些杂税。在栾城县，由村长代征棉花税，因为棉花是该地区一项重要商品，而没有人能比村长更了解一村的棉花产量及交易情况。如同历城县情况那样，村长不愿背上另一负担，他将税收权转包给几个私人②，这种村庄包税制便失去了其保护功能。

虽然表现形式不同，但商税征收中村庄经纪机能的内卷化与征收摊款的状况所差无几。20 世纪初期，摊款由村庄领袖负责征收，随着村庄领袖人物的变化，其营利性质变得越来越明显，到后来分配和征收摊款成为某些人"捞油水"的好时机。在20 世纪之前，村庄征收商税是为了对村民起保护作用，后来村庄从中捞取好处，由于与共同利益直接冲突，村领袖便将征收权转包给私人。虽然方式不同，但结果都一样，即村政权逐渐放弃了其开始时所具有的保护村民的作用。

鉴于以上种种弊端，国家政权，确切地说是省政府，便设法对征税人加强控制。1925 年，直隶政府下令将捐税征收法律化，正式授权给商人，由他们代政府收税。③ 在 20 世纪 30 年代初期，国民政府亦曾力图使这一税收体系官僚化。④ 1932 年，河北省财政厅下设的一个调查委员会提议，用受过训练的领薪税务职员代替过去的包税人和牙人，从而将其纳入行政官僚机构，但

---

① 《惯调》第 2 卷，第 306—307、418 页。
② 《惯调》第 3 卷，第 387 页；第 4 卷，第 328—329 页。
③ 曼素恩：《县级贸易组织》，第 83—84 页。
④ 冯华德：《河北省牙税性质之演变》，第 1078—1079 页。

这一建议只为少数县采纳。很明显,县政府更为欣赏旧的税收体制,因为它在向小商小贩(小额交易,这是税收的主要来源)征税方面比官僚税收体系更为有效。① 而且,不论改归官办有什么好处,取消包税制会影响到县衙官员们的非法收入,这是县政府对采取新体制并不热心的一个主要原因。

在大多数"满铁"调查县份,直到日伪政权巩固之后,即1941—1942年之间,商税征收改归官办才基本上完成。如同实施田地清丈和建立大乡制一样,日本人之所以能完成国民政府的一些设想,是因为作为入侵者,他们对摧毁旧有社会体制无心理负担。

240

为了理解日本人控制华北市场交易的企图,有必要先归结一下他们的一般计划。1937年日军侵占华北之后不久,他们便深感资金和各种装备十分短缺,于是他们提出经济统制的庞大计划。1940年为了封锁共产党领导的敌后抗日根据地,经济统制更为严格。由于日军控制着主要交通线,他们对钢、铁、煤、油、盐等物质供应实行严格的控制。同时,他们采取措施,控制粮食市场,以供应日伪军队和城市居民。林科·李(Lincoln Li)在研究日军"杀光、烧光、抢光"的"三光"政策时写道:这不仅是要恐吓和包围共产党领导下的抗日志士,而且是借机搜刮乡村资源的一种垂死挣扎。②

与对根据地实行的"三光"政策不同,日军对占领区农村与集市之间粮食流通的控制手段较为"和缓",但更为严密,其利用的主要工具是半官方性质的"新民会",这是一个从上到下直到村庄的

---

① 王志信:《河北省之包税制度》,第1063—1064页。
② 林科·李:《日军在华北》,第133、166—167页,引文见第146页。

组织,其主要宗旨是同日本侵略者合作并为其殖民统治服务。不过,并不是所有加入该会的村民都衷心拥护其组织宗旨,在有些地区,取得会员资格可得一点小恩小惠:如从该会组织的合作社中可得到低息小额贷款。①

新民会下属合作社的一个主要任务是为日军提供各种农副产品,山东历城县为我们提供了一个典型事例。该县伪政权规定,某些农产品(如大米)只能卖给合作社,他们谎称这样一来农民便可免遭商人的剥削,实际上合作社将收购来的大米等统统运给设于济南的日军统配组织。受日军统购统配制直接危害的是中国商人集团,但农民也间接受害,他们抱怨说如果自己将大米直接运往济南销售,则比交给合作社会得到更好的价钱。同时,农民还被迫以高于济南市价的价格从合作社中购买煤油、火柴、香烟等生活必需品。②

在新民会的威胁下,由国家税收官员取代了过去的包税人,他们直接到下层收税。为了便于征收(当然,这只是原因之一),日伪政权于1941年对市场体系进行了整顿,集市场所减少,其动机可能想使集市与区公所数目相符。③ 而在集镇之中,交易场所被固定在某一地区,称为"交易场",各种单项市场多被取消。在各县建立了不属县政府管辖、而直属省财政厅的税务局,该局在各区设立派出机构,管理该区市场并征收捐税。④

县级主要税务官员以及区税务监督由省政府直接任命并领取薪金,不过在税收员身上却出现了问题:尽管区级税收员也是

①《惯调》第3卷,第309页;第4卷,第15、505—506页;第5卷,第269、419页。
②《惯调》第4卷,第15、227—229、343页。
③《惯调》第6卷,第14页。
④《惯调》第3卷,第488页;第5卷,第569页;第6卷,第14页。

领薪的公务人员,但其薪金甚微,月薪 20—30 元不等。[①] 而且,这些人多是过去的包税人,有些地区甚至继续利用过去的小商品交易中人,国家很难真正控制这些最下层的具体收税人员。用一位同时代人的话来说,尽管税收体制发生了巨大的改革,但在最下层并无实质性变化,那些税收人员仍然逍遥于国家控制之外。[②]

甚至在牙人并未被雇佣为税收员的地区,这些交易中人仍未完全退出市场。官方税收员东奔西忙收取营业税,但中人仍以为交易提供各种便利(在一定程度上,这是官方税收员无法做到的)而收取佣金。[③] 为了开支各项费用,新民会下的合作社对交易市场中的买卖人也抽取一定的"手续费"。[④] 如此,农民每一次买卖均要遭受 3 次盘剥。税收体系官僚化可能保证了国家收入,但它并没有减轻反而加重了纳税人的负担。

242

小　结

在 20 世纪之前,清朝政府利用"国家经纪"处理乡村社会中的税收及行政事务。国家经纪可分为两种类型:一类人如知县下面的各级书吏和差役,他们视其手中职权为榨取钱财的绝好招牌;另一类为乡村社会的集体组织,他们代村民收税,以使社区免遭国家政权及营利型国家经纪的无理盘剥。

---

① 小沼正:《华北集市上的牙行》,第 235 页。《惯调》第 2 卷,第 504 页;第 5 卷,第 382、593、598 页。

②《惯调》第 2 卷,第 303 页;第 5 卷,第 328—329、336—337 页。小沼正:《华北集市上的牙行》,第 235 页。

③《惯调》第 3 卷,第 458 页;第 5 卷,第 336、384 页。

④《惯调》第 5 卷,第 593 页;第 6 卷,第 14 页。

尽管在有清一代充斥着抨击国家经纪的呼声和文章，但这种经纪机制在一定程度上适应并调和了国家与社会之间的关系。因为这些国家经纪来自乡村社会之中，他们办起事来比外来官员可能更为有效。而且，由于专制的封建国家政权不愿承认在下层社会中其统治职能是由中间商代为执行的，所以，长久以来，这些中间商未得到一合适的名称，亦未在政权结构中获得合法的地位。因此，在大多数人眼中，他们是大众的压迫者和社会的寄生虫。随着国家政权对乡村社会控制欲望的膨胀，这些人的"压榨性"表现得更为突出。特别是在 20 世纪推行的现代化过程中，越来越多的人认为过去的"中间商"是国家政权和经济建设的绊脚石。

进入 20 世纪后，国家企图通过两条途径来改革这种"经纪机制"。

其一，目的十分明确，即将包括区、乡在内的下层行政职员官僚化，但"官僚化"进程十分缓慢，直到日军入侵之后才大体完成。即使在县政府一级有限地实现了官僚化，它也未能彻底淘汰营利型经纪体制，这在推行乡制和增设官中人一事中表现得十分明显。事实上，一方面是半官僚化、雇员增生、财政需求增大；而另一方面，上层政权却缺乏控制这些机构和人员贪污中饱的能力，这使国家政权深入蜕化为将营利型经纪体制推进到社会最下层。

其二，国家政权不公开地将某些税收及政府职能转嫁到村庄领导者身上，企图以此来摆脱对经纪机制的依赖。这种村庄负责制貌似传统的保护型经纪体制——至少在动机上是这样的。但是，随着时间的推移，国家政权的强化不断地压迫原乡村政权，后者陷入困境，逐渐失去其原有的保护特征，那些营利型

243

国家经纪纷纷钻入村政权,以窃取国家转让给村庄的部分权力。这首先表现在摊款的分配、征收以及契税征收的过程之中,当村庄将牙帖转让给求利之徒以后,这种"病毒"又传染进牙税征收之中。最后,在田地清查之时,原乡村领袖与村庄政权结构彻底分离。

伴随着国家政权的深入而出现的营利型经纪体制的再生及延伸极大地损害了政权在人们心目中的合法地位。这从日本殖民政权中可以得到反面的印证:在国家政权合理化和内卷化的联合作用下,日伪政权在增加财政收入方面取得了极大的成功,但它同时又是最未能赢得民心、最缺乏真正权威(指获得被统治者拥护)的一个政权。在大乡制建立之前,政治领袖脱离原文化网络的过程是渐进的。无论是内心不愿还是没有能力与旧精英彻底决裂,实际情况是,历届中国政府都未能像日本人那样一举革除旧制而建立起大乡制。 *244*

如果不采取那种激烈措施,中国政府是否能按照自己的政策、筹集足够资金以击退到处泛滥的政权内卷化逆流? 如果历届国民政府采取那些激烈措施,它们是否能创造出全新的法统基础? 对这两个假设问句,从今日发展中国家的经历中可找到答案:其成功的关键在于,在被释放出来的"非法"(delegitimation)力量冲倒之前,过渡政权必须建立起新的合法性,这是一场关系着政权命运的竞赛。

结　论

　　在本结论的 3 个部分中,我首先把各章包含的历史争论点融合到一个整体之中;接着,我将说明这一研究对理解中国的社会主义革命及其社会的意义;最后,我将从跨文化和跨时间透视的角度来说明权力内卷化这一概念。结论之后的后记将说明社会史研究中遇到的方法问题。

历史争论

　　在 1900 年前后(新旧世纪之交),乡村社会中的政治权威体现在由组织和象征符号构成的框架之中,我将这一框架称为权力的文化网络。尽管源自各种组织形式的象征及机构资源被编织进文化网络中的正统权威结构,但乡村社会中最直接而且最典型的权威则体现在宗教和宗族组织之中。在那些血缘聚落,即村政与宗族相一致的村庄,乡村政权则掌握在由宗族代表组成的公会之中。义务型庙会组织为乡村精英提供了施展领导才能和尽其社会责任的场所,当然,不同村庄中精英们的参与程度是不同的。

　　无疑,地位和尊敬属于那些能为村民在交易中争来优惠条件,并承担其他社会责任的村庄保护人。不过,要成为名实相符 的乡村领袖,这些保护人必须将其各种人际关系中所积累的"象征资本"转化到宗族或宗教组织之中,并进一步加入保护型经纪体制。这些组织和机构在一定程度上具有"合法"的地位,因为它们在下层体现着正统的国家政权。例如,宗族意识就得到国家的默认。事实上,在宗教领域,国家政权一直想方设法将其文化霸权强加于大众信仰之上,尊崇关帝的历史过程即很好地说明了这一点,特别是在 18 世纪雍正时期更是如此。龙王、关帝崇拜同时又十分模糊(具有歧义性),能调节不同的利益集团,这是文化网络中权威产生的关键。关帝崇拜更加突出地表明,符号有时之所以能产生法统,恰恰因为各种利益集团都追求它。

当然,国家政权并不能将其意志强加于所有的文化网络的结构之上。不仅白莲教那样明显的宗教异端蔑视正统文化(见韩书瑞的研究①),而且如红枪会那样的社区宗教团体(见裴宜理的研究②)有时也公开与国家政权相对抗——当然,这并不一定是对抗正统权威。不过,总的来说,从对以上各村的研究中可以看出,晚清国家政权基本上成功地将自己的权威和利益融合进文化网络之中,从而得到乡村精英的公认。③

进入 20 世纪后,国家权力的扩大及深入极大地侵蚀了地方权威的基础。当然,这并不是说国家政权有计划、有系统地毁坏整个文化网络,很明显,它缺乏这种摧毁能力。尽管它削弱了乡村宗教的基础,但军事性会社和其他组织大量出现。从 247

---

① 韩书瑞:《白莲教的演变》,第 289—290 页。
② 裴宜理:《华北的叛乱者与革命者》,第 254—255 页。
③ 当然,完全有可能存在下述情况,即国家政权无力侵入华北平原的中心之外的地区,如裴宜理所研究的未完全"驯化"的边缘地区。如果确实如此,那将会提出一个新的研究课题,即用相互作用的频度和国家政权控制程度来衡量的文化网络的组织及象征特征,在施坚雅所划定的地区的中心及边缘地区作用是否不同。

这一意义来说,文化网络为我们理解乡村社会如何对国家政权的深入所产生的压力及普遍腐化作出反应提供了另一种理解方式。

施坚雅在其有关农民社会"开放"和"关闭"的论文中指出,在社会动荡时,农民社会为了保护自己,自我关闭起来,减少同外界的联系;而在秩序恢复后,它又渐渐开放。[①] 黄宗智的看法与此不同,他认为面对上述压力,不同的村庄作出不同的反应,要么更为团结和封闭,要么彻底分崩离析——这在第七章反映的最为集中。

以上两种观点均将村庄作为分析对象,考察其在乡村社会中的作为,这种以村庄或集市为焦点的封闭性分析方式,不可避免地带有专断性和抽象性。市场体系之外的村际联系,如军事性会社、亲戚关系、水利组织、看青组织等,在各种压力之下,仍然存在并发挥作用。通过集中精力考察各特殊组织内部及其相互之间的关系,文化网络的概念可以引导我们避开设想模式的陷阱,进而弄清楚乡村社会对外界势力如何作出多种多样的反应。

如此看来,对地方权威基础的侵蚀部分是文化网络受到攻击的一个结果,因为"现代化"过程中的国家政权完全忽视了文化网络中的各种资源,而企图在文化网络之外建立新的政治体系。在"现代化"意识形态偏见影响之下,国家政权力图斩断其同传统的,甚至被认为是"落后的"文化网络的联系。其结果必然是,尽管乡村精英领导有与国家利益结为一体的雄心,但文化网络在国家范

———————————

① 施坚雅:《中国农民和封闭的共同体问题》。

围内赋予乡村精英领导作用的能力在逐渐丧失。①

　　1928 年国民政府统一北方之后,闾邻制取代宗族组织的“代 248
表制”,文化网络的政治功能在逐渐消失。实行大乡制以后,决
定权掌握于乡长等少数人之手,这进一步削弱了村一级宗族组
织的作用。新式保护型经纪的首要任务是征收摊款,这是令人
厌恶的差使,有地位的领袖均不愿为之。而且,尽管划定村界对
国家控制有利,但因为村庄领袖不得不向外村人及村外地主收
款,从而削弱了村级保护型经纪体制的功能。

　　不过,受国家政权的深入冲击最大的还是乡村宗教,宗教财
产及机构被纳入公共政治范围。这一转变之所以易于执行,在
一定程度上是因为乡村精英和国家政权有着共同的信仰,如对
关帝和龙王的供奉。新生的民族国家的政治体制为乡村精英提
供了新的政治资本和名誉,从而使精英乐于将旧的宗教特权移
交给民族国家。

　　但是,民国政权并不能有效地利用并发展旧的信仰及权威。
现代化政权与乡村精英之间的逐步联合——查尔斯·蒂利和其
他学者将其称为欧洲国家政权建设中的一个重要阶段——并未
开花结果。现代化政权的新型政治学说并未成功地找到一种使
乡村领袖和国家政权合法化的传统文化网络的可行替代物。其
失败的主要原因在于,现代化的国家政权财政需求过快,这与传 249
统农业经济的发展不相适应。利用传统的营利型经纪体制来征

----

① 并不是所有“现代化”的国家政权都攻击传统组织和机构,如日本明治政府,就是
　求助于传统意识来建立现代化的民族国家。其实,袁世凯政府也力图恢复对关帝
　等神化英雄的崇拜,而将其置于中央政府的控制之下,甚至蒋介石在新生活运动
　中也企图恢复某些传统的东西。但是,这一“恢复”运动与“现代化”国家政权侵蚀
　传统文化的基础机构(如不断地损坏庙宇、破除迷信等)并行,其失败的结果可想
　而知(杨庆堃:《中国社会中的宗教》,第 372—377 页)。

收赋税,从而导致了我所称的"国家政权内卷化",在这方面,战争的破坏力亦不容忽视。不过,同自然灾害一样,战争的毁坏作用是剧烈而短暂的。相比起来,国家政权的深入对华北地区的作用却如同侵蚀水土一样,是温和但持久的。

各级军政当局的繁重勒索使摊派和征集更为棘手。但使乡村精英不再迷恋政治的原因除政权内卷化和国家机构正规化两个因素外,主要原因还在于乡村精英与国家政权互相争权的间接后果。县政权之下区、乡机构的建立,就是要进一步将村庄直接控制于国家政权之下。对村庄来说,这意味着将一个更为冷酷的压榨机器强加于自己的头上。而且,国家有关契税、商税和土地清丈等新政策迫使村庄领袖在国家政权和自己所领导的村民之间作一选择,从而确定到底站在哪一边。在这种环境下,顾及自己在村民中地位的乡村领袖是无法保持其领导地位的,他们大批地退出乡村政权,甚至迁离村庄。随着国家政权的步步紧逼,乡村领袖与国家政权建设的目标不再一致,而且差距越来越大。这种权威危机造成政治真空,而唯一趁此机会钻入政治舞台的则是从前营利型国家经纪一类的人。

本研究集中探讨了乡村领袖阶层的转变及其与国家政权的关系,普通乡村民众对此有何反应？大部分民众并不像乡村精英那样欢迎国家对宗教活动的干预,他们常常采取激烈行动来反对没收宗教财产和取缔宗教组织。尽管不那么明显,但对乡村宗教的破坏确实严重地影响了乡村大众同乡村领袖以及同国家政权之间的关系。乡村精英按国家的旨意,在村庙中竖立关帝的牌位,日久天长关帝受到大众的认同和崇拜,尽管普通民众对关帝的信仰五花八门,但关帝体现了帝国的文化价值。关帝具有无限的权威,这是其他为官府所承认的偶像无法比拟的。

遍布华北乡村的关帝庙将乡村精英及国家政权联络到一个政治领域之中。

如此看来,解散庙会(香会)不仅削弱了乡村民众与乡村精英之间的关系,而且疏远了民众同国家政权之间的联系。尽管精英领袖在新生的民族国家政权中找到了新的通往权力及威望的途径,但对乡村大众来说并非如此。对大众来讲,宗教生活比行政职务、警察机制和新式学校(上学的大多是精英们的子女)更为迫切和重要。同时,在大多数村民看来,新生领导机构并不是全心全意地为乡村谋利益,它们有时甚至同村民作对。土地清丈、新商税及其他捐费甚至划定村界等措施,不仅未给村民带来好处,反而带来麻烦和损失。不过,最使村民难以忍受的是各级政权机构的重重摊款,它们不断地向村庄榨取,却从未给乡村带回什么"现代化"的好处。

国家政权与中国革命

作为国家政权深入的标志,摊款不仅十分苛重[①],而且作为无法预料的临时摊派,其严重地打乱了农家的生产计划,不光农民视摊款难以忍受,国家政权自身也意识到这一点。[②] 苛捐杂税已成为乡村不安定的一个重要因素。毕仰高(Lucien Bianco)和田中忠夫等学者对 20 世纪二三十年代中国乡村农民暴动的研 *251*

---

① 《农村复兴委员会会报》,1933 年 6 月号,第 36 页;1934 年 3 月号,第 6—8 页;1934 年 12 月号,第 163 页。
② 冯华德:《河北省高阳县的乡村财政》,第 1105—1106 页。

究表明,农民暴动的主要目的是反对苛捐杂税,而不是阶级斗争。[1] 不过,抗税并不是国家政权与乡村社会隔阂扩大的唯一表现。

　　乡村中的政权内卷化造成一种恶性循环:国家捐税的增加造成营利型经纪的增生,而营利型经纪的增生反过来要求更多的捐税。在这种环境下,传统村庄领袖不断地被营利型经纪所代替,村民们称其为"土豪""无赖"或"恶霸"。这批人无所不在,影响极坏,在 20 世纪二三十年代,国民政府不得不掀起打倒土豪的运动。19 世纪末期的一位观察家描述说,"土豪"不仅身强力壮,而且与衙门吏役相互勾结。[2] 那时土豪虽然也霸道行凶,但往往被排斥于村政之外。进入民国以后,随着国家政权的内卷化,土豪乘机窃取各种公职,成为乡村政权的主流。

　　土豪与其他政治领袖的区别主要表现在其追求权力的动机不同:他谋求公职主要是为了追逐私利,为达此目的,他不惜以牺牲他所领导的集体利益为代价。从这个意义上来讲,不应将土豪视为一个社会阶层——他可能是一个富人,但也可能是一个穷光蛋——而应该将其视为一个有特殊目的的追求权力的政治类型。如果采取上述的划分标准,则不难理解,20 世纪的土豪与封建时代活动于县城内的国家经纪没有什么明显的区别。难怪乡村改良家梁漱溟认为赋税征收和区政权中土豪充斥。民国政权造就了一批营利型政客,他们成为乡村社会中的主要力量,

---

[1] 毕仰高:《农民与革命》,第 315 页;田中忠夫:《近代中国农村之解体与农民之斗争》,第 379、427 页。

[2] 明恩溥:《中国乡村生活》,第 158—159 页。尽管明恩溥开始时说恶棍大多是贫穷潦倒者,但他描述了来自社会各阶层的恶棍。

这一状况一直持续到革命爆发。①

　　现在，人们不禁要问："满铁"调查村庄中的地主所有制与阶级关系到底怎样？在席卷全国的革命运动中阶级斗争的作用到底如何？尽管经济分化——精英与大众之间的经济差别——是本书研究中的一个重要内容，但其主要体现于生产关系中的阶级关系，本书以寺北柴村（其次是吴店村）为代表只作了个例分析。从寺北柴村的事例中可以看出，在商品经济较为发达的乡村中，阶级对抗较为剧烈。不过，在大部分华北乡村，地主同佃农之间的关系并不十分紧张。

　　这里应该说明的是，在这种背景下，即使像在地主经济较为流行的寺北柴和吴店村，城居地主仍占有大部分土地。最迟从20世纪30年代初期开始，城镇中的富商便成功地购买并扩大土地，从而作为不在村地主而控制乡村。在村庄之内，是难以用阶级观念来动员民众的，甚至共产党在山东的干部也承认："减租减息并不是革命的首要任务，因为它既不能动员大部分农民，也不能极大地削弱乡村中封建势力……实际上，一些干部发现减轻捐税负担是农民大众的第一要求。"②

　　当共产党力图探入华北乡村之时，他们很快便发现农民对地主精英的依赖十分有限。所以，如同在中国其他地区及印度那样的农业社会一样，那种依靠贫雇农来发动革命的最初设想很难实施。实践表明，利用村内的阶级斗争也难以燃起"燎原"之火。那么，在华北乡村中，共产党领导的革命是依靠什么力量而获胜的呢？

---

① 顾猛：《崩溃过程中之河北农村》，第 7 页；梁漱溟：《甘告今之言地方自治者》，第198 页。
② 胡素珊：《中国的内战》，第 262 页。

越来越多的证据表明,共产党在中国获得政权的原因不只
有一个,如推翻地主土地所有制或帝国主义,如果要将其归纳为
一条,这就是共产党能够了解民间疾苦:从殴打妻子到隐瞒土
253 地,无所不知,从而动员群众的革命激情。华北乡村的苦难之一
来自国家与社会之间的关系:经济上的横征暴敛、政治上的强迫
专制、乡村公职成为牟利的手段等。胡素珊(Suzanne Pepper)对
华北地区的研究清楚地反映了这一点:赋税、土豪和贪污腐败是
鼓动民众革命的重大议题。在山东省莒南县,土豪和腐败是共
产党打击的第一个目标,而减租减息仅列为斗争目标的第四位,
山东省莱东县的状况亦是如此。马场毅最新研究亦表明,改革
财政管理体系在山东省抗日根据地的政权建立过程中起着极其
重要的作用。①

进一步探索国家政权内卷化与革命之间的直接关系,我们
便不得不改变过去对共产党革命的一些看法。例如,过去一种
流行观点认为,国家政权的衰弱是发生革命的前提条件。对国
家政权颇有研究的西达·斯考切波(Theda Skocpol)即持这种观
点。国家政权内卷化对此有着不同的解释,它认为,国家政权在
某些方面的加强亦会导致自身的腐败和革命的发生。②

在另一事例中,查默斯·约翰逊(Chalmers Johnson)认为,
日本的入侵使共产党能够利用民族情绪来动员群众参加革命,

---

① 胡素珊:《中国的内战》,第 268—269 页;马场毅:《山东抗日根据地的财政管理问
题》,第 45—48 页。由于我尚不能确切估算出税收人员从征税过程中的贪污数
额,故我没有把握把革命的起因归之于苛捐杂税。不过,可以断言,尽管在某些时
期或某些地区,税收人员贪污中饱的数额比较惊人,但其绝对数额不会十分庞大。
但对我们研究者来说,至关重要的不是绝对数额的大小和每人负担多少,而是这
一负担是如何分摊的。在这里,更为重要的是负担的增加,它的不可预测性以及
它引起乡村领导层的变化——所有这些都成了发动农民革命的一个重要因素。
② 斯考切波:《国家与社会革命》,第 27—29 页。

这无法解释在整个革命时期,打土豪、反贪污和反对苛捐杂税等一直是动员民众的一个重要手段和口号这一事实。① 毋庸置疑,土豪、贪污和苛捐杂税在二三十年代一直存在,日本人的入侵只是使这一问题进一步激化,而使内卷化更为加深。这并不是要忽视日军的烧杀抢掠给乡村带来的重大灾难,而是要强调说明,日本在华北的统治与此前的民国政权并无太大的差别。尽管日本占领者采取一些"合理化"措施,但这些措施只有通过那些营利型经纪才能付诸实施。结果,国家政权"内卷化"是整个民国时代的普遍现象。

共产党政权的建立标志着国家政权"内卷化"扩张的终结。新中国初期大批裁减营利型国家经纪是税收大幅度增加的一个重要原因,马场毅和许惠文(Vivienne Shue)的研究表明了这一点。② 共产党之所以能够如此,是因为它从基层开始建立了与国家政权相联结的各级组织。从另一角度来看,新中国初期完成了民国政权所未完成的"国家政权建设"的任务,它根治了自明朝以来历届政府无法解决的难题——偷税漏税,这即是一个明证。

很久以来,中国政府力图将纳税责任固定在一个稳定的、可靠的社区组织之上,帝国晚期的里甲制即是此类组织的一种,但如前文分析所示,这种组织越来越不适应地方实况及国家需要。同样,20世纪的摊款也是力图将纳税义务同社区领袖联系起来。但在实际征收过程中,"现代化"的国家政权不得不利用非正式力量,从而影响到国家财政收入。作为补救措施,河北省实行了

254

---

① 约翰逊:《农民民族主义与共产党政权》。
② 马场毅:《山东抗日根据地的财政管理问题》,第45—50页;许惠文:《变革中的农民中国》,第17—18、23、30、37—39页。

以村为单位的属地主义（"死圈"），但随之而来的是，乡村领袖的征税权力从控制村民转为控制一定区域内的私有土地。由于国家政权并未能提高乡村领袖们向外村之人或者是城居地主的征税能力，故向这些人收税仍是一大难题。偷税漏税和贪污中饱直到 20 世纪 50 年代实行合作化后才得到最后解决，它使征税单位、土地所有权和政权结构完全统一起来。合作化从政治和经济上均实现了"政权建设"的目标。

在一定程度上，80 年代中国的"开放搞活"又使一些历史弊病重新出现，一些学者开始将乡村干部视为国家政权与村民之间的"承包者"或经纪人。管理机构与集体结构的分离、土地的逐渐"私有化"以及基层政权的削弱可能会使国家重新面临地方控制的问题。探讨共产党政权在处理这一问题上与其他发展中国家有什么不同将是十分有意义的。

从比较中看"国家政权内卷化"

许多 20 世纪新兴政权的"现代化"目标均发轫于 19 世纪 70 年代开始的世界性民族国家体系，它扩展了国家干预的范围。但是，政权建设过程在国内秩序范围内，日益由民族主义和现代化意识形态赋予其合法性。这些政权必然要服从一种新的法统逻辑，在这种逻辑中它们必须发挥出现代性功能。这种功能是在一个自生的期望不断提高的时代，公民权的扩大所必需的。由于现代化过程注定要摧毁旧的法统，这就使新政权获得"现代法统"的辩证法显得更为迫切。不难看出，要彻底理解中国的经历，就必须将它放入更大范围内进行比较研究。

十分明显，如同中国一样，大多数新兴国家政权建设的目标

255

受挫主要是由于其"政权内卷化"或与之类似的东西。① 关于政权内卷化,人们可能易于理解经纪制为何出现和如何运作,因为从历史上来看这是国家政权扩大财源的一条捷径。但人们更为关心的是,当传统政权的机构和关系控制着财源及信息而反对和阻碍任何变化之时,传统政权是如何向现代化政权转变的?

　　欧洲的经历为此提供了怎样的答案? 蒂利和他的同事们集中研究了欧洲那些成功地完成转变并延续到 20 世纪的国家政权。蒂利写道:这些成功的政权只是 1500 年左右大约 500 个国家中存活下来的极小部分。他列举了政权存活的几个条件,但由于他研究的重心是成功者而不是失败者,所以,他并未能清楚地指出是什么因素阻碍了那些灭亡的国家政权实现机能的转化。②

　　伊曼纽尔·沃勒斯坦对这一问题的研究更为集中。他以乔治·杜比(Georges Duby)对法国的研究为基础,认为欧洲专制政权的完全官僚化经历了两个阶段。第一阶段,通过在赋税征收中实行营利型经纪制和卖官鬻爵,从而加强专制王权对封建贵族的控制,尽管包税人和买官者可能吸收了部分国家税收,但财政收入的大幅度增加使得国家政权能够建立起强大的军队和官僚体系,我们可以称这一过程为"初步官僚化积累"。在一定的时期内,这些新型的国家政权不仅能够彻底击毁封建结构,而且能够摧毁阻碍国家政权进一步扩展的营利型经纪阶层,但并不是所有的专制王权都会在这一过程(第二阶段)取得成功。遗憾的是,这些在政权建设中失败的专制王权并未留下什么历史

_256_

---

① 参看扎伊尔国家政权的扩张,见卡拉基:《国家与社会的斗争》。
② 蒂利:《西欧民族国家之形成》,特别是前言和第八章。

记载。① 如果以上研究符合历史实际的话，那么，我们便可以得出以下结论：经纪体制是前官僚化或者说是世袭官僚政权向合理化官僚政权转化的一个必经阶段，但通过这一阶段而完成转变并非易事。

国家政权内卷化模型表明，在新生政权之中，经纪体制不是趋于灭亡，而是倾向于自我膨胀。尽管内卷化并未在其他地区导致中国式的革命运动，但它确实具有极大的腐蚀和使政权非法化（失去民心）的反面作用。与法国等成功的国家相比，为什么那些失败的国家政权未能克服经纪层的腐蚀瓦解力量？是不是因为当代发展中国家的政权扩张超过了其经济发展？当然，政权过速扩张会加重居民的负担，但它并不能彻底解释为什么国家政权的正式机构未能使经纪阶层完全官僚化。高谈现代化问题的理论家关于狭隘的地方主义与保守的传统观念弥漫的文化论争是种无法证明的论争，而不是回答这个问题，因为所有的社会都经历了"传统"阶段。

不可否认，进入 20 世纪后，国家职能的急剧加重是经纪官僚持久存在的一个重要原因。长期以来，世界范围内政权职能的扩大和财政支出的增加使经纪结构不断增生，其中不少机构是第二次世界大战以前所没有的。由于为政权目的而调整官僚和国家经纪牵涉到筹集足够的薪金，所以，将这些机构官僚化的过程十分困难。例如，通过经纪-官僚之手而支配的国家支出使他们掌握巨额财政和政治资源，所得收入远远超过国家所能提供的合理加薪数额，而这些大量支出往往并不能给国家带来许多效益。

---

① 沃勒斯坦：《现代世界体系》，第 29—30、138—139 页。

另外,尽管按章办事的官僚机构倾向于使社会各阶层享受一定的自治之权,但从公职中捞取最大利益的心态必然引导公共权力偏向那些有能力"购买"和享受这些权力的强人。如此,内卷化国家政权不仅倾向于在社会中再造过去的阶级关系,而且通过在政权与社会各部分、各阶层的上层分子之间建立一种互利关系框架从而使自身得到再生。由此不仅可以看出经纪体制的顽固,而且可以看出经纪层以此种方式调适自己与社会利益的特点,改变这一体制便会在社会的所有层面受到精英的阻碍。

我在研究国家政权现代化的过程中有意抛开诸如资本主义等其他重要历史力量,这并不是暗示那些力量无足轻重,而是要说明国家政权的转化十分复杂,每一方面都值得进行专题研究。我们所面临的是世界范围内政权结构的重大变革,它牵涉到经济、社会和政治等方面的广泛变化,但在不同的社会中,这些不同力量的合奏有着显著的不同后果。从本研究中可以得出一个结论:在20世纪以农业为主的社会中,当国家政权的职能及人民对政权的期望迅速增长,即其增长速度超过人均收入的增长速度之时,对政权建设的要求便会产生与早期政权建设大不相同的一系列问题。在早期,国家政权的扩张与当时的社会、政治和经济等其他方面的发展是有机一体的。

后　记　社会史研究方法浅议

作为历史学家与社会科学家的结合,社会史学者常常面临着使这两种研究模式分离开来的许多根本性不同。这种不同表现在一系列的相互对立之中,如研究中央化过程与地方化过程的不同,上层文化与大众文化、机能与结构、历时性与共时性、叙述与分析等的不同。一般说来,历史学家偏重于前者,社会科学家则倾向于后者。但对社会史学者来说,他们力图将两者沟通起来。

例如,作为一个历史学家,社会史学者的任务是在历史长河中找出事件的原因和结果,并用叙述方式将其展现出来。但社会史学者选择的研究对象——它包括社会生活形式的各个方面——往往很少留下历史记载,而且,地方制度和大众文化(在不同社会中其所占地位亦不相同)也不宜于叙述体裁。无奈,社会史学者只得借用社会学家和人类学家的研究方法对制度与文化进行共时性研究。

这种社会史研究还力图通过将区域研究放入更为广阔的历史进程——通过考察特殊来折射一般——以加深对历史的理解。但要做到这一点是易说难行,这并不仅仅因为资料缺乏,即使在地方社会档案保存完整的地方,虽然我们可以"细述"地方制度的各个方面,但诸如资本主义和国家政权建设等上层运动对地方社会各方面的广泛影响既不完全相同也不会同时发生。地方制度有自己的时间范围——它有自己的运动轨迹和周期，它们受外部力量的影响以及它们对外部作用的反应也不尽相同。正因为如此，用我们现有的概念和范畴几乎无法辨明社会变迁的主线或主导模式。换句话说，将地方社会制度放入时间维度中考察会带来两种损失：一是失去共时性社会分析的精确均衡性，二是失去传统叙述文体的连贯性。

我们需要创造的是一些兼容并包的新概念——这些概念能够联结社会发展规律和历史偶然性，能够沟通上层文化与大众文化，能够将各个对立方面调和起来而不使任何一方受损。安东尼奥·葛兰西（Antonio Gramsci）的"文化霸权"和布尔迪厄的"习惯"均是这类概念中的很好事例。[1] 虽然这两个概念调和了上层文化与大众文化、结构与功能等对立面，但对研究某一特定文化细节的社会史学者来说，它们过于广泛和抽象。确切地说，我们所需要的是能够将我们观念的普遍性与所研究的特殊文化相联结起来的概念。

"权力的文化网络"正是这样一个起联结作用的概念。它是由历史学家在某种制度背景下记叙事件展开的方法与社会分析

---

[1] 如果套用布尔迪厄的惯用语——习惯，而不引用他的说明文字则很难理解其含义。据我理解，"习惯"是指约束日常行为的规范，该词联结物质结构和其所期望的行为与人类社会实际作用之间的差距（布尔迪厄：《实践理论大纲》，第78页）。

关于葛兰西"文化霸权"的概念，其丰富的内涵使人无法用短语给其下定义。人们经常引用，但实际上并不完全的一个特征是"人民大众对领导集团指导社会生活的确认"。它比"虚假意识"一词更为有用，后者亦是用来说明历史上不少集团的行为总是与其所在阶级或利益集团的价值不相符合。"文化霸权"则进一步说明下层集团如何在同一文化之下发展自己的自治策略并进而改变文化霸权（葛兰西：《狱中札记》，第12页）。近来，李尔斯（《文化霸权的概念》）对"文化霸权"这一概念做了精彩的解释和发展。

学家的方法长期相互作用的产物，又通过不同社会-时间领域来指导我的假设不断作出评判。我在研究乡村社会时发现，要理解村庄权力结构的变化，就必须考察更大范围的历史变迁——在这一事例中，指国家政权的变迁——然后再回到农村，有了更为广阔的历史背景知识，便会对乡村社会有更为深刻的了解。"文化网络"正是这一复杂相互影响的结果，在我不断撰写和重写这一不断展开的历史，不断从某一领域涉足其他众多领域时，这一概念反复出现。

    "文化网络"不仅弥补了中国学研究的方法论不足——将帝国政权、绅士文化与乡村社会纳入一个共同框架，而且将权力、统治等抽象概念与中国社会特有的文化体系联结起来。它以揭示地方社会中权威的产生过程及表现而做到这些。沿着这一方向继续探讨下去，我们便面临着更为艰难的方法选择——如何将共时性分析(它强调社会功能及其再生)与对持久矛盾和冲突的记叙有机调和一起。[①]

    将各对立面调和起来的一条重要途径是找出社会现象中的二重性。本研究中的政治制度与社会活动充满了矛盾、冲突和二重性，若从历史角度观察问题则更是如此。不仅在"文化网

---

① 目前，在一些人看来，"功能主义"一词已经过时，但在我看来，该词有两方面的含义，其一来自"结构-功能主义"的用法，它根源于生物学术语中生物系统的自我平衡。尽管后来不少人力图转用和扩大该词的含义，但此意义上的"功能主义"一词始终难以与社会中冲突与变迁调和起来。其第二个含义接近我们日常生活中普遍的用法，它指一种社会活动可以产生效果，使已存的社会关系得到再生，但并无自然的或人为的法律来规定某种活动产生某种效果。克洛德·列维-斯特劳斯说过："笼统地讲社会功能无可厚非，但狂妄地谈论社会功能的细节则荒谬绝伦。"(《结构人类说学》，第 13 页)所以，如果"文化网络"在某些重要方面发挥作用，从而使社会的主导关系得到再生，那么，这并不是因为它要使社会达到某种平衡，而是因为清王朝及其联盟在政治制度及意识形态方面大作文章，从而保持其统治地位。

络",而且在"国家政权内卷"这一概念中也同样强调一种矛盾
（paradoxes）：在同一政权结构中，既有权力的扩张，也有权力的
瓦解和削弱。此外，我们还看到种种谋略，这些谋略将合作与竞
争融为一体，在制度实践中将感情与利益结合一处，并提供一些
既使意见趋于一致又促进地方利益的符号。认为社会活动中充
满二重性并不是什么新发现，马克思主义者的辩证唯物主义早
就提出事物的二重性，辩证法定将成为新的社会科学的基石。
我们所"发现"的只不过是强调指出：这种二重性确是社会现实 *264*
不宜于作科学的、规律性的理解的原因之一。

　　在本研究中，我同时接受了斯科特和波普金的理论，他们二
人对指导农民行动的基本规律的概括是对立的。[①] 研究表明，他
们二人中任何一位的理论都不完全符合华北农民的行为特征，
但他们各自强调的不同因素在华北乡村中似乎相处得十分融
洽。人们可能发现，指导村庄分配摊款的基本原则是公平的，有
时甚至具有进步性。例如，在一些村庄，占地不到 5 亩的农户可
以免纳摊款（当然，他还得交纳田赋）。[②] 而且，在早些时候，村庄
保护人往往为村庄提供各种服务，有时村庄（这种村庄并不少
见）发展起密切的内部关系来保护其共同利益。但另一方面，村
庄仪式、宗教团体、准亲戚关系的称谓以及缺乏大规模的经济合
作等又加深了村庄内部不同派系和利益集团之间的竞争，而村
际间为摊款多少的争斗则使这一竞争进一步加剧。

　　宗族组织是一个研究双重性的很好事例。将同族成员联系
在一起的基本感情本身即包含着分门别类和远近亲疏等实用性

① 斯科特：《小农的道义经济》；波普金：《理性的小农》。
②《惯调》第 3 卷，第 513 页。

257

考虑。在宗族型村庄，血缘关系和经济地位是选择村庄领袖的双重标准，长久以来，村领袖实行继任制，村民们对此已达成默契。不论是选择政治代表还是经济合作对象，人们总是优先考虑同族之人，这使社会结构中的两极分化得到加深和再生。在宗族之中，政治代表往往是族中的精英，富裕的儿子可以继承其父的领袖地位，但家道中落者则无权继承。农户往往在同族之中选择合作对象，但前提条件是两家经济状况"门当户对"。否则，两者的合作是不平等的，它不会给富有一方带来实际利益。

礼仪和宗教同样会使社区显得既开放又封闭。在水会之中，祭祀组织的范围根据人户的多寡可伸可缩，他们之间为了用水既有合作又有竞争。尽管表现方式不同，有关关帝的神话亦包含着二重性：在对关帝的共同信仰框架下，不同的社会集团对关帝有着不同甚至对立的理解，他们在关帝的护佑下追逐着各自的利益。在以上事例中，二重性并不是无理性的大众文化中的偶然现象，它具有重要的社会作用，它为正统权威的社会表现提供了场所。

如果社会现象中充满不可预测的矛盾和怪象，那么，这是否意味着社会史学者必须放弃将那些不确切的陈述公式化的希望？如果设想产生某种社会效果的社会行为会产生相反的结果，那么，我们还有什么理由来谈论方法问题？对于以上疑问，我不想深究，但我坚信，为了避免妄下结论，我们首先要如实地记录我们对特定社会的考察所得。

为达到此目的，我们必须采取新的研究取向，即在研究村镇等具体而微的社区之前，首先要分析这些村镇所处特定有机环境中的各种社会关系。而在这一特定的有机环境之中，我们还须进一步观察和记录二重性在各种制度、行为、观念和符号等方面的种种表现方式;还有诸如权威创立结构的功能及功能障碍、政权内卷化的种种方式;它是如何将古老帝国的文化及政治机制组合在一起而又允许其在体制内变化的种种方式。随着我们开始理解这些,我们必须利用这些矛盾,用它们来掌握社会历史学家面对的各种对立——最为根本的是:一种文化甚至在经历巨大的历史变革时仍保持自身认同的方式。

参考文献

芮马丁(Ahern, Emily. 1973):《一个中国村庄中对亡者的崇拜》,斯坦福,加州。

艾马克(Allee, Mark A. 1985):《官印:19 世纪时台湾的县政府与地方领袖》,未发表论文,宾西法尼亚大学。

天野元之助(1936):《苛捐杂税下的河北农村》,见《"满铁"调查月报》第 16 卷第 4—5 号。

天野元之助(1942):《支那农业经济论》,第 2 卷,东京。

马场毅(1984):《山东抗日根据地的财政管理问题》,见《史观》(日文)第 110 期。

斐达理(Baker Hugh D. R. 1979):《中国的家庭与亲属关系》,纽约。

伯格森,艾伯特(Bergesen, Albert, ed. 1980):《现代世界体系研究》,伦敦。

毕仰高(Bianco, Lucien. 1975):《农民与革命》,见《农村研究杂志》第 3 卷第 2 期。

布尔迪厄,皮埃尔(Bourdieu, Pierre. 1977):《实践理论大纲》,剑桥,英国。

布朗,鲁道夫(Braun Rudolf. 1975):《赋税、社会政治结构和国家政权建设:大不列颠与勃兰登堡时期的普鲁士》,见查尔斯·蒂利(Charles Tilly)编:《西欧民族国家之形成》,普林斯顿。

布林姆,约翰(Brim, John A. 1974):《香港的村庄公庙》,见武雅士(Arthur Wolf)编:《中国社会的宗教和宗教仪式》,斯坦福,加州。

卡拉基,托马斯(Callaghy, Thomas M. 1984):《国家与社会的斗争:对扎伊尔的比较研究》,纽约。

张(Chang, C. M. 1934):《中国地方政府之开支》,见《中国经济月刊》第 7 卷第 6 期。

《昌黎县志》,1933 年。

陈菊人(1934):《定县田赋现状》,见《民间半月刊》第 1 卷第 4 期。

陈寿(1973):《三国志》,北京。

陈永发(1979):《战时盗匪与他们的地方对手:盗匪与秘密会社》,见曼素恩(Susan Mann Jones)编:《东亚研究中心论文集》第 3 集,芝加哥大学。

瞿同祖(1969):《清代地方政府》,斯坦福,加州。

《中国农村惯行调查》(日文),1981 年,6 卷,东京。

孔迈隆(Cohen,Myron. 1976):《联家与分家:台湾的家庭》,纽约。

葛德石(Cressey,George B. 1934):《中国的地理基础》,纽约。

大卫·柯鲁克和伊莎白·柯鲁克(Crook,David,and lsabel,Crook. 1959):《一个中国村庄的革命:十里店》,伦敦。

《大清历朝实录》,1937 年,沈阳。

《大清律例增修统纂集成》,1908 年,上海。

邓尔麟(Dennerline,Jerry. 1975):《财政改革与地方控制:战乱中的官绅联盟》,见魏斐德和卡罗林·格兰特(Frederic Wakeman,Jr,and Carolyn Grant)编:《晚清之冲突与控制》,伯克利,加州。

丁达(Ding Da. 1931):《中国乡村经济的瓦解》(日文译本),大连。

杜赞奇(Duara,Prasenjit. 1983):《华北乡村社会中的权力:1900—1940》,哈佛大学博士论文。

杜赞奇(1987):《国家政权内卷化:对华北地方财政之研究,1911—1935》,见《社会与历史比较研究》第 29 卷第 1 期。

易劳逸(Eastman,Lloyd. 1975):《流产的革命:国民党统治下的中国,1927—1937》,坎布里奇,麻省。

伊沛霞(Ebrey,Patricia. 1984):《宋代的家庭概念》,见《亚洲研究杂志》第 43 卷第 2 期。

艾森施塔特和路易斯·罗尼杰(Eisenstadt,S. N. and Louis Roniger. 1980):《社会交换中的保护人与被保护人关系》,见《社会与历史比较研究》第 22 卷第 1 期。

安立森,西加特(Eliassen,Sigurd. 1955):《龙王河》,伦敦。

《恩县志》,1909 年。

方显廷(1938)编:《中国经济研究》,长沙。

范德(Farmer,Edward L. 1976):《明初政府:迁都过程》,坎布里奇,麻省。

科大卫(Faure,David,1986):《中国乡村社会结构:香港新界的宗族与村庄》,香港。

费孝通(1976)：《中国之农家生活：对长江流域乡村生活的实地研究》，纽约。

冯华德(1933)：《旅涿见闻杂记》，见（天津）《大公报》1933 年 5 月 24 日。

冯华德(1934)：《河北省地方财政开支》，见《中国经济月刊》第 7 卷第 12 期。

冯华德(1935)：《县地方行政之财政基础》，见《政治经济学报》第 3 卷第 4 期。

冯华德(1938a)：《河北省高阳县的乡村财政》，见方显廷编：《中国经济研究》(写于 1932 年)。

冯华德(1938b)：《河北省县财政支出之分析》，见方显廷编：《中国经济研究》(写于 1934 年)。

冯华德(1938c)：《河北省牙税性质之演变》，见方显廷编：《中国经济研究》。

冯华德(1938d)：《农民田赋负担的一个实例》，见方显廷编：《中国经济研究》。

冯华德(1938e)：《吾国县收入制度之特征》，见方显廷编：《中国经济研究》(写于 1935 年)。

冯华德和李陵(1936)：《河北省定县之田赋》，见《政治经济学报》第 4 卷第 3 期。

王斯福(Feuchtwang, Stephan. 1977)：《文庙与城隍》，见施坚雅（G. William Skinner)主编：《中华帝国晚期的城市》，斯坦福，加州。

福柯，米歇尔（Foucault, Michel. 1979a)：《规训与惩罚：监狱的诞生》，纽约。

福柯，米歇尔(1979b)：《性史》第 1 卷，《概述》，伦敦。

弗里德曼，莫里斯(Freedman, Maurice. 1966)：《中国宗族与社会：福建和广东》，伦敦。

弗里德曼，莫里斯(1979)：《中国社会研究》，斯坦福，加州。

古岛和雄(1982)：《中国近代社会史研究》，东京。

葛伯纳(Gallin, Bernard. 1966)：《新兴：一个变迁中的台湾村庄》，伯克利，加州。

甘博，西德尼(Gamble, Sidney D. 1944)：《新庄：对一个中国村庄财政的研究》，见《哈佛亚洲研究杂志》第 8 卷第 1 期。

甘博，西德尼(1963)：《华北农村：1933 年前的社会、政治和经济活动》，伯克利，加州。

甘博,西德尼(1968):《定县:一个华北乡村社会》,斯坦福,加州。

格尔茨,克利福德(Geertz,Clifford. 1963):《农业内卷:印度尼西亚的生态变化过程》,伯克利,加州。

吉赛特,布兰德利·肯特(Geissert,Bradley Kent. 1979):《权力与社会:国民党与江苏省地方精英,1924—1937》,弗吉尼亚大学博士论文。

盖尔纳和沃特伯里(Gellner,Ernest. and J. Waterbury, eds. 1977)编:《中世纪社会中的保护人和被保护者》,伦敦。

古尔德纳,阿尔文(Goutdner,Alvin. 1977):《互惠关系简说》,见施密特(S. W. Schmidt et. al. ,eds.)等编:《朋友、追随者及宗派》,伯克利,加州。

葛兰西,安东尼奥(Gramsci. Antonio. 1971):《狱中札记》,霍尔和史密斯(Quentin Hoareand Greoffrey Nowell Smith)编辑并翻译,纽约。

贺登崧,威罗姆(Grootaers,Willem A. 1951):《宣化附近的乡村庙宇:其神像与历史》,见《民俗研究》第 10 卷第 1 期。

顾琳(Grove,Linda. 1975):《革命中的乡村社会,高阳县,1910—1947》,加州大学(伯克利)博士论文。

顾猛(1933):《崩溃过程中之河北农村》,见《中国经济》第 1 卷第 4—5 期。

贺康玲(Hartford,Kathleen J. 1980):《循序渐进:晋察冀边区的改革、对抗和革命,1937—1945》,斯坦福大学博士论文。

旗田巍(1976):《中国村落与共同体理论》,东京。

许舒(Hayes,James. 1977):《香港地区:1850—1911》,肯特,英国。

《河北省各县概况一见》,1934 年。

《河北省获鹿县田赋计算说明书》,1941 年,见《"满铁"调查月报》第 21 卷第 3 期。

平野义太郎(1944):《会、会首、村长》,见《中国惯行调查汇报》第 1—2 号,东京。

何炳棣(1959):《中国人口研究:1368—1953》,坎布里奇,麻省。

《华北农业经济》,1939 年,东京。

《华北事情综览》,1936 年,大连。

萧公权(1967):《中国乡村:19 世纪帝国政权对人民的控制》,西雅图。

许烺光(Hsu,Francis L. K. 1967):《祖荫下:中国乡村中的亲戚关系、人格与社会流动》,纽约。

黄华洁(1968):《关帝的人格与神格》,台北。

黄宗智(Huang,Philip C. C. 1982):《县档案与地方社会史研究》,见《近代中国》第 8 卷第 1 期。

黄宗智(1985):《华北的小农经济与社会变迁》,斯坦福,加州。

黄锐(Huang,Ray. 1974):《田赋与明朝财政:16 世纪之时》,剑桥,英国。

今堀诚二(1963):《清朝时的水会与政治权力》,见《亚细亚研究》第 10 卷第 3 期。

今堀诚二(1978):《中国封建社会结构》,东京。

《华北批发物价指数》,1937 年,见《南开社会经济研究季刊》第 9 卷第 4 期。

井上以智为(1941):《关羽庙的由来与变迁》,见《史林》第 26 卷第 1—2 期。

石田文次郎(1944):《土地公租公课》,东京。

石田浩(1977):《有关华北地区的用水合作》,见《亚细亚研究》第 18 卷第 12 期。

石田浩(1979):《关于华北地区"水利共同体"的争论》,见《农林问题研究》第 54 期。

石田浩(1980):《旧中国农村中的市场圈与通婚圈》,见《史林》第 63 卷第 5 期。

石田浩(1982):《解放前华北乡村社会之特征:特别是关于村与庙之间的关系》,见《关西大学经济论集》第 32 卷第 2—3 期。

石原润(1973):《明、清及民国时期河北省之集市》,见《地理学评论》第 46 卷第 4 期。

约翰逊,查默斯(Johnson,Chalmers A. 1962):《农民民族主义与共产党政权:革命中国的兴起,1937—1945》,斯坦福,加州。

姜士彬、黎安友和罗友枝(Johnson,David,A. Nathan,and E. Rawski. 1985)编:《晚清之大众文化》,伯克利,加州。

庄士敦(Johnston,R. F. 1910):《狮龙共舞》,纽约。

《华北地券契约制度研究》(日文),1935 年,大连。

戒能通孝(1944):《华北农村惯行概况》,东京。

片山刚(1982):《清代珠江三角洲的图甲制:田赋、户籍与宗族》,见《东洋学报》第 63 卷第 3—4 期。

《冀东地区农村调查报告书》,1936 年,第 1 卷,天津。

小沼正(1951):《华北集市上的牙行——特别是关于其税收功能》,见《和清博士还历纪念:东洋史论丛》,东京。

小沼正(1966):《华北农村田赋征收机构考察》,见《现代アジの革命与法》,东京。

窪德忠(1953):《关于"一贯道"》,见《东洋文化研究所纪要》第 4 期。

窪德忠(1956):《"一贯道"补说》,见《东洋文化研究所纪要》第 11 期。

孔飞力(Kuhn,Philip A. 1975):《民国时期的地方自治政府:关于控制、自治和动员问题》,见魏斐德和格兰特(Frederic Wakeman,Jr. ,and Carolyn Grant)编:《晚清之冲突与控制》,伯克利,加州。

孔飞力(1979):《民国时期的地方税收与财政》,见曼素恩(Susan Mann Jones)编:《东亚研究中心论文集》第 3 集,芝加哥。

孔飞力(1980):《中华帝国晚期的叛乱及其敌人:1796—1864 年的军事化与社会结构》,坎布里奇,麻省。

孔飞力和曼素恩(1979):《概说》,见曼素恩编:《东亚研究中心论文集》第 3 集,芝加哥。

李友华(Eary,Diana. 1985):《军阀之兵:中国的大兵,1911—1937》,剑桥,英国。

李尔斯,杰克逊(Lears,Jackson T. J. 1985):《文化霸权的概念:问题与可用性》,见《美国历史评论》第 90 卷第 3 期。

李,罗伯特(Lee,Robert H. G. 1970):《清史中的东北边疆》,坎布里奇,麻省。

列维-斯特劳斯,克洛德(Lévi-Strauss,Claude. 1963):《结构人类学》,纽约。

李权时(Li Chuan-shih,1922):《中国之中央与地方财政》,纽约。

李景汉(1933):《定县社会概况调查》,北京。

李,林科(Li,Lincoln. 1975):《日军在华北,1937—1941》,牛津。

李陵(1938):《河北省静海县之田赋及其征收制度》,见方显廷编:《中国经济研究》,又见(天津)《大公报》,1935 年 3 月 27 日。

李宗黄(1954):《中国地方自治总论》,台北。

梁漱溟(1971):《甘告今之言地方自治者》,见《中国民族自救运动之最后觉悟》,台北。

《良乡县志》,1924 年。

《历城县志》,1926 年。

利辛格,查尔斯(Litzinger,Charles A. 1983):《华北地区庙会团体与村庄文化组合:1860—1895 年直隶教案所见》,加州大学(戴维斯)博士论文。

卢湛(1796)辑:《关圣帝君圣迹图志全集》。

吕实强(1972):《丁日昌与自强运动》,台北。

《栾城县志》,1871 年。

麦金农,斯蒂芬(Mackinnon,Stephen R. 1980):《中华帝国晚期的权力与政治》,伯克利,加州。

前田胜太郎(1966):《华北农村的水利机构》,见《现代アジアの革命と法》。

《满城县志》,1757 年。

曼素恩(Jones,Susan Mann. 1979):《县级贸易组织:民国时期的经纪与捐税征收》,见曼素恩编:《东亚研究中心论文集》第 3 集,芝加哥。

曼素恩(1987):《地方商人与中国官僚政治,1750—1900》,斯坦福,加州。

松本善海(1977):《中国村落制度の史的研究》,东京。

迈耶,约翰(Meyer,John W. 1980):《世界政治与民族国家的主权》,见艾伯特·伯格森编:《现代世界体系研究》,伦敦。

水野薰(1941):《支那の农村》,北京。

森田明(1967):《民国时期河南省固始县的水利设施》,见《中国水利史研究》第 3 卷。

墨菲,罗兹(Murphy,Rhoads. 1982):《自然资源与天赋》,见鲁道夫·巴克、罗德哈·辛及贝斯·罗斯(Randolph Barker and Radha Sinha With Beth Rose)编:《中国农业经济》,伦敦。

马若孟(Myers,Ramon. 1970):《中国农民经济:河北和山东的农民发展,1890—1940》,坎布里奇,麻省。

马若孟和陈张馥梅(Myers,Ramon H,and Fu-mei Chang Chen. 1976):《清朝时的习惯法与经济增长》,见《清史问题》第 3 卷第 5 期。

中村治兵卫(1951):《华北农村》开支:当代中国地方财政的研究》,见仁井田升编《近代中国の社会と经济》,东京。

韩书瑞(Naquin,Susan. 1985):《白莲教的演变》,见《晚清之大众文化》,伯克利,加州。

《农村复兴委员会会报》,1934—1935 年,行政院农村复兴委员会编,南京。

欧中坦(Ocko,Jonathan K. 1983):《省级官僚机构的改革:丁日昌与江苏之复兴,1867—1870》,坎布里奇,麻省。

彭雨新(1945):《县地方财政》,重庆。

胡素珊(Pepper,Suzanne. 1978):《中国的内战:1945 年—1949 年的政治斗争》,伯克利,加州。

裴宜理(Perry,Elizabeth J. 1980):《华北的叛乱者与革命者:1845—1945》,斯坦福,加州。

波普金,塞缪尔(Popkin,Samuel L. 1979):《理性的小农:越南农村社会的政治经济》,伯克利,加州。

波特,杰克(Potter, Jack, 1970):《传统中国的土地与宗族》,见莫里斯·弗里德曼(Maurice Freedman)编:《中国社会中的家庭与亲属关系》,斯坦福,加州。

《清朝续文献通考》,1935年,上海。

《清末筹备立宪档案史料》,1979年,二册,北京。

《清史》,1961年,台北。

冉枚烁(Rankin, Mary, B. 1986):《中国的精英活动与政治变迁,浙江省,1865—1911》,斯坦福,加州。

罗友枝(Rawski, Evelyn S. 1986):《清末及民国时期杨家沟之马家地主》,见伊沛霞和华琛(Patricia. B. Ebrey and James Watson)编:《清末之宗族组织》,伯克利,加州。

《任县志》,1915年。

罗威廉(Rowe, William T. 1983):《胡林翼对湖北漕运制度的改革,1855—1858》,见《清史问题》第4卷第10期。

于儒伯(Ruhlman, Robert. 1960):《中国通俗小说中的传统英雄》,见芮沃寿(Arthur F. Wright)编:《孔教之说服力》,斯坦福,加州。

佐伯富(1964):《清代の乡约地保じつじこ——清代地方行政の一出》,见《东方学》第28期。

桑高仁(Sangren, P. Steven. 1983):《中国宗教偶像中的女性:观音、马祖和长生老母》,见《文化与社会中的女性》第9卷第1期。

桑高仁(1984):《宗族之外的传统中国式合作》,见《亚洲研究杂志》第43卷第3期。

《三国志通俗演义》,1974年,上海。

施密特等(Schmidt, S. W, L. Guasti, C. H. Lande, and J. C. Scott, eds. 1977)编:《朋友、追随者及宗派》,伯克利,加州。

斯科特,詹姆斯(Scott, James C. 1976):《小农的道义经济:东南亚的叛乱和生计维持》,纽黑文,康涅狄格。

沈雅礼(Seaman, Gary. 1978):《一个中国村庄的庙会组织》,见《亚洲民俗与社会生活专题研究》第101卷,台北。

《申报年鉴》,1935年,上海,(1966年台北重印)。

薛立敦(Sheridan, James E. 1975):《分裂的中国:中国历史中的民国时期》,纽约。

滋贺秀三(1967):《中国家族法原理》,东京。

滋贺秀三(1978):《传统中国的家庭财产与继承法》,见巴克斯鲍姆(D.

C. Buxbaum)编：《从历史及比较角度看中国家法及变会变迁》，西雅图。

清水盛光(1941)：《中国研究》，东京。

《支那动乱と山东农民》，1930年，大连。

新庄宪光(1941)：《包头の蔬菜园艺农业じ于ける灌溉——包头东河村实态调查报告》，见《"满铁"调查月报》第21卷第10号。

许惠文(Shue,Vivienne. 1980)：《变革中的农民中国：走向社会主义的动力，1949—1956》，伯克利，加州。

《顺义县志》，1933年。

薛光前(Sih,Paul T. K. 1970)编：《艰苦建国的十年，1927—1937》，纽约。

《中国之白银与物价》，1935年，上海。

施坚雅(Skinner,G. William. 1964—1965)：《中国农村的市场与社会结构》，见《亚洲研究杂志》第24卷第1—2期。

施坚雅(1971)：《中国农民和封闭的共同体问题：一个有开有闭的论辩》，见《社会与历史比较研究》第13卷第3期。

施坚雅(1977)主编：《中华帝国晚期的城市》，斯坦福，加州。

斯考切波，西达(Skocpol,Theda. 1979)：《国家政权与社会革命：法国、俄国与中国比较研究》，剑桥，英国。

明恩溥(Smith,Arthur H. 1899)：《中国乡村生活》，纽约，(1970年重印)。

斯特劳斯，朱迪思(Strauch,Judith V. 1981)：《马来西亚邦国中的华人农村政治》，坎布里奇，麻省。

斯特劳斯，朱迪思(1983)：《中国南部的社区与宗族：香港的多姓村庄》，见《亚洲研究杂志》第43卷第1期。

孙晓村(1936)：《地方财政对于农村经济的影响》，见《中国农村》第2卷第9期。

孙佐齐(1935)：《中国田赋问题》，上海。

史维东(Sweeten,Alan Richard. 1976)：《从福建教案中来看地保在地方行政中的作用》，见《清史问题》第3卷第6期。

谭拜尔，斯坦利·杰亚哈贾(Tambiah,Stanley Jeyaraja. 1985)：《文化、思想与社会行为：从人类学角度来考察》，坎布里奇，麻省。

田中忠夫(1955)：《近代中国农村之解体与农民之斗争》，东京。

托马斯和迈耶(Thomas,George M,and John W. Meyer,1980)：《政权更替与国家权力》，见艾伯特·伯格森编：《现代世界体系研究》，伦敦。

汤若杰(Thompson,Roger Roy,1985)：《希望与现实：辛亥革命前夜之地方行政改革、选举政治与中国传统社会》,耶鲁大学博士论文。

田德一(1934):《一个农村组织之研究:家族及村治》,见《社会学界》,第8期。

蒂利,查尔斯(Tilly,Charles. 1975)编:《西欧民族国家之形成》,普林斯顿,新泽西。

《统计月报》,1932年,国民政府统计局编,南京。

特纳,维克多(Turner, Victor. 1974):《戏剧、场景及隐喻》,伊萨卡,纽约。

内山雅生(1977):《华北乡村社会研究的主题与成果》,见《骏台史学》第40期。

内山正夫(1984):《近代中国之"共同体":卓见与偏见》,见《金沢大学经济论集》第21集。

和田清(1975):《中国地方自治发展史》,东京。

魏斐德(Wakeman,Frederic. 1975):《中华帝国的衰落》,纽约。

沃勒斯坦,伊曼纽尔(Wallerstein, Immanuel. 1974):《现代世界体系》,纽约。

万国鼎(1936):《中国田赋鸟瞰及其改革前途》,见《地政月刊》第4卷第2—3期。

王刘慧辰(Wang Liu Hui-chen,1975):《族规研究:儒教的作用》,见芮沃寿(Arthur F. Wright)编:《孔教与中华文明》,斯坦福,加州。

王松信(Wang Songxin,1975—1976):《八宝渠与台湾中部的开发》,见《台湾文献》第26卷第4期、第27卷第1期。

王业键(Wang Yeh-chien. 1973):《中华帝国的田赋,1750—1911》,坎布里奇,麻省。

王志信(1938):《河北省之包税制度》,见方显廷编:《中国经济研究》,长沙。

《望都县乡土图说》,1905年。

《望都县志》,1906年。

华琛(Watson,James. 1982):《中国宗族的再考察:用人类学观点来研究历史资料》,见《中国季刊》第92期。

华琛(1985):《神祇的统一化:中国沿海地区对天后的尊崇,960—1960》,见《晚清之大众文化》,伯克利,加州。

瓦特,约翰(Watt,John R. 1972):《晚清时期地方官》,纽约。

瓦特,约翰(1977):《衙门与城市管理》,见施坚雅主编:《中华帝国晚期的城市》,斯坦福,加州。

韦伯，马克斯（Weber, Max. 1968）：《中国的宗教》，汉斯·格斯（Hans H. Gerth）翻译并编辑，纽约。

韦伯，马克斯（1978）：《经济与社会》第 2 卷，伯克利，加州。

翁之镛（1936）：《田赋整理问题》，见《地政月刊》第 4 卷第 2—3 期。

翁之镛（1952）：《民国财政简论》，台北。

倭纳（Werner E. T. C. 1932）：《中国神话辞典》，上海。

威廉姆斯（Williams, E. T. 1913）：《清代的国家宗教》，见《英国皇家学会华北分会会报》第 44 期。

武雅士（Wolf, Athur P. 1974）：《神、鬼、祖先》，见武雅士编：《中国社会中的宗教和宗教仪式》，斯坦福，加州。

武雅士和黄介山（Wolf, Arthur, and Huang Chieh-shan, 1980）编：《中国的婚姻和入嗣，1845—1945》，斯坦福，加州。

沃尔夫，埃里克（Wolf, Eric R. 1957）：《中美洲与爪哇的封闭式农民合作体》，见《西南人类学杂志》第 13 卷第 1 期。

吴应铣（Wou, Odoric Y. K. 1974）：《民国初期的知县：拣选、培训与提升》，见《现代亚洲研究》第 8 卷第 2 期。

芮沃寿（Wright, Arthur F. 1975）编：《孔教与中华文明》，斯坦福，加州。

芮玛丽（Wright, Mary C. 1968）编：《中国革命的第一阶段：1900—1913》，纽黑文，康涅狄格。

萧瑶（1935）：《河间南北窝头村及肃宁邵庄村筑埝纠纷》，见《河北》半月刊，第 2 卷第 1 期。

《邢台县志》，1905 年。

《行唐县志》，1772 年。

徐德嶙（1937）：《地方自治之理论与实施》，上海。

徐正学（1936）：《农村问题：中国农村崩溃原因的研究》，南京。

山县干树（1941）：《村落起源》，国立北京大学农村经济研究所研究资料，第 5 期，北京。

山本斌：《中国民间传说》，东京。

杨庆堃（Yang, C. K. 1967）：《中国社会中的宗教》，伯克利，加州。

杨懋春（1945）：《一个中国村庄：山东台头》，纽约。

叶（音译，Yen, K. C. 1979）：《中国国民收入：1931—1936》，见侯继明和于宗先（Tzong-shian Yu）编：《近代中国经济史》，台北。

吉田浤一（1975）：《二十世纪中国の一棉作农村じおける农民层分解じついて》，见《东洋史研究》第 33 卷第 4 期。

杨格,阿瑟(Young, Arthur. 1970):《中国财政变革:1927—1937》,见薛光前(Paul T. K. Sih)编:《艰苦建国的十年:1927—1937》,纽约。

曾小萍(Zelin, Madeleine. 1985):《州县官的银两:18世纪中国的合理化财政改革》,伯克利,加州。

《翟城村志》,1925年。

《翟城附刊》,1925年。

张森(1936):《田赋与地方财政》,见《地政月刊》第4卷第2—3期。

张一凡(1935a):《河北省地方财政之检讨》,见《复兴月刊》第4卷第4期。

张一凡(1935b):《山东省地方财政之检讨》,见《复兴月刊》第4卷第4期。

张玉法(1982):《中国现代化的区域研究,山东省,1860—1916》,上、下册,台北。

《直隶全省财政说明书》,1915年,北京。

《中华民国法规大全》,1936年,第1卷,上海。

庄强华(1936):《一年来各省田赋之兴革》,见《地政月刊》第4卷第2—3期。

"海外中国研究丛书"书目